POUR
L'EXTENSION
DES DROITS
DE L'HOMME

Pour

L'EXTENSION

DES DROITS

DE L'HOMME

Actes du colloque sur les «Droits Socialistes de l'Homme» Paris, 25·26·27 janvier 1985

Préface de **Léopold Sédar SENGHOR**

éditions anthropos

15, rue Lacépède - 75005 Paris

PRÉFACE

Ce n'est pas hasard si Pierre Bercis, Président des **Droits Socialistes de l'Homme,** *a choisi la Sorbonne pour y organiser un colloque international les 25, 26 et 27 janvier 1985. Il s'agissait, en effet, de* **défendre, adapter et étendre les Droits de l'Homme** : *de créer un humanisme nouveau parce que moderne. Ce que représente, aujourd'hui, la vieille Sorbonne. Il est significatif que Jack Lang, Ministre de la Culture, ait organisé, l'autre année, et toujours en Sorbonne, un colloque intitulé* **Création et Développement.**

*Or donc, ce colloque réunissait, sous le signe de l'***Universel,** *des Socialistes, des Radicaux et des Libéraux, mais aussi des Marxistes Léninistes. Et des Hommes de professions variées : des ministres et des députés, des diplomates et des journalistes, bien sûr, mais encore des professeurs et des chercheurs, des Hommes des professions libérales et des techniciens, des écrivains et des artistes. Mais comment ne pas souligner la présence, et d'Hommes d'au-delà le rideau de fer, et d'Hommes du Tiers monde, particulièrement d'Africains et de Latino-Américains ? La diversité des orateurs soulignait l'universalité du problème, tandis que la présence d'écrivains et d'artistes le faisait de la modernité.*

On le verra encore mieux si j'évoque l'historique du problème. On oublie trop souvent, en effet, que la **Décla-**

ration des **Droits de l'Homme et du Citoyen** *du 26 août 1789 avait été précédée par celles de l'Angleterre et des États-Unis d'Amérique. Il reste que les trois Déclarations de la Révolution française — de 1789, 1793 et 1795 — sont restées les plus célèbres. Et à bon droit si l'on retient celle de 1793. Celle-ci non seulement proclame l'égalité de tous les Hommes devenus des citoyens libres, mais encore déclare le bonheur commun comme but de la société humaine. Il y a surtout qu'elle affirme, en même temps et déjà, le* Droit *à l'instruction, au travail et à l'assistance sociale, sans oublier le* Droit *à l'insurrection contre les oppresseurs.*

Comme on le voit, les Déclarations postérieures, y compris celle de l'Assemblée générale des Nations Unies, en 1948, pourront y apporter certains détails ou précisions ; elles n'y ajouteront rien de vraiment essentiel. D'autant que la même assemblée, la Convention, devait abolir, le 4 février 1794, l'esclavage dans les colonies. Et celui-ci, rétabli par Napoléon Bonaparte, sera définitivement aboli le 27 avril 1848.

Cependant, depuis le milieu du XIXè siècle, les sciences et les techniques ont bouleversé le monde et dans tous les domaines, y compris celui des Lettres et des Arts. Je pense à l'Informatique, à la Génétique, à la Robotique et autres techniques. C'est ce qu'a compris le colloque, qui n'a pas éludé la question.

C'est que les nouvelles sciences, singulièrement les nouvelles techniques nous permettent, aujourd'hui, non seulement de défendre et étendre les Droits classiques de la Révolution française, mais surtout de mieux les exercer. C'est ainsi que les techniques ultramodernes mettent à la disposition des artistes et des écrivains, voire des poètes, de nouveaux instruments à enrichir et renouveler leur art.

Cela dit, il y a, malgré tout, un problème, que le colloque a soulevé. C'est la prétention de certains savants, mais surtout de techniciens, à promouvoir de nouveaux Droits, qui viendraient restreindre certains Droits ou libertés classiques, plus exactement certaines règles morales, pour ne pas parler de religion. On a cité de la Génétique parmi d'autres.

En face de ces nouvelles situations, il faut faire preuve de lucidité, comme l'a fait le Président Pierre Bercis. Si nous regardons le monde tel qu'il est aujourd'hui, ce sont les Droits fondamentaux, dont le **Droit** *à la* **Différence** *— philosophique, idéologique, religieuse, raciale et culturelle — qui sont le plus revendiqués. Surtout dans le Tiers monde qui représente, en 1985, les trois-quarts de l'humanité. C'est la violation de ces Droits fondamentaux qui est dénoncée jusqu'en Europe : non seulement dans les démocraties populaires, mais encore dans la Communauté économique européenne. Qu'on songe seulement à la guerre religieuse qui sévit en Irlande du Nord ou au racisme qui se développe contre les immigrés, même quand ils sont Blancs et Européens.*

Pour tirer une conclusion de ce grand colloque qui, encore une fois, vient à son heure, je dirai que, dans le **Socialisme démocratique***, le plus important n'est pas le substantif avec un S majuscule, mais l'adjectif «démocratique» qui inclut, à la fois, le* Droit *à l'Égalité et le* Droit *à la Différence.*

Léopold Sédar SENGHOR
de l'Académie française,
Président de l'*Interafricaine socialiste.*

CHAPITRE I

LIBÉRALISME ET SOCIALISME

INTRODUCTION

Avant de réfléchir à la problématique générale posée par le colloque, il était nécessaire de revenir, au préalable, sur un débat historique qui débouche directement sur la politique contemporaine, tant nationale qu'internationale, et qui restera au cœur des débats futurs, même si ceux-ci seront toujours plus larges au fur et à mesure où l'humanité avancera — du moins on l'espère — vers une émancipation accrue.

En ce sens, les rapports entre libéralisme et socialisme devaient être étudiés de nouveau sous l'angle de leur signification respective, en termes de Droits de l'Homme éventuellement, puis l'un par rapport à l'autre. Le libéralisme : est-ce la démocratie politique, somme de Droits de l'Homme dont la **Déclaration des Droits de l'Homme et du Citoyen** *de 1789 est la meilleure synthèse ? Le socialisme : est-ce la démocratie économique, sociale, culturelle, somme de Droits nouveaux, pris sur le pouvoir de l'argent, à réunir dans une Déclaration future ? Libéralisme et socialisme s'opposent-ils ou se complètent-ils pour le plus grand épanouissement du genre humain ?*

Les conservateurs ont leur réponse toute prête, comme de coutume ; les progressistes, en revanche, s'interrogent et cherchent, qu'ils se réclament de Marx ou de Teilhard de Chardin, de Charles de Gaulle ou de Jaurès, de Lincoln ou de personne ... leur démarche est humble, pragmatique, bien qu'elle ne soit pas dépourvue d'idéal pour autant.

Écoutons-les ...

Jacques SOPPELSA *

Monsieur le Président, cette Sorbonne où vous nous faites l'honneur, le grand honneur, de venir aujourd'hui, vous la connaissez, nous le savons tous, depuis le temps de vos études.

Sans doute même avez-vous écouté certains cours dans cet amphithéâtre, où vous présidez ce Colloque consacré à *La Défense, l'Adaptation et l'Extension des Droits de l'Homme, pour une Société Nouvelle.*

Si je voulais dire tout ce qui vous désignait, de toute évidence, à cette présidence, je serais très long et j'empiéterais sur ce que notre ami M. Pierre Bercis, l'animateur infatigable, le réalisateur de cette manifestation — je le félicite très vivement sachant tout le travail et toute la peine qu'avec son équipe ils se sont donnés — va dire, tout à l'heure, en présentant l'esprit du Colloque.

Monsieur le Président, tout particulièrement sur un continent où l'on a vu et où l'on continue de voir des comportements divers, vous êtes un modèle, modèle de sagesse, modèle de savoir-faire, pour la mise en place d'une démocratie dont vous avez été, à certains moments difficiles — voire périlleux — le seul maintien et où vous avez su céder la place, au moment jugé par vous opportun. L'évé-

* Président de l'Université Paris I, Panthéon Sorbonne.

nement vous a donné pleinement raison et les institutions que vous aviez créées ont assuré une succession sans
heurt.

Je suis heureux d'avoir appris la participation effective
de M. Amadou Mahtar M'Bow, votre ancien ministre,
docteur *honoris causa* de notre université, témoin, ici, de
l'intérêt que porte l'UNESCO au développement des Droits
de l'Homme dans le monde.

Mesdames et Messieurs, Ministres, Députés, Sénateurs
et Ambassadeurs, que vous ayez —malgré vos emplois
du temps ô combien chargés ! — accepté, au cours de
ces deux journées d'études, d'inclure les moments que
vous allez passer avec nous, est un encouragement particulièrement précieux. Votre attitude nous montre que les
Droits de l'Homme restent une préoccupation essentielle,
une préoccupation fondamentale du gouvernement. Voilà
qui réconforte et — s'il en est besoin — rassure les citoyens.

Mesdames et Messieurs, je n'ai pas l'intention de résumer
votre Colloque ni de diriger vos débats. Je souhaite seulement, en tant que Président de cette université, vous accueil-
lir chaleureusement dans une maison maintenant synonyme
de liberté et de libéralisme, après avoir été — il faut le
rappeler — pendant de longs siècles, le siège de la censure,
souvent bien étroite. Entre ces deux périodes, comment
ne pas évoquer la cassure de la grande Révolution et la naissance en France — à travers quels soubresauts, quelles
turbulences ! — de la démocratie, appuyée sur la première
Déclaration des Droits de l'Homme et du Citoyen ? Du
moins était-ce la première à porter ce titre. La notion
des Droits de l'Homme est née lentement, difficilement,
avec ce que l'on appelle les temps modernes et les premières élaborations du libéralisme classique, individualiste. Peu à peu s'est formé un corps de libertés publiques.
La première expression en est, vous le savez, le *Bill of
Rights* anglais de 1689. Le modèle était donné. Il sera
suivi par la *Déclaration de Philadelphie* de 1776 et par
notre Déclaration de 1789, l'une et l'autre préambules
à des Constitutions et destinées à proclamer les libertés
nécessaires de l'individu.

Ces textes sont restés, pendant longtemps, les seuls, mais ont été invoqués, un peu partout, dans le monde. En Amérique latine, par exemple, nombreux sont les mouvements sociaux ou politiques de la première moitié du dix-neuvième siècle qui se sont réclamés des Droits de l'Homme, faisant référence tantôt à la France, tantôt aux États-Unis. Déjà apparaissait la prise de conscience mondiale qui fera, progressivement, sentir la nécessité d'un texte universel et conduira les assemblées internationales à des études préparatoires, puis à la Déclaration universelle de 1948.

Précisément, dans cette université, cohéritière de l'ancienne faculté de droit, un nom doit être prononcé : celui de René Cassin, professeur dans cette maison, jusqu'à ce que la guerre décide d'une nouvelle orientation de sa carrière. En fait, depuis toujours, il travaillait à cette reconnaissance générale des Droits de l'Homme, notamment pendant ses nombreuses missions à la Société des Nations. Le problème était devenu, pour lui, comme une véritable hantise, si bien qu'à l'Organisation des Nations Unies il fut, tout naturellement, du nombre des rédacteurs et joua bientôt, dans l'équipe, le rôle essentiel. Les archives familiales conservent d'ailleurs soigneusement, précieusement, le brouillon du préambule de la Déclaration, entièrement autographe.

Cette Déclaration a donné lieu à des Conventions régionales et, tout d'abord, à une Convention européenne, à laquelle est associé le nom d'un autre professeur de l'ancienne faculté, le professeur Paul Bastid, qui en fut le rapporteur devant l'Assemblée consultative européenne, lors de son adoption.

Ainsi, c'est une université très informée et très active pour *La Défense, l'Adaptation et l'Extension des Droits de l'Homme*, en France et dans le monde entier, une université attachée à la sauvegarde des libertés, qui vous accueille. Dans une telle atmosphère, je suis persuadé que vous ferez, que nous ferons, un excellent travail.

Pierre BERCIS *

Ce qui caractérise *Droits Socialistes de l'Homme*, c'est l'étroit et naturel mélange de la politique et des Droits de l'Homme. Non pas au sens «politicien» du mot «politique», mais en son sens le plus noble d'engagement au service de la chose publique, afin de contribuer, chaque jour davantage, à libérer l'Homme de ses chaînes millénaires ou à le garder contre les menaces potentielles.

Souvent, en effet, on veut que les Droits de l'Homme soient hors du politique, comme s'ils relevaient d'un ordre distinct, surnaturel, quasi angélique.

Ce n'est pas la réalité. Cela n'a jamais été la réalité. Les Droits de l'Homme sont la conquête volontaire des Hommes de progrès d'une époque donnée, lorsqu'ils sont majoritaires, conquête que les conservateurs rejettent généralement immédiatement puis acceptent, plus tard, quand leur esprit s'est accoutumé.

Le comble est que, la plupart du temps, plus tard encore, non seulement ils les acceptent mais ils accusent la gauche, dont les ancêtres ont obtenu à force de combattre la reconnaissance de ces Droits, de vouloir les violer !

C'est ainsi que cela s'est passé pour la première génération des Droits de l'homme — que l'on n'a pas qualifiés

---

* Président de *Droits Socialistes de l'Homme*.

de Droits «libéraux» de l'Homme, en leur temps, car ils étaient alors uniques, donc sans nécessité de les distinguer d'une autre strate de Droits — mais leur somme était bel et bien le projet de société des démocrates — libéraux de l'époque.

C'est ainsi que cela devrait aussi se passer pour les démocrates-socialistes qui ambitionnent, depuis 150 ans, de corriger les graves injustices de la société libérale en y ajoutant la démocratie économique, sociale et culturelle. Mais, à la différence des promoteurs de la démocratie libérale, leurs ancêtres, dans la lignée des progressistes, ils n'ont jamais eu ce courage intellectuel tranquille, ce sens du rationnel, du logique et de l'idéal à atteindre, qui les auraient conduits à brosser succinctement leur propre projet de société, répondant dès lors, ce faisant, à la question que se pose légitimement chaque citoyen : «Qu'est-ce que le socialisme ?».

Comment voulait-on, dans ces conditions, que se popularise l'idéal socialiste ?

Depuis longtemps, chacun sait «contre» quoi combattent les socialistes. Par contre, nul ne sait exactement «pour» quoi. Il y a un vide idéologique, doctrinal, politique, qui est à la base de l'échec de la construction du socialisme par la voie démocratique.

Par rapport à leurs ancêtres libéraux-démocrates, les socialistes-démocrates n'ont aucune pédagogie, bien qu'ils comptent nombre de pédagogues dans leurs rangs. En conséquence, du fait de ce vide, le seul modèle qui apparaisse du socialisme est un anti-modèle, une caricature, puisqu'il veut construire la démocratie économique et sociale en supprimant le fondement libéral, au lieu d'additionner les «Droits socialistes» pris sur le pouvoir de l'argent aux «Droits libéraux» pris sur le pouvoir de la force, qu'il s'agisse de Louis XIV en d'autres temps ou de Pinochet maintenant.

Pour nous, à *Droits Socialistes de l'Homme*, cela ne peut donc pas durer. Nous en appelons à la définition du projet de société des socialistes, en termes de Droits de l'Homme, puisque le socialisme est libérateur et non oppresseur. Entre les deux blocs idéologiques, il y a place pour un Tiers monde idéologique qui cimentera, dans un premier temps, le Tiers monde géographique et la vieille Europe sociale-démocrate. Ni l'un ni l'autre ne veulent être en tutelle idéologique. Ils peuvent contribuer ensemble à la reconnaissance d'une seconde génération de Droits de l'Homme, tant aux plans nationaux qu'au plan international : *Droit de l'Homme à l'autogestion, Droit à vivre dans sa propre culture, Droit au développement, Droit au logement, Droit à l'environnement*, etc ...

Toutefois, nous, socialistes, serions des conservateurs de gauche, des archaïques de progrès, si nous restions les yeux et l'esprit fixés sur le pouvoir de l'argent, le pouvoir capitaliste, le pouvoir du dollar et du Fonds Monétaire International, pour arracher des Droits pour l'Homme à cette force traditionnelle et à elle uniquement. Bien sûr, il faut continuer ce combat de Proudhon et de Fourier, de Marx et de Jaurès, mais il faut savoir épouser notre temps. Or, depuis deux décennies, un autre pouvoir menaçant se développe, «menaçant et libérateur» tout à la fois. *Espoir-rêvé du XIXème siècle ; espoir réalisé maintenant. J'ai nommé le pouvoir de la Science.*

N'ayons pas peur de la Science, mais dominons-là, dès à présent, car elle risque de menacer l'intégrité physique et psychique des Hommes. Posons des règles, des limites, afin que les scientifiques puissent travailler à l'intérieur de normes reconnues démocratiquement, au lieu de tâtonner et d'avancer au gré de l'audace personnelle des uns ou des autres.

Informatique, media omniprésents, manipulations génétiques etc ... *que de menaces dans cet espoir fou.*

Nous ne disons pas «non» à la Science. Nous lui disons «oui» ! Un «oui» franc et massif, à l'instar de la conviction des scientistes du XIXème siècle. Mais un «oui» sans naïveté. Un «oui» conscient et volontaire.

Voilà pourquoi, Mesdames et Messieurs, *Droits Socialistes de l'Homme* a cru utile de vous inviter et vous remercie d'avoir accepté d'être présents.

Nous voulons continuer à défendre les Droits de l'Homme, mais nous voulons aussi les étendre ou les adapter.

Pas seuls, «sûrs de nous-mêmes et dominateurs», comme certains, *mais tous ensemble,* humblement et fraternellement.

Droits Socialistes de l'Homme apporte des idées. Apportez-nous les vôtres pour le progrès commun, *pour que naisse une seconde génération des Droits de l'Homme.*

Je voudrais en particulier remercier nos amis étrangers, représentants officiels de leurs pays ou représentants d'organisations étrangères. Qu'ils sachent que si la France a été le pays des Droits de l'Homme dans le passé, elle entend l'être aussi dans l'avenir, dès maintenant, grâce au Président François Mitterrand, avant le bicentenaire de la première Déclaration des Droits.

Je voudrais aussi remercier chaleureusement les membres de l'opposition qui ont eu le courage d'enfreindre les tabous et qui, au-delà de la démocratie, ont l'esprit démocratique en participant à ce colloque. J'espère que nous pourrons multiplier ce type de rencontres et proclamer que, au-delà des clivages politiques habituels, *il y a place pour un consensus (à définir) quant au projet de société de la fin du XXème siècle et du XXIème siècle.*

Qu'ils sachent, encore une fois, que nous les respectons et ne les prenons pas pour d'affreux réactionnaires, loin de là.

D'ailleurs, chers amis, ce que nous essayons de faire ici et maintenant, n'est-ce pas ce que nous aurions dû essayer de faire depuis longtemps ?

Rappelez-vous, rappelons-nous, la motion adoptée par l'Assemblée Nationale Française, la même qui a voté la Déclaration historique que chacun connaît. Je cite :

«*Motion Adoptée le 27 Août 1789* : L'Assemblée Nationale décrète qu'elle borne quant à présent la Déclaration des Droits de l'Homme et du Citoyen aux 17 articles qu'elle a arrêté, et qu'elle va procéder sans délay à fixer la Constitution de la France pour assurer la prospérité publique *sauf à ajouter après le travail de la Constitution les articles qu'elle croirait nécessaires pour* «*compléter la Déclaration des Droits*».

Signée Mougins de Roquefort

C'est ici, Messieurs les Ministres, Messieurs les parlementaires de la majorité, de l'opposition, français ou étrangers, que je vois le point de départ juridique de votre mission, avant 1989. Que le bicentenaire soit une fête, certes ! Mais, avant tout, un acte politique majeur, destiné à éclairer l'avenir, comme l'on fait nos ancêtres. Je vous remercie de ne pas l'oublier.

Léopold Sédar SENGHOR *

Ce colloque vient à son heure, dans un monde en crise, mais où s'annonce l'aurore d'une société nouvelle.

Un monde en crise où s'affrontent les deux super-puissances de l'Est et de l'Ouest. Ici, le conflit, pour être global — et il l'est toujours — est d'abord politique et militaire. C'est pourquoi, après la guerre du Viêt-nam, il a été transféré au Proche-Orient et en Afrique.

Un monde en crise où le conflit Nord-Sud se situe, essentiellement, sur le terrain économique et il se traduit par la détérioration des termes de l'échange. Depuis la deuxième crise économique, celle de 1979, les experts nous en ont présenté le tableau chiffré. Chaque année, dans les pays développés, les prix des biens et services stagnent ou augmentent quand, dans les pays en développement, ils stagnent ou s'effondrent. Chez ces derniers, l'inflation annuelle peut aller jusqu'à 200 % tandis qu'elle est, au maximum, de 15 % chez les premiers.

Un monde en crise, enfin, où les valeurs culturelles du Tiers monde ne sont pas encore officiellement reconnues, encore moins honorées, bien qu'elles aient joué un rôle majeur dans ce que j'appelle «la Révolution de

* Président de l'*Interafricaine Socialiste*. Ancien président du Sénégal. Membre de l'*Académie Française*. Président d'Honneur de *Droits Socialistes de l'Homme*.

1889» qui a privilégié la raison intuitive sur la raison discursive. D'où, trop souvent, le mépris et les injustices qui pèsent sur les immigrés.

C'est avec cette tentaculaire crise mondiale qu'est confronté le *Socialisme démocratique*. Au point que l'on se demande, parfois, si celui-ci n'est pas en recul dans le monde, en même temps que la démocratie elle-même, à laquelle il est congénitalement lié.

Comme président de l'*Interafricaine socialiste*, j'ai l'habitude de dire : «Dans l'expression de *socialisme démocratique*, le plus important n'est pas le substantif *socialisme*, mais l'adjectif *démocratique*». Le Socialisme, nous disent ses théoriciens, est une doctrine politico-sociale qui fait prévaloir l'intérêt général sur les intérêts particuliers. Il se trouve que nous ne sommes plus au XIXè siècle et qu'en ce XXè siècle l'individu, mieux *la personne*, a pris plus d'importance dans le même temps que l'État, voire la Nation, perdait quelque peu de sa valeur. Précisément, on doit ce glissement de sens par réaction non pas à Marx ni à Engels, peut-être même pas à Lénine qui était un Homme de culture, mais aux successeurs de celui-ci, surtout aux dictateurs militaires qui, comme des champignons vénéneux, se sont mis à proliférer sur le Tiers monde, mais d'abord sur une partie de l'Europe.

Ces observations générales faites, j'en viens aux *Droits de l'Homme* pour, brièvement, essayer d'en montrer les différents aspects, en soulignant leur portée humaniste. En effet, en ce dernier quart du XXè siècle, nous sommes tous, les continents et les races, les nations et les cultures, nous sommes, *nolentes volentes*, entraînés vers la *Civilisation de l'Universel*, pour parler comme Pierre Teilhard de Chardin.

Les premiers Droits de l'Homme, on l'a dit et c'est le bon sens, ce sont les Droits politiques des Peuples. Malgré les apparences, ce sont les plus faciles à accorder. Comme le prouve la situation actuelle où, même dans le Tiers monde, on trouve peu de peuples qui soient demeurés sous le régime colonial contre leur volonté. Que cette indépendance juridique ne les protège pas contre la dictature intérieure, c'est une autre question.

Les Droits les plus difficilement reconnus sont les Droits économiques, que ce soit au niveau international, comme nous l'avons vu, ou au niveau national. La meilleure preuve en est, pour prendre l'exemple africain, que les anciennes métropoles défendaient mieux le pouvoir d'achat africain que ne le font nos associés actuels de la Communauté économique européenne, dont sont membres tous les anciens colonisateurs. Si du moins on considère comme acquise l'entrée dans la Communauté de l'Espagne et du Portugal. Cette situation est d'autant plus paradoxale que, comme on le sait et le dit, la prospérité du Tiers monde accroîtrait celle des pays développés, qui y trouveraient plus facilement des débouchés pour leurs exportations et des matières premières plus abondantes, sinon moins chères, pour leurs industries.

Et ce qui est vrai au niveau international l'est tout aussi bien à l'intérieur des frontières nationales.

Il reste que les Droits culturels sont les plus importants. Et parmi eux il faut entendre les fameuses «libertés», dont celles de pensée, de parole et de presse, sans oublier les libertés religieuses, ni les revendications féministes. Il y a, d'abord, que c'est par eux que se réalisent les personnes, chacune dans sa plénitude, c'est-à-dire son authenticité originale. D'autre part, ce sont ces Droits qui, satisfaits, assurent le mieux le développement des peuples et des personnes. Pour prendre un exemple précis et en Afrique, les pays du continent qui consacrent le plus fort pourcentage de leur budget à l'Enseignement, à l'Éducation, à la Formation et la Culture, en général, sont les mêmes qui réalisent la croissance comme le développement le plus rapide et le plus complet.

Bien sûr, depuis le début du XXè siècle, on a découvert de nouveaux Droits : ceux des Peuples anciennement colonisés comme ceux des Femmes que j'ai déjà mentionnés, le Droit à la Science, le Droit à l'Environnement etc ... dont d'autres orateurs parleront certainement.

Avant de terminer, je voudrais insister sur un autre aspect du problème, avec lequel nous sommes confrontés.

J'ai commencé par me référer à la *Civilisation de l'Uni versel*, qui sera celle du troisième millénaire. Chaque conti

nent, chaque race, sinon chaque nation, y apportera, avec
sa contribution, ses valeurs irremplaçables. Je le souligne,
c'est la France, je crois, qui a été la première nation du
monde à soutenir cette vérité. Le professeur Paul Rivet,
un socialiste, fondateur du *Musée de l'Homme*, nous l'en-
seignait déjà, dans les années 1930. Depuis lors, depuis
la décolonisation massive de la décennie 1960 et la création
de nouvelles sciences et technologies, l'universalisation
de notre monde s'est accentuée. Il nous faut donc, dans
ce dernier quart du XXè siècle, non seulement défendre,
mais adapter et étendre les Droits de l'Homme.

Il faut les défendre dans tous les domaines parce que,
comme nous l'avons vu, nous sommes confrontés avec
une triple crise : politique, socio-économique et culturelle. Il faut, cependant, faire plus, en commençant par
étendre ces droits aux pays du Tiers monde, voire à certains pays européens dont les régimes ne sont pas plus
démocratiques que ceux de la majorité des pays d'Afri-
ques, d'Asie et d'Amérique latine.

Par dessus tout, ces Droits, qui ont commencé par être
appliqués dans les pays albo-européens, doivent être adap-
tés aux réalités, différentes, de l'Amérique latine, mais
surtout de l'Afrique et de l'Asie, sans oublier l'Océanie
mélanésienne. Comme vous le devinez, c'est, avant tout,
dans le domaine culturel que l'adaptation se fera. En effet,
si l'unification politique et économique des continents
se fait sous nos yeux — et rapidement — par contre, dans
le domaine culturel, c'est une *symbiose* qui doit se réaliser,
qui fondera l'authenticité de chaque continent sur ses
valeurs originaires.

Je suis, malgré tout, confiant. Ce sera ma conclusion,
car le Socialisme démocratique, par réaction à la crise,
est en train de se transformer sous nos yeux et grâce
à notre action. Socialistes-démocrates ou socialistes sans
épithète, nous avons, à l'exemple de Jaurès, fait des fonda-
teurs — Marx, Engels et Proudhon — une relecture conti-
nentale et nationale. Et même, dans notre cas précis, une
relecture francophone.

J'insiste, pour finir, sur ce dernier point. Ce n'est pas
par hasard si le *Rapport Jeanneney* du 18 juillet 1963

sur la Coopération présente le génie français comme de *symbiose*. Celui-ci prend, dans les autres civilisations, les valeurs qui lui sont d'abord étrangères pour les assimiler : pour en faire une force supplémentaire au service de l'Homme. Encore une fois, c'est bien de cela qu'il s'agit : de chercher à connaître les Hommes et leurs civilisations, au Nord et au Sud. Pour défendre leurs Droits à devenir des Hommes intégraux sur toute la surface de notre planète Terre.

Jean ELLEINSTEIN *

La triste réalité, au-delà de la ligne Oder-Neisse et dans certains pays du Tiers monde qui se réclament du «socialisme» par le fer et par le sang, comme aurait dit Bismarck, risquerait de nous empêcher de traiter une question comme «le socialisme, seconde génération des droits de l'homme».

En effet, si tant est qu'on puisse appeler «socialisme» ce socialisme de caserne, il n'est en rien une «seconde génération des droits de l'homme» puisqu'il a anéanti tout ce qui a été l'œuvre de la première pour s'imposer de force avec l'esprit totalitaire qui le caractérise. Je propose donc socialisme «démocratique». Etrange juxtaposition de termes, inconcevable pour beaucoup, mais qui écarte toute référence aux types de régime dont je viens de parler.

Les propos de ceux qui m'ont précédé à cette tribune, comme le Ministre des Finances Pierre Bérégovoy, donnent un sens et une portée à une expérience radicalement autre, profondément démocratique.

Et le professeur Duverger semble avoir admis —sans enthousiasme excessif— que *Droits Socialistes de l'Homme* ne signifie pas que les socialistes s'approprieraient certains droits de l'homme, mais caractérise, effectivement une famille de droits nouveaux, dont la reconnaissance sera le mérite des socialistes, comme les droits de 1789 sont le pur produit des libéraux sans être pour autant leur propriété.

*. Historien

Quand nous parlons, à propos du socialisme, du projet de société des socialistes, d'une nouvelle génération de droits de l'homme, cela n'est pas pour contester la première, son rôle, sa nécessité, sa valeur, le fait qu'elle ait porté en elle la démocratie politique en France, puis en Europe et en Amérique latine. La vocation d'une génération n'est pas de tuer la précédente mais d'assimiler ses acquis, pour améliorer ce qu'elle a réalisé. Je partirai, par conséquent, de ce contrat qui est en même temps ma conviction. Une conviction forte et inexpugnable que les droits de 1789 sont un socle sur lequel tout doit être construit. Un socle à valeur universelle, universellement reconnu, quoique, hélas ! presque universellement violé.

Les hommes qui ont conçu cette première génération de droits (quelques semaines après le début de la Révolution), à travers une Déclaration solennelle, lui voyaient une valeur absolue, certes, mais en connaissant les limites, la relativité, comme le prouve la motion votée par l'Assemblée Nationale le 27 août 1789, qui appelle une suite. Suite que nous appelons de nos vœux, nous qui avons fait le choix du socialisme démocratique.

Ce n'est que plus tard que deux «écoles», si l'on peut dire, se formeront, par un phénomène de radicalisation de part et d'autre. Les uns pour sacraliser la Déclaration et nier toute idée d'amélioration. Les autres pour lui dénier tout intérêt et n'y voir que la norme imposée par une classe à son profit. Les premiers seront les éternels conservateurs dont les pères devaient, à l'époque de son vote, dénoncer la Déclaration, puis y ont trouvé intérêt. Les seconds, ceux qui ont constaté l'inverse : notamment que les droits proclamés solennellement pouvaient, en définitive, être formels et servir de caution morale à des exploiteurs parfaitement immoraux. D'où leur projet, leur perte de foi, en une Déclaration qui avait déçu leurs espérances. Et l'aveuglement de beaucoup, face à une réalité souvent atroce, leur a fait rejeter ce qui en 1789 enregistrait les progrès d'une société puis les a précipités dans des mouvements à vocation totalitaire.

Que signifiait, en effet, la première Déclaration pour les Canuts de Lyon, pour les petits enfants au fond des mines de charbon, les populations rurales aspirées, sous-prolétarisées dans des villes-taudis, n'ayant d'autre issue que l'alcool ou la révolte ? Elle finissait par représenter le règne triomphant de la bourgeoisie.

Dès l'origine, les penseurs du socialisme ont bien analysé le phénomène et ont rejoint les auteurs de la Déclaration 1 lorsqu'ils attribuaient à celle-ci une valeur relative.

Pour ces femmes et ces hommes, la démocratie devait commencer d'abord par satisfaire leurs besoins naturels. La démocratie devait être économique et sociale avant d'être politique. Quand on commençait à travailler à l'âge de huit ans jusqu'à la mort, quinze heures par jour, six jours par semaine, 52 semaines par an, quel temps restait-il pour vivre en démocratie politique ? Il n'y a pas de mystère sur les aspirations et leur origine. La cause est simple, unique.

En revanche, les solutions préconisées ont été diverses, depuis le socialisme utopique jusqu'au socialisme prétendument scientifique.

En gros, deux camps se sont dessinés qui sont fixés quasi définitivement sur leurs positions, après la Révolution soviétique de 1917. Deux camps irréconciliables. Le premier, attaché à la démocratie politique et qui voit le socialisme qu'il imagine comme une extension de nos droits à la vie économique. Le second, qui voit le socialisme comme la dictature d'une classe sur une autre, même si cela doit créer une nouvelle bourgeoisie, avec les mêmes défauts que la première ... mais avec la dictature en plus.

Seul le premier de ces deux camps a quelque chose à voir avec mon sujet. C'est celui qu'il m'intéresse de voir triompher puisqu'il est le seul parmi les différentes composantes de la vie politique, française ou étrangère, qui soit dans la ligne directe des pères de la Déclaration des droits de l'homme.

En 1789, on voulait la démocratie politique, on l'a obtenue par l'observation de quelques règles simples −17 articles en tout− qui ont fixé des bornes au Pouvoir. Ce pouvoir qui était celui d'un monarque absolu, héritier d'une tradition militaire.

Deux cents ans après, que voulons-nous ? La démocratie économique ? Que signifie-t-elle, sinon une limitation parallèle, mais appliquée cette fois, à ce pouvoir de l'argent qui

risque de vider de sa substance les droits civils et politiques
acquis en 1789 ?

Oui, le socialisme est bien une seconde génération des
droits de l'homme. Et pas des droits d'individus passifs,
comme le prétend Alain Madelin en prônant la distinction
entre les «droits de» qui caractérisaient 1789 et les «droits
à» qui caractériseraient les droits socialistes ... Mais des
droits de femmes et d'hommes qui revendiquent fièrement
leur part dans la gestion des affaires économiques tant sur
le plan de la conduite de ces affaires que pour le partage
des fruits de travail commun. Ce ne sont pas des «droits
fainéants» qui succéderaient aux droits d'une élite active.
Nous revendiquons des droits sur le Pouvoir économique
comme autrefois sur le Pouvoir politique. Est-ce si révolutionnaire que cela ? Qui a imposé la cogestion en Allemagne,
à la fin de la guerre ? Moins le S.P.D. que l'occupant américain, que l'on sache. C'est le pouvoir absolu de l'argent,
la recherche du profit pour le profit, qui provoque la pollution des fleuves, des mers; c'est la puissance économique in-
contrôlée, plus que la puissance militaire, qui assure l'hégé-
monie dans le monde contemporain —ce qui provoque
d'ailleurs le déclin relatif de l'Union Soviétique—, c'est
le F.M.I., superstructure du monde capitaliste qui dicte sa
loi aux démocraties latino-américaines, alors qu'il n'a manifesté aucune tendresse à l'égard des dispendieuses dictatures
qui les ont précédées.

Voilà pourquoi, dans la perspective du bi-centenaire de
la Révolution, nous appelons à reprendre le flambleau des
Constituants, avec la même ambition, mais sans œillères partisanes. Je veux dire en tenant compte, aussi, des menaces
que font peser les sciences et les technologies modernes sur
l'intégrité physique et psychologique des individus. C'est-à-
dire en plaçant également des bornes dans ce domaine qui
évolue sans cesse, mais sans en briser le développement souhaitable.

En effet, en même temps que nous luttons pour dresser
un certain seuil de libertés, méfions-nous de ce que nous
impulsons et répondons à l'avance à nos adversaires pseu-
do-modernes . Quand nous disons que nous œuvrons pour
que les travailleurs, les salariés, soient citoyens, nous ne con-

damnons pas les ressorts de l'activité économique ainsi que le moyen de sa régulation (initiative privée, loi du marché etc ...). Nous appelons seulement à leur contrôle. Nous récusons leur valeur absolue, mais non relative. De même que lorsque nous disons : «Fixons des limites à certaines applications scientifiques et techniques», nous ne crions pas avec des pancartes : «A bas le progrès». Loin de là. Nous lançons seulement un avertissement : pour que le XXIème siècle, le début du troisième millénaire, soit un siècle de libertés, d'épanouissement humain, il faut pratiquer l'aggiornamento sur le plan des droits de l'homme, sans être poussé par la haine ou la peur. Uniquement par le bon sens et la compréhension des grands mouvements de l'histoire.

Maurice DUVERGER *

J'ai la même appréhension que Philippe Seguin, en raison du lieu où nous nous trouvons et du titre donné à la partie du colloque dans laquelle j'interviens : *«la démocratie politique, socle des droits de l'homme»*.

La démocratie politique, socle des droits de l'homme. Ceci est vrai, d'une certaine façon. Mais pas totalement, même s'il m'apparaît évident que les droits de l'homme sont partie intégrante de la démocratie politique.

L'avantage de ce colloque sur les *Droits Socialistes de l'Homme*, c'est la remise en cause intellectuelle, la libération de ce que j'appellerai une sorte de fétichisme des droits de l'homme. Car, contrairement aux idées reçues, rien ne se résoud par des équations simples, comme démocratie = droits de l'homme. Pas plus, d'ailleurs, que la collectivisation des moyens de production n'engendre, comme le croient d'autres, la démocratie. Sinon, l'Union Soviétique serait une démocratie. A l'inverse, également, il est simpliste de penser que libéralisme économique = démocratie. Sinon, l'Allemagne hitlérienne aurait été une démocratie.

* Professeur de droit Constitutionnel à Paris I.

Je pense que nous devons comprendre que le problème des droits de l'homme, leur base (le droit au sens large) est la démocratie politique et que la démocratie elle-même, c'est le droit. Ceci me paraît fondamental; quoi que pense Marx, dont ce n'est pas nier la place dans l'Histoire, le rôle dans la compréhension des problèmes économiques et sociaux. Il faut savoir dépasser certaines analyses, certains schémas traditionnels, même si l'on ne pourra pas renverser ces habitudes à l'occasion des débats que vous organisez. Les socialistes, je le sais, sont trop attachés à l'idée que la démocratie est trop souvent formelle.

Elle ne l'était pas déjà quand Marx vivait, Marx publiait, faisait des conférences. Il y avait un certain nombre d'inégalités, d'insuffisances socio-économiques. Mais ceci n'empêchait pas de participer à la démocratie politique. On pourrait, d'ailleurs, en dire autant, actuellement, pour la démocratie dans les sociétés en voie de développement.

En clair, ce que je veux dire, c'est mon désaccord avec les socialistes sur le fait que l'inégalité des chances, les inégalités culturelles, matérielles, seraient un obstacle majeur pour participer à la vie démocratique.

De ces inégalités, les socialistes ont été les témoins et c'est fondamental. Mais je crois que, sur cette question des libertés, il faudrait que démocrates-libéraux et socialistes réfléchissent ensemble. Car il n'est pas vrai que la démocratie tende naturellement vers l'inégalité; de même qu'il n'est pas vrai, non plus, que la démocratie ce ne soit que la libre concurrence, des querelles des partis politiques etc ...

Pour ma part, je considère le libéralisme comme un grand bazar. Et ce sont ceux qui ont la vérité qui la révèlent à ceux qui sont dans l'erreur, tout en me méfiant des grandes phrases que l'on a développées, dans cet amphithéâtre, et qui m'irritent un peu, évoquant immédiatement en moi Pascal. Pascal qui, on l'oublie trop souvent, était un passionné qui croyait fermement en sa religion et avait de la démocratie une vision neuve.

Il a écrit que la foi doit comprendre plusieurs vérités et que la pire de toutes les hérésies était de ne pas concevoir l'accord de deux demi-propos. Les hérétiques sont ceux qui ne peuvent concevoir le rapport de deux idées opposées, en croyant que l'amour de l'une entraîne l'exclusion de l'autre.

Cette phrase va extrêmement loin car, de plus, pour lui, les hérétiques, ce sont ceux qui croient que la croyance en la vraie foi exclut la croyance en une foi contraire.

Souvenons-nous de la qualité du propos. Quelle plus belle vision de la démocratie avons-nous ? Voici l'assise du droit. L'erreur n'est pas le contraire de la vérité, mais l'oubli de la vérité. Cela signifie que chacun, quelles que soient ses croyances, a, à la fois, dans ses croyances, une part d'erreur, une part de vérité.

Naturellement, chacun a le droit de voir une partie de vérité plus grande qu'une partie d'erreur en lui. Mais personne ne peut dire s'il a raison ou s'il se trompe, ce que Descartes, d'ailleurs, a fort bien compris, car il a écrit que chaque fois que deux hommes portent sur un même sujet des jugements contraires, il est sûr que l'un ou l'autre au moins se trompe.

Au fond, c'est ce que je voulais dire. Une démocratie, c'est une Nation, un Peuple, une Société dans laquelle chacun de ses membres comprend qu'on ne détient qu'une partie de la vérité, que l'autre (ou l'opposition) en détient une partie, et que la vérité est l'ensemble de ces parties. La démocratie n'étant que le miroir qui reflète la totalité.

C'est là la place fondamentale des droits de l'homme. Je crois même l'essentiel. Et c'est en cela, d'ailleurs, que chaque fois que D.S.H. fera une manifestation, il devra se situer. Car j'avoue que moi-même ai été choqué, autrefois, par cette dénomination, pensant qu'il n'y avait pas de droits socialistes de l'homme ou de droits libéraux de l'homme, mais que certains droits avaient été plus spécifiquement mis en relief par les libéraux, puis par les socialistes.

Il s'agit d'un ensemble de problèmes, avec un contenu spécifique etc ... qui a amené des droits qui, peu à peu, sont devenus des droits de l'homme sans adjectif. L'adjectif «socialiste» de D.S.H. n'est pas un possessif. C'est peut-être simplement une première initiative qui sera plus tard reprise par d'autres, puis tombera plus tard dans le domaine public. Je pense que le but de ce colloque est justement celui-là, de soutenir les efforts créatifs qui ont été engagés, jusqu'à présent, par D.S.H.

Pierre BEREGOVOY *

Je suis venu à la Sorbonne pour suivre ce colloque de *Droits Socialistes de l'Homme* sur l'extension des Droits de l'Homme et ne m'attendais pas à y prendre la parole. Toutefois, puisque vous m'y invitez, j'accepte volontiers de dire quelques mots.

Les problèmes dont vous allez débattre, qui intéressent les Droits de l'Homme dans notre pays et le monde entier, sont essentiels. Et une réunion comme celle-ci, qui comprend des personnes de tous les milieux, venues de tous les horizons, éprouvant le besoin de confronter des idées, des constats et des expériences, est fondamentale. Nous ne serons jamais assez nombreux, chez nous et dans le monde, pour manifester notre attachement aux valeurs essentielles.

Le débat actuel qui est mené, sur les conditions d'exercice des libertés, l'organisation du Droit, les garanties qui doivent être accordées à chacun, est naturel en démocratie. Mais aussi il est heureux que nous soyons nombreux, rassemblés ici, à partir du moment où, à cause de la couleur de sa peau, de ses choix idéologiques, un individu est pourchassé. C'est une exigence à laquelle la France que je sers a été fidèle, à travers les âges. Et chaque fois que nous avons été défaillants, dans ce grand pays, on a cherché, en même

* Ministre de l'Economie, des Finances et du Budget.

temps, à l'oublier très vite. Je crois ceci très important, quand les Droits des Peuples sont contestés un peu sur tous les continents, de rappeler ce qui fait partie de notre patrimoine commun.

Dernièrement, nous avons entendu, en France, sur la liberté, des choses ridicules. Il n'est pas dans mon intention de ré-ouvrir des plaies encore mal cicatrisées. Je voudrais, toutefois, dire ma conception personnelle, puisque je suis là en militant.

Il n'y a pas de liberté qui ne soit fondée que sur le Droit. La liberté à l'état pur, ça n'existe pas ! Elle ne commence à s'enraciner que lorsqu'elle est organisée. Hormis cela, il ne s'agit que de la liberté du plus fort, vieille réalité héritée de nos ancêtres, liberté exercée par la force. Elle était la liberté du riche, qui avait la faculté d'acheter ce qu'il voulait.

Lorsqu'il fut question des nations, c'est un peu la même démarche qui s'est faite. Les plus forts ont pris l'habitude de parler pour les autres. Il a fallu la Révolution française, avec l'éveil des peuples, puis les deux guerres mondiales, pour que ces droits des peuples soient reconnus comme les Droits de l'Homme étaient aussi reconnus. Il a donc aussi fallu organiser ces Droits.

La différence entre la société médiévale et la société démocratique, c'est que la liberté s'organise. La Déclaration des Droits de l'Homme le dit mieux que moi-même lorsqu'elle affirme : *«la liberté de l'un s'arrête là où commence celle de l'autre»*.

Ce qui est vrai sur le plan des libertés individuelles est vrai pour les libertés collectives ; de même que ce qui est vrai pour les libertés politiques doit le devenir pour les libertés au plan social. Là est la grande innovation de cette période historique, présente et future. De même que la République a succédé à la monarchie —si imparfaite encore soit la République dans des structures nationales— il faut que les Droits des travailleurs, de toutes les catégories, aujourd'hui puissent s'exprimer et que la monarchie du droit divin, trop longtemps exercée, cède le pas à la participation, à la coopération, au dialogue social.

Notre vocabulaire politique est riche, chaque point exprimant, au fond, la même idée avec des mots un peu différents. Il en va de même au niveau de la vie économique. Ainsi, j'ai vu des débats où l'on me qualifiait de «libéral» sous prétexte que je délivrais notre économie de pratiques révolues, tâtillonnes, non adaptées aux temps qui viennent. Pourtant, je n'éprouve aucune sympathie, je n'ai aucune envie d'aller dans cette direction parce que, socialiste, je n'ai à aucun moment séparé le socialisme de la liberté.

En résumé, je trouve cette querelle autour du libéralisme, du néo-libéralisme, assez ridicule. L'économie libérale, à l'état pur, ça n'existe pas. Cela a souvent été le paravent qui permet, au plus fort, d'exercer, au détriment du plus faible, grâce à un phénomène de concentration, une autorité sans partage. De même que ce sont les féodalités économiques, les corporatismes de toute nature, qui ont imaginé une procédure réglementaire et bureaucratique, afin de figer l'économie, de telle sorte que les forts puissent maintenir leurs privilèges. Il s'agit, en fait, d'une sorte de technostructure dont toute l'économie de par le monde se sert, comme d'un écran devant la liberté.

Cela suffit ! Si l'on réfléchit bien, je crois que l'on ne peut que constater, là où nous sommes, que cette technostructure, distillée ou instillée dans l'ensemble du corps de l'Etat, dans les communes et les entreprises également, a figé, limité, voire fait dépérir ou tout du moins bloqué, la nécessaire création destinée à l'adaptation aux temps qui viennent.

Cette observation est de la même veine en ce qui concerne l'économie que certaines pratiques policières ou les réglementations abusives dans d'autres domaines. Car l'économie est un corps vivant qui doit pouvoir épouser, par le menu, les mutations technologiques qui nous interrogent, que nous découvrons et que nous devons prendre en compte.

Si je dis cela, c'est parce qu'il s'agit, à mes yeux, d'une question importante, souvent mal perçue, sur laquelle vient se greffer le problème de l'Etat et de ses carences.

L'Etat —je suis placé pour le savoir— dispose de maints instruments pour agir. Le budget, en premier lieu, instrument essentiel, voté par le Parlement, un droit dont ce dernier ne devra jamais se départir. La fiscalité, à l'intérieur du budget, qui permet d'orienter les choix par ses affectations : incitation à la création de richesses, déblocage des inégalités. L'Etat a tout ce qu'il faut pour agir dans le cadre du Plan qui doit tracer les grandes orientations de notre société.

Dès lors, quand on dispose de tous ces instruments démocratiques (plan, budget, fiscalité ...), pourquoi encore recourir aux contrôles, réglementations, circulaires, arrêtés en grand nombre qui figent, finalement, le corps social et l'activité économique ?

Voilà, selon moi, la direction dans laquelle il faut avancer, avec prudence, parce que l'on ne passe jamais d'une situation donnée à une situation nouvelle sans transition. Chacun, ici, qui a pour tâche de traiter les problèmes institutionnels, de droit des peuples et de droit des individus, le sait bien.

C'était ma première observation.

Ma seconde observation sera, je le crois, aussi importante.

Dans le monde contemporain, une donnée nouvelle, essentielle, a pour origine la révolution dans le domaine de la communication : informatique, télématique, cartes à mémoires —ces fameuses puces— etc ... Je vois dans cette révolution technique un parallèle avec ce qui s'est passé, dans notre pays et dans certains pays étrangers, en mai 1968.

Qu'a-t-on vu, en effet ? Une espèce de révolution libertaire contre des formes d'organisation politique traditionnelle de la société, une mutation quasi instantanée. Et ce sont les jeunes, comme toujours, qui ont le mieux ressenti le cours des choses et le vent de l'histoire, parfois devant le sourire sceptique, voire ironique, des gens de ma génération.

Ceci concerne également, bien sûr, les grandes entreprises industrielles, les grands partis politiques, les grandes confédérations ouvrières. Ces grands ensembles n'évoluent pas aussi vite qu'on le croit. Mais, grâce à la révolution informatique, heureusement, un mouvement interne se dessine. Ainsi, désormais, pour ma part, je peux exercer à Paris la fonction de maire de Nevers sans la moindre difficulté, parce que la clé informatique me donne, au moment où il le faut, l'information voulue; ou quand je suis à Nevers, dans l'Hôtel de Ville, exercer mes fonctions de Ministre des Finances en pleine connaissance de cause.

Désormais, la communication télévisuelle permet, à de petites structures, à des entreprises de taille moyenne, d'exercer une activité avec les mêmes capacités de réussite que les grandes entreprises. Ce qui me permet d'affirmer que, à l'avenir, on travaillera principalement dans des petites et moyennes entreprises, des petites collectivités décentralisées, à taille humaine. Grâce à la robotisation, tout ce qui freine, tout ce qui ligote, tout ce qui bloque, va disparaître progressivement, ce qui libérera l'imagination, la création, découvrant aussi de nouveaux gisements d'emplois.

Par conséquent, cette libération des hommes et des forces n'a rien à voir, je le répète, avec le pseudo-libéralisme qui n'est que l'instrument de la domination de ceux qui sont contre la vraie liberté. La libération de l'économie, c'est une liberté plus approfondie que d'autres libertés encore, parce qu'elle libère, en même temps, la créativité des Femmes et des Hommes.

Ce que je dis là pour le domaine qui est le mien s'applique, naturellement, à bien d'autres domaines. La communication ? C'est aussi les radios locales. Souvenons-nous que, il y a quelques années, François Mitterrand était inculpé pour violation du monopole de radiodiffusion, alors qu'il y a maintenant plus de mille radios libres sans anarchie des ondes et qu'il en ira bientôt de même pour la télévision.

En résumé, —et pour complèter ce témoignage spontané puisque je ne pensais pas intervenir— je voudrais redire à quel point la liberté est un mieux si on est convaincu qu'elle doit s'exercer sans frein, tout en étant organisée. Car si elle n'est pas organisée, elle cesse d'être vivante puis, un jour ou l'autre, se sclérose. Dès lors —et c'est le but recherché par certains— un nouveau despotisme, celui de ceux qui ne cherchent qu'à dominer, s'instaure à nouveau. Ce n'est plus la liberté, puisqu'il n'y a plus d'égalité. Or, l'égalité des chances est essentielle.

L'égalité des chances, dans la vie, c'est d'abord l'accès à l'instruction, l'acquisition des connaissances. Celui qui vous parle sait de quoi il s'agit. Et je n'en rougis pas ! Je n'ai pas eu la chance, en 1941, de pouvoir poursuivre mes études. Il m'a fallu rattraper mes retards. Il m'a fallu apprendre à apprendre, et apprendre tout seul, pendant longtemps. C'est difficile, savez-vous ? Je me souviens qu'en 1948, à la faculté de droit de Strasbourg, j'ai appris à prendre des notes, j'ai appris à apprendre plus vite. Puis, il a fallu apprendre à mieux exprimer mon discours, à mieux dire ce que l'on ressent.

Il est donc fondamental de permettre, à chacun de nous qui en a le désir, d'accéder à la connaissance. La formation permanente est, en outre, nécessaire, car la formation sur le tas vient compléter la formation théorique. D'où le caractère fondamental de ce qui constitue la base, c'est-à-dire apprendre à apprendre en même temps qu'apprendre à voir un monde nouveau. Il faut une discipline éducative qui soit acceptée; des jeunes qui sachent lire, écrire, compter, quand ils arrivent dans la vie active, mais aussi qui voient au-delà, en direction d'un monde en évolution, en perpétuel mouvement, afin qu'ils aient le désir de s'y adapter spontanément.

Trop d'Hommes, trop de Peuples, sont encore soumis au joug, direct ou indirect, des puissances. Trop de Peuples sont soumis à une loi, la loi du marché, qui sclérose tout à fait leur liberté. Trop de Peuples, aujourd'hui, sont victimes de l'anarchie qui règne sur le plan du marché des matières premières, du marché des changes et ces Peuples —qui ont à découvrir, à construire l'avenir— sont toujours privés des moyens élémentaires, j'y insiste, pour vaincre dans le combat contre l'égoïsme des plus riches, ce qui est pourtant essentiel.

Ce combat, cependant, la France le mène, avec courage. Ecoutons à nouveau, à ce sujet, le discours courageux du Président de la République à Cancun, discours qui était déjà le sien dans l'opposition. N'oublions pas, non plus, le discours de Pnom Penh. Ces discours ont été transformés en lois, se sont fondus dans le budget de la France, ce qui est notre manière à nous d'exprimer notre solidarité avec les Peuples qui luttent pour leur développement.

Je voudrais maintenant conclure sur cela, Monsieur le Président. On parle beaucoup, aujourd'hui, de l'endettement d'un certain nombre de pays. Il y a des pays qui sont lourdement endettés, ce qui est le cas des pays d'Amérique latine et de beaucoup d'autres. Le F.M.I., le système bancaire mondial , s'efforcent de trouver des solutions à leurs problèmes. Mais ces pays ont des capacités de développement, sous réserve qu'ils équilibrent mieux leurs échanges. N'oublions pas, grâce à leurs exportations, ils peuvent rembourser leurs dettes. Un certain nombre de pays africains, beaucoup moins développés, ne disposent pas, eux, en revanche, de ce qu'on appelle communément les bases. Les bases fondamentales, autrement dit les usines qui permettent de transformer la matière, d'apporter la valeur ajoutée de l'intelligence, de l'esprit et de la qualité manuelle. Alors, pour eux, ce n'est pas le seul problème de l'endettement, c'est le problème de l'aide au développement, en général, pour qu'ils puissent produire leurs richesses et non seulement rembourser leurs dettes mais aussi nourrir, dans des conditions satisfaisantes, chaque Peuple et l'ouvrir au progrès.

De ce point de vue, l'indifférence est trop marquée, par la communauté internationale, à l'égard de la famine, du travail. La situation de l'Afrique sud-saharienne est un mal qui devrait être dénoncé. Les efforts que nous mettons en œuvre, pour convaincre telle ou telle grande puissance de participer à ce fonds d'aide pour l'Afrique sud-saharienne, montrent notre volonté. Je sens a quel point une réunion comme la vôtre à un rôle à jouer pour éveiller les esprits et, ensuite, traduire par des actes concrets une solidarité toujours nécessaire.

Monsieur le Président, Mesdames, Messieurs, il s'agit là de quelques propos, comme cela, qui visaient à exprimer mon témoignage. J'ai pensé qu'il suffisait de m'asseoir parmi vous pour dire l'intérêt que je portais à votre réunion et je vous remercie, finalement, de m'avoir donné la permission de vous dire ce que je pensais. La liberté, il n'y rien de plus précieux. La liberté n'existe, n'a jamais existé à l'état naturel. Elle doit être organisée et garantie. Le Droit des Peuples est aussi cher, à mes yeux, que les Droits individuels des Femmes et des Hommes. Et nous avons, encore, beaucoup d'efforts à faire, beaucoup de chemin à parcourir, pour que les libertés et Droits soient garantis sur tous les continents, pour tous les peuples, quels qu'ils soient. C'est donc un appel à l'effort que je lance. L'effort commence par l'exacte information des Peuples —en particulier du nôtre— et en montrant que le chemin de la liberté est celui que l'on doit emprunter pour garantir et consolider la paix, dans un monde où il y a encore trop de conflits locaux, trop d'indifférences à l'égard de ceux qui souffrent. C'est dire que les organisateurs de cette réunion ont beaucoup de travail devant eux pour accomplir cette tâche. Ils peuvent compter, là où je suis, sur mon concours le plus total.

Philippe SEGUIN *

C'est un honneur pour moi d'avoir été convié à présenter devant vous mon point de vue sur le sujet des Droits de l'Homme. J'en remercie les organisateurs de ce Colloque. Je vois dans leur invitation la marque de la tolérance et du respect de l'adversaire, tolérance et respect auxquels le démocrate-libéral que je suis ne peut que rendre hommage.

Mais, pour parler avec franchise, l'honneur qui m'est fait a aussi quelque chose d'embarrassant. En cette première journée de travaux, journée placée, au moins implicitement, sous le signe de la différence, voire de l'opposition entre conceptions libérales et approche socialiste des Droits de l'Homme, un rôle pourrait paraître m'être confié que je récuse par avance, pour des raisons de fond. Il me faudrait ainsi montrer comment la démocratie politique − c'est-à-dire la démocratie libérale − a, posément et pierre à pierre, construit le socle des Droits de l'Homme; après quoi, j'imagine, mon successeur exposerait comment la démocratie socialiste ou − comme il est indiqué dans le programme − le socialisme démocratique, a su ou saura ériger sur ce piédestal la merveilleuse œuvre d'art qui lui fait encore défaut. En somme, on in-

* Député. Secrétaire National du *Rassemblement pour la République* (R.P.R.)

viterait le champion du libéralisme à entrer en lice et à rompre quelques lances, mais les lances qu'on lui fournirait seraient plus courtes que celles de ses antagonistes. Il va de soi que je refuse de me placer moi-même dans cette perspective.

Mais qu'importe les risques ? Ayant accepté de venir, je dois les assumer. Après tout, un humoriste dont j'ai oublié le nom ne disait-il pas : «*Quand une souris, attirée par un morceau de lard, est tombée dans un piège dont elle ne peut sortir, qu'a-t-elle de mieux à faire en attendant la mort ?*» Et la réponse, c'est : «*manger le lard*». Eh bien, je vais manger le mien, en développant devant vous deux thèmes successifs : premièrement, la conception libérale des Droits de l'Homme, c'est à la fois le socle et la statue ; deuxièmement, la remise en cause de cet ensemble monumental dans une perspective socialiste n'est pas forcément un progrès.

1. Le socle et la statue.

L'idée que l'Homme, en tant que tel, a des Droits opposables aux autres Hommes et aux diverses formes de pouvoir, est une belle et noble idée qui garde aujourd'hui toute sa valeur. Permettez-moi d'ouvrir ici une parenthèse, inspirée par une réflexion de Claude Levi-Strauss qui a proposé, il y a quelques années, de reconnaître un Droit fondamental, celui d'exister, à toutes les espèces vivantes et pas seulement aux mammifères de l'ordre des primates qui portent le nom d'Hommes, et que de nombreux peuples considèrent à juste titre comme une partie et non comme le tout de la Création. Mais refermons cette parenthèse, de peur d'être entraînés trop loin, et limitons-nous aux Droits de l'Homme, dont chacun de nous est reconnu titulaire du seul fait de sa naissance, quelles que soient ses aptitudes, sa race ou sa nationalité. Ces Droits ont fait l'objet, au cours de l'histoire, d'affirmations solennelles et de mises en œuvre progressives et multiformes dont nous pouvons encore, légitimement, nous enorgueillir (*parag.* 1.1.) ; et les reproches qu'on adresse à cette construction me paraissent assez largement mal venus (*parag.* 1.2.).

1.1. L'affirmation des Droits de l'Homme est née, chacun le sait, dans la vieille Angleterre, sous la forme de textes de procédure traitant à la fois de la liberté des personnes et des prérogatives du Parlement vis-à-vis de la Couronne. Puis viennent les Déclarations américaines (la plus ancienne étant celle de l'État de Virginie en juin 1776), sans lesquelles la fameuse Déclaration française du 26 août 1789 n'aurait sans doute pas vu le jour. J'en ai relu les 17 articles et continue de penser qu'il est difficile de faire mieux, même si nous nous y sommes essayés depuis à quelque douze reprises, sans parler de la demi-douzaine d'actes à caractère international auxquels nous avons souscrits, parmi lesquels la Déclaration universelle de 1948.

Mais l'important est, évidemment, la façon dont les principes ainsi énoncés ont été traduits dans la loi et dans les faits. Progressivement mis en œuvre, nos Droits et nos libertés constituent aujourd'hui un ensemble complexe, que l'on peut par commodité diviser en trois catégories.

Il y a d'abord la liberté politique, qu'on appelle parfois liberté-participation, et qui donne à chaque citoyen le droit de participer à la vie politique et au processus de choix de ceux qui exercent le pouvoir, étant entendu que, dans notre conception, les élections des responsables doivent être libres et placées sous le signe des candidats et des choix politiques.

Il y a ensuite toute la panoplie des libertés classiques, au premier rang desquelles vient la liberté-sécurité, qui interdit les arrestations et détentions arbitraires et qui, protégeant l'individu contre le pouvoir, constitue la garantie de tous les autres Droits. Ces libertés classiques, on les appelle parfois Droits d'agir ou de faire ou encore libertés-pouvoirs. Leur contenu est d'une grande richesse, qu'il s'agisse des libertés de la vie privée, des libertés de la personne physique, de la liberté de déplacement, de la liberté de religion, des libertés de la pensée et de l'expression de la pensée, sous toutes ses formes – presse, livre, spectacle, radio-télévision. On trouve aussi des libertés de ce type dans le domaine économique et social, avec le Droit de propriété, la liberté du travail et la liberté du commerce et de l'industrie. Conçues au départ en fonction de l'individu, certaines de ces «libertés-pouvoirs de faire» ont été étendues à des groupes : c'est le cas par exemple pour les libertés de réunion, de manifestation, d'association, le droit de grève et la liberté syndicale.

Mais, à côté de ces libertés traditionnelles qui n'entraînent pour l'État qu'une obligation négative (celle de ne pas intervenir ou d'intervenir de façon limitée), est apparue et s'est développée une troisième catégorie de Droits de l'Homme, celle des libertés offrant aux citoyens une créance sur l'État, comme c'est le cas par exemple pour le Droit à l'éducation, ou le Droit à recevoir des soins médicaux. Ainsi, aux pouvoirs d'agir que constituent les libertés traditionnelles sont venus s'ajouter des pouvoirs d'exiger, la Déclaration universelle de 1948 plaçant d'ailleurs les uns et les autres sur le même plan.

1.2. Telle qu'elle vient d'être décrite à grands traits, la sculpture classique de nos Droits et libertés peut paraître relativement harmonieuse. Nombreux, cependant, sont ceux qui pensent le contraire, sur la foi d'une doctrine − d'ailleurs un peu passée de mode − consistant à opposer libertés réelles et libertés formelles.

La pensée marxiste orthodoxe soutient, en effet, que les Droits définis en 1789 et mis en œuvre peu après sont réservés à une classe dominante, la bourgeoisie. Ce sont des Droits formels et sans contenu véritable, dans la mesure où la partie la plus pauvre du peuple n'en a pas l'usage effectif : que représente en effet la liberté de la presse pour un indigent illettré ? Cette critique appelle à son tour une contre-critique, dont les termes sont d'ailleurs bien connus de vous − ce qui me permettra d'aller vite.

On peut d'abord observer que le reproche de formalisme ne porte pas sur les libertés-créances dont nous venons de parler, puisque celles-ci sont justement conçues en vue d'assurer l'exercice effectif des Droits en cause, sous la forme de prestations servies par l'État. Mais s'agissant des libertés traditionnelles, est-il encore aujourd'hui possible de considérer comme purement abstraits ou théoriques les systèmes de protection juridique contre les arrestations arbitraires, ou même la liberté de la parole et la liberté d'aller et venir ? Faut-il vraiment disposer de puissants moyens matériels pour apprécier la valeur de telles libertés ? La réponse, ce sont les victimes de toutes les dictatures, passées et présentes, qui nous la fournissent.

Et la vérité, que nul n'ignore plus aujourd'hui, c'est que la critique des libertés formelles a servi de prétexte, dans nombre de régimes se réclamant d'idées révolutionnaires, à l'étranglement pur et simple des libertés concrètes. Ce que l'on a appris, de la bouche de Soljénitsyne sur le *Goulag* et les génocides staliniens, ce que l'on apprend quotidiennement sur les violences des dictatures sud-américaines, tout cela va dans le sens de l'approche libérale des Droits de l'Homme et confirme le bien-fondé de son intuition initiale, à savoir la transcendance de ces Droits par rapport au pouvoir.

2. Des craintes pour l'avenir.

Malgré cette consécration de l'histoire — et c'est là mon second thème de réflexion — un certain nombre de nuages subsistent dans le ciel de nos libertés. Le risque demeure d'une sorte d'inflation des Droits de l'Homme (*parag.* 2.1.), pouvant déboucher sur un véritable dévoiement des concepts de base (*parag.* 2.2.).

2.1. On constate aujourd'hui — et ce n'est pas Pierre Bercis qui me démentira — une volonté de développement quantitatif des libertés, accompagnée d'une tendance à avantager, par rapport aux Droits «de la première génération» (les libertés classiques), les Droits de la seconde ou de la troisième génération (créances sociales et nouveaux droits, dits parfois droits de solidarité).

Cette tendance a d'ailleurs inspiré, entre 1975 et 1978, le dépôt de trois propositions de loi, présentées par MM. Foyer, Chinaud et Max Lejeune, l'autre par M. Marchais, et la troisième par M. Defferre. Étudiées par une commission spéciale présidée par M. Edgar Faure, ces trois propositions ont fait l'objet d'un texte de synthèse, qui est devenu caduc à la suite du renouvellement de l'Assemblée en mars 1978 et qui n'a pas été repris depuis lors. S'y manifestait le souci de faire correspondre un Droit à chaque besoin ou aspiration de l'Homme, sans que soient toujours définis avec précision les moyens juridiques ou matériels d'y satisfaire.

De même, dans diverses instances internationales, des projets récents viennent allonger la liste des libertés, en y ajoutant, par exemple, le Droit à la paix internationale, à la paix civique, le Droit «à la différence», le Droit au développement, le Droit à un environnement protégé, etc ...

Certes, le système des libertés n'est ni clos, ni figé ; il doit aller de l'avant, en s'adaptant aux progrès techniques et scientifiques, comme aussi à l'évolution des mœurs. Nul doute, par exemple, que le développement des fichiers informatisés pose de graves problèmes du point de vue des Droits de la vie privée, problèmes qui sont encore loin d'être résolus, même si la création, en 1978, de la Commission nationale de l'informatique et des libertés permet d'assurer, dès à présent, un certain niveau de protection. Assurément aussi, les découvertes dans le domaine de la génétique et l'émergence de nouvelles techniques de procréation nous invitent à un aménagement de certaines règles de Droit qui paraissaient les mieux établies.

Mais, ici comme ailleurs, il faut se garder de l'inflation. Les nouveaux Droits qu'on nous propose sont le plus souvent imprécis et mal définis, quant à leurs titulaires — qui sont fréquemment des groupes ou des collectivités — quant à leur objet et quant à leurs conséquences juridiques. A multiplier les Droits, on débouche sur des contradictions, comme celle qui existe, par exemple, entre le Droit d'accès à l'environnement et le Droit à la non-pollution. De toute façon, il est malsain d'élever des vœux et des aspirations à la dignité de normes juridiques. C'est tout l'édifice législatif et réglementaire qui s'en trouve dévalorisé.

2.2. Plus grave que le danger de dilution ou de contradiction, est le risque de dévoiement de système. La prolifération des créances sur la société peut entraîner de nouveau une situation de déséquilibre au bénéfice du pouvoir et au détriment des Droits individuels.

La liberté — faite de risques mais aussi de chances — n'est pas sécurisante, chacun le sait, comme le montre l'image du «*renard libre dans le poulailler libre*». Mais, de son côté, le besoin de sécurité matérielle, à l'heure actuelle si fortement exprimé, peut conduire à l'acceptation de contraintes insupportables, plaçant l'individu dans la situation de la chrysalide abritée dans le cocon que l'État a tissé autour de lui. Une synthèse est nécessaire, qui doit comporter à mon avis un certain retour à la grande tradition libérale. Face à Rousseau et à Marx, cette tradition fait preuve d'une certaine méfiance quant à la possibilité de réconcilier absolument le pouvoir et la liberté. Comme Alain, elle place la liberté dans la résistance au pouvoir et, qu'on le veuille ou non, cette façon de voir ne peut être escamotée du débat et doit rester présente à l'esprit de tous ceux qui se disent les défenseurs des Droits de l'Homme.

A cet égard, il y a lieu de s'interroger sur les atteintes aux libertés qui pourraient provenir du législateur lui-même. Notre Conseil Constitutionnel, dès 1971, s'est posé en défenseur des libertés publiques : il s'agissait en l'espèce de la liberté d'association. En étendant le Droit de saisir le Conseil à soixante députés ou a soixante sénateurs, la loi constitutionnelle de 1974 a ouvert à l'opposition la possibilité de contester les dispositions anti-libérales dont elle n'a pu empêcher le vote. C'est, à mon avis, une excellente chose, mais je ne suis pas sûr que tout le monde ici partage mon opinion.

Un dernier point mérite attention : c'est le fait que les Droits nouveaux ne sont pas toujours et sont même rarement des Droits de l'Homme ou du Citoyen, mais des Droits attribués à des groupes, à des collectivités, voire des peuples. Le danger existe d'un conflit hiérarchique entre ces Droits collectifs et les Droits propres de l'individu ; à la limite, la collectivité peut se croire fondée à imposer à ses membres, au nom de ses Droits nouveaux, une domination qui ferait bon marché des leurs. Les lois de décentralisation, à cet égard, demandent à être jugées avec prudence. Voilà que l'État concède certaines aliénations et certains transferts de son pouvoir, en vue d'augmenter la plage de liberté des citoyens et leur participation sur place à la chose publique. Mais l'objectif sera manqué si cette extension des libertés est accaparée par des potentats locaux, pouvant se montrer encore moins respectueux des Droits des citoyens que ne l'était l'État lui-même. Or, dans bien des cas, et fort malheureusement, c'est cette situation que nous observons aujourd'hui.

Pour conclure, permettez-moi de citer un extrait du rapport de la Commission du Bilan de 1981. On peut y lire, à propos des problèmes posés à l'échelle mondiale par le respect des Droits de l'Homme :

> «Longtemps, la dénonciation des atteintes qu'ils subissaient était fonction des options politiques : sur les abus imputables aux régimes dont on se sentait politiquement proche, on gardait le silence, et l'on réservait ses indignations aux régimes adverses. L'action d'organisations non gouvernementales, telles qu'*Amnesty International*, a largement atténué la sélectivité de ces condamnations. Une sorte de dépolitisation des Droits de l'Homme, encore incomplète, certes, mais réelle, semble bien avoir pris corps dans l'opinion».

Ainsi, s'affirme peu à peu la transcendance des libertés par rapport au jeu politique. Ce mouvement est fort heureux et doit être encouragé. Mais le moyen d'y parvenir consiste-t-il à opposer aux Droits de l'Homme dans leur version libérale, les Droits de l'Homme dans une version socialiste ? Ce n'est pas, vous l'avez compris, mon sentiment.

Robert FABRE *

Pour avoir, parmi les premiers, affirmé, dans une Déclaration solennelle, les Droits de l'Homme basés sur la devise — qui paraissait bien audacieuse en 1789 — *Liberté Égalité Fraternité*, la France se considère un peu comme garante de leur application.

Nous avons raison d'être vigilants : la tentation du recours à l'autoritarisme reste si grande, dans le monde, que les nations ayant choisi la démocratie constituent une faible minorité.

Et que moins nombreuses encore sont les nations ayant opté pour le régime républicain.

La vague du totalitarisme, du fascisme, de la dictature, semble à peine amorcer un reflux, dont l'Amérique latine donne le signal.

Notre devoir — le devoir de ceux qui ont l'immense chance, pas toujours appréciée à sa valeur, de jouir de la liberté, donc de la liberté d'expression — est de proclamer, à chaque occasion, la nécessité de la lutte permanente pour le maintien et le développement des Droits de l'Homme.

Encore conviendrait-il que cette défense de la démocratie s'appuie sur la plénitude des responsabilités qu'un citoyen est appelé à assumer.

* Médiateur de la République.

Or, dans un monde dur, parfois impitoyable, ainsi qu'en témoignent les images d'horreurs que diffusent quotidiennement les media, la tentation est grande du repli sur soi, de l'égoïsme, de la recherche d'une sécurité qui préserve notre propre confort matériel.

Oubliant la solidarité et la fraternité que provoquent passagèrement une catastrophe, une famine trop voyante, une vague de froid trop rude, chacun retourne à la défense de son niveau de vie, des avantages acquis, que l'on préfère appeler Droits acquis que privilèges.

Certes, il est légitime que chaque citoyen ait, pour objectif, un emploi stable et rémunérateur lui permettant d'élever sa famille dans de bonnes conditions, de bénéficier d'avantages sociaux, de se protéger contre la maladie, la vieillesse, d'avoir accès aux loisirs et à la culture.

Il est logique de défendre le Droit au travail, le Droit à la santé, le Droit à l'instruction, tout autant que le Droit à la liberté.

Mais peut-on, surtout en période de difficultés économiques, de menaces pesant sur la paix, sur la démocratie, ignorer qu'à côté des Droits de l'Homme et du Citoyen (on oublie trop souvent ce dernier vocable) existent des *Devoirs* qui en sont les compléments obligatoires ?

Dès 1793, une ébauche de Déclaration des Devoirs de l'Homme avait été rédigée. Elle paraît aujourd'hui surannée dans son expression, mais reste valable dans ses intentions.

Il convient de rappeler que le préambule de la Constitution de 1789 — comme celui de la Constitution de 1848 — évoque, déjà, à la fois les Droits et les Devoirs du Citoyen.

Dans la conception de la nouvelle citoyenneté de 1985, cette complémentarité doit être exaltée.

Plus que jamais doit être souligné le Devoir de Solidarité et de Fraternité, seul susceptible d'atténuer les inégalités naturelles ou injustement subies.

Ce devoir est une obligation, mais il faudrait qu'il soit ressenti comme une acceptation volontaire de la solidarité entre individus, entre groupes, entre nations.

Seul le développement de l'esprit civique peut y parvenir.

* *
*

C'est pour cette raison que j'ai engagé, en ma qualité de Médiateur de la République, une campagne nationale pour la promotion du civisme.

Un rapport a été remis, en Mai dernier, au Président de la République. Il s'intitule *«Etre Citoyen ou l'initiation à la vie sociale, économique et institutionnelle»*.

Un colloque s'est tenu en Novembre dernier, qui a réuni de hautes personnalités du Gouvernement (le Premier Ministre et trois Ministres : Éducation Nationale, Travail et Communication), de l'Administration, de l'Armée, de la Justice, des Cultes, des Partis politiques, des Syndicats, des Associations, des Media.

Des orientations ont été choisies, des décisions officiellement prises. Par exemple, le rétablissement, dès la rentrée prochaine, de l'Instruction civique dans les programmes scolaires, annoncé par M. Chevènement à la tribune du colloque.

Mais, s'il s'agit là d'une très importante décision, elle n'est que l'amorce d'une action de plus grande envergure.

C'est à l'école, en effet, que commence l'initiation au civisme. Mais elle ne doit pas comporter que la connaissance de nos institutions, de notre système démocratique, dont l'ignorance reste si grande aujourd'hui. Cette initiation doit aussi porter sur des notions élémentaires de Droit, sur les lois sociales (de la Sécurité Sociale aux *lois Auroux*), sur la gestion économique.

La véritable égalité des chances, au départ, dans la vie, c'est de préparer le futur citoyen à réussir dans sa vie professionnelle, familiale, et à assumer ses responsabilités dans la vie associative, syndicale, politique.

Mais l'éducation civique ne s'arrête pas là. Elle doit déborder le cadre de l'instruction pour remettre à l'honneur certaines valeurs oubliées, qui font pourtant la force d'un pays démocratique ; la conscience professionnelle, la tolérance, le dialogue, le patriotisme, le bénévolat, la responsabilité ...

Valeurs que doivent défendre et promouvoir les hommes épris de progrès et de liberté et qui risquent, s'ils n'y prennent garde, d'être confisquées par les tendances autoritaristes et fascisantes.

Ce n'est pas l'«Ordre moral», de fâcheuse mémoire, que nous voulons voir rétablir, mais un monde fraternel et libre.

L'éducation civique doit se poursuivre bien au-delà de l'école, car on est citoyen pendant toute sa vie. L'armée, la formation professionnelle, les associations civiques, les responsables économiques, les élus locaux et nationaux, ont chacun leur rôle à jouer.

Et, plus que tous autres, les media, dont la place est devenue capitale dans notre information comme dans notre formation.

La presse écrite, les radios, les chaînes de télévision, doivent apporter leur concours à cette immense entreprise de changement des mentalités et des comportements. Leur rôle n'est pas seulement distractif ou de reflet de l'actualité. Éducation et divertissement ne sont pas incompatibles.

Je remercie M. Bercis et *Droits Socialistes de l'Homme* de m'avoir permis, à l'occasion de ce colloque, de lancer un nouvel appel à tous ceux qui veulent joindre leurs efforts aux nôtres.

Le nécessaire redressement de notre pays, dans le cadre de nos institutions démocratiques, ne se fera, j'en ai l'absolue conviction, que grâce au renouveau de l'esprit civique. Chacun de nous a le devoir d'y participer. Mais, cette ambitieuse action dépasse le cadre national. Partout, en Europe et dans le monde, l'esprit civique a besoin de se développer.

A Stockholm, les *Ombudsmans* de plus de cinquante pays ont approuvé le projet français. Le Défenseur du Peuple Espagnol va organiser, en Juin, à Madrid, des Assises Européennes en faveur du civisme.

Ce sont des pas décisifs vers ce qui peut être la naissance d'un nouveau type de société démocratique : celle qui conciliera l'adaptation aux technologies modernes et le maintien des principes immuables de l'Humanisme.

Olivier STIRN *

Vous me permettrez de dire, d'abord, combien je suis heureux d'avoir été invité à ce colloque, invité à y participer. Il convient de souligner, à mon tour, qu'il y a une filiation nécessaire et indispensable entre les Droits individuels et les Droits collectifs et si l'on veut faire progresser, dans l'avenir, la construction des Droits de l'Homme, il faut absolument, pour parachever la statue dont parle Philippe Seguin, le concours de tous les démocrates.

Je voudrais dire aussi combien je suis heureux que ce colloque soit présidé par le Président Léopold Sédar Senghor. J'écris, à l'heure actuelle, moi-même, un ouvrage — c'est, je crois, essentiel dans la politique aujourd'hui — et j'indique que quatre Hommes m'ont marqué politiquement et ont fait avancer mes idées..

Il y a *Pierre Mendès France*, il y a le général *de Gaulle*, il y a le chancelier *Kreisky* et il y a *Léopold Sédar Senghor*. J'ai appris de lui, dans les rapports que j'ai eus avec lui depuis longtemps et dans les contacts que j'ai pu avoir à Dakar et autour de Dakar avec le monde africain, combien il avait su concilier la conception des Droits de l'Homme, du socialisme, et la marche des pays en voie de développement. Le Sénégal est l'un des rares pays d'Afrique à avoir introduit le pluralisme dans la vie démocratique et à l'avoir

* Ancien Ministre. Député. Président de l'*Union Centriste Républicaine*.

fait réellement — à un moment où ce n'était pas simple — et à avoir ainsi donné un bel exemple à l'ensemble des pays en voie de développement.

Comme à chacun d'entre vous, le combat pour les Droits de l'Homme est sûrement, de tous les combats à mener, celui qui m'apparaît comme le plus important. Enfant déjà, petit neveu d'Alfred Dreyfus, pendant la guerre, j'ai compris très jeune — et peut-être trop jeune — combien il était indispensable de savoir préserver la dignité de sa famille. Ensuite, dans mes tâches gouvernementales, j'ai vu que rares sont les pays — très rares — où les Droits de l'Homme sont globalement respectés. Dans près de 120 sur 150, les atteintes aux Droits de l'Homme sont multiples et se caractérisent d'ailleurs toujours par trois traits que l'on retrouve dans toutes les dictatures, quelle qu'en soit la formule :

— il n'y a, d'abord, plus de justice libre. On peut se retrouver en prison, du jour au lendemain, sans procès réel ;

— il n'y a plus d'information libre ;

— il n'y a pas de force démocratique libre.

Et si, dans la plupart des pays du monde, les atteintes aux Droits de l'Homme sont si nombreuses et si préoccupantes, cela veut dire, comme le soulignait Pierre Bérégovoy ce matin, qu'il y a «*beaucoup de chemin à accomplir*» pour la conquête de ces Droits-là.

Je voudrais simplement, aux Droits classiques, individuels, ajouter pour votre réflexion, dans les travaux qui vont venir, huit Droits nouveaux, collectifs, qui m'apparaissent comme tout à fait importants à préciser et à introduire dans le monde à venir :

— *le Droit à l'environnement* : c'est le Droit du monde moderne. Le risque de la société industrielle, aujourd'hui, c'est que l'environnement fondamental, celui qui fait la saveur de notre vie sur cette terre, ne soit, en permanence, remis en cause. Il y aura pour maintenir ce Droit, sans aucun doute, beaucoup d'efforts à accomplir, dans les années qui viennent, à la fois dans l'expression de ce Droit, dans sa reconnaissance et dans sa mise en œuvre ;

— *le Droit au développement* : c'est le Droit des peuples au progrès collectif. Il est certain qu'un des problèmes les plus préoccupants de notre temps, peut-être le plus grave parce que s'il n'est pas résolu — au moins partiellement — il entraînera des tensions et des conflits considérables, est l'inégalité croissante entre les peuples. En raison de l'instabilité monétaire, en raison du poids des armes dans le monde actuel et leur coût, en raison du retard dans l'éducation et dans la formation, cet écart va croissant entre les peuples. Si le Droit de chaque peuple à son développement n'est pas mis en pratique, on arrivera à une situation inégalitaire qui n'est pas tolérable ;

— *le Droit à la communication* : C'est une des libertés démocratiques essentielles car il y a un risque, dans le monde actuel, à laisser les moyens de communication au service de quelques-uns et de faire en sorte que l'inégalité, qui alors s'accroîtrait éternellement, ne mette en péril, en cause, l'essentiel des Droits individuels des autres. Le Droit à la communication, ce n'est pas seulement le Droit des journalistes, le Droit des agences de presse, c'est le Droit, pour chacun, de connaître et de savoir ce qui se passe autour de lui ;

— *le Droit des réfugiés* : j'ai eu l'occasion, au cours de mes fonctions gouvernementales, de vérifier combien était souvent dramatique la situation des réfugiés. Ce n'est plus, aujourd'hui, un problème marginal. Malheureusement, il y a des réfugiés dans tous les continents. Le devoir de ceux qui se préoccupent, pour l'avenir, des Droits de l'Homme, c'est d'obtenir, pour ceux-ci, un minimum de Droits, un minimum de possibilités, de vivre et de participer à la marche du monde. Les réfugiés — par définition des déracinés — qui, souvent, ont fui des régimes de dictature, savent mieux que d'autres la valeur et la qualité des Droits de l'Homme. Mais, s'ils ne voient pas un certain nombre de Droits officiellement reconnus, ils risquent de rester, toute leur vie, de pauvres réfugiés ;

— *le Droit des immigrés* : c'est un Droit différent. Il y a un certain nombre d'Hommes qui, pour diverses raisons — bien souvent économiques — n'ont pu rester sur leur terroir. Ils posent à tous — et à ceux qui, notamment, sont attentifs à la dignité des Hommes — un certain nombre de préoccupations et de problèmes. Je crois que, dans un pays comme le nôtre qui est un pays des Droits de l'Homme, le problème des immigrés nécessite que leurs Droits soient non seulement reconnus par une Déclaration, mais par une volonté réelle. Bernard Stasi les a récemment rappelés, dans un livre courageux et objectif. L'ancien Ministre de l'Intérieur, qui l'a traité de Stasibaou, rappelle plutôt, quant à lui, Gringoire ;

— *le Droit des peuples à disposer d'eux-mêmes* : le Droit à l'indépendance est sacré. Dans le pays du général de Gaulle et de Mendès France, ce n'est pas la peine d'expliciter ce point que le Président Senghor a su, mieux que d'autres, décrire. Il n'en reste pas moins que l'on voit, à l'occasion d'un problème récent, celui de la Nouvelle-Calédonie, que les réflexes d'hier et d'avant-hier continuent — hélas ! — d'inspirer le discours du monde politique et que les leçons d'histoire n'ont pas toujours été entendues. Je pense que la France n'est jamais aussi grande que lorsqu'elle est capable de poser, fraternellement, les problèmes des peuples dont elle a eu la charge antérieurement, et que le Droit des Peuples à disposer d'eux-mêmes ne soit pas seulement un mot, un discours, mais une réalité vécue que chacun doit s'efforcer, en permanence, de mettre en œuvre ;

— *le Droit à l'alimentation* : le minimum vital devrait être une évidence. Des procédures appropriées devraient faire partie de la Charte de demain ;

— *le Droit à la paix* : nous sommes, en effet, dans un monde d'armements de très haut risque, des armes dont on sait qu'elles peuvent mettre en péril l'humanité. Dans les Droits de l'Homme à venir, probablement faudra-t-il définir ce que l'on peut entendre par Droit à la paix. Nous avons, à cet égard, un héritage politique à assumer. Il est important, je crois, que ce droit prenne place, aujourd'hui, dans les Droits de l'Homme collectifs et qu'il s'insère dans la Constitution que nous devons tous entreprendre.

Laurent Fabius disait récemment, à propos d'une réunion internationale des Droits de l'Homme : «*la France est, par l'histoire et par le cœur, le pays des Droits de l'Homme*». C'est la raison pour laquelle il me paraît important que, alors que nous approchons des deux siècles de notre Déclaration, il y ait dans notre pays — et en tout cas, Monsieur le Président, dans le monde francophone — un effort pour bâtir une nouvelle Déclaration. Nous avons un héritage, nous sommes attendus, à cet égard, et entendus dans le monde.

Donc, au moment où, à l'évidence, les nouveaux Droits sociaux, socialistes, doivent s'ajouter aux Droits individuels — l'on voit bien que, dans beaucoup de domaines, il nous faut compléter la statue — il serait utile qu'un certain nombre de responsables, Hommes politiques, Hommes de réflexion, puissent se réunir et reconstruire pour l'anniversaire, dans quatre ans, une nouvelle Charte, une nouvelle Déclaration des Droits de l'Homme et du Citoyen.

Si, à l'issue de nos réunions — j'en remercie Pierre Bercis — telle est la possibilité qui est offerte, je crois que ce Colloque, en dehors de la discussion libre qu'il instaure, aura rempli sa mission, celle d'ajouter une pierre fondamentale à un édifice qu'il faudra toujours préserver des risques qui entourent celui des *Droits de l'Homme et du Citoyen*.

Armando URIBE *

Démocratisation.

Le mot n'est pas beau. Mais la chose existe.

La démocratisation existe, même avant le premier emploi du mot.

Avant même qu'on ait employé l'expression Démocratic, non seulement en grec mais dans d'autres langues, l'aspiration, l'utopie, risquons de dire : la *volonté* de vivre communalement, d'une façon si humaine que chaque créature ait des Droits ne constituant pas des privilèges exorbitants, des passe-droits par-devers d'autres membres de la société humaine, proches ou non, habitant une aire commune, ou étrangers et inconnus, tout cet effort d'humilité a existé au moins en quelques-uns des Hommes et des Femmes du monde. Sans acception de temps, ou de lieu, ou de feu, ou de Dieux.

Est-ce exagéré ?

Que non !

Puisque toute créature sait et sent, qu'elle y consente ou non, qu'on n'est pas immortel, qu'on est égal par rapport à la mort ...

C'est notre lieu commun, à tous, de mourir.

---

* Ancien ambassadeur du Chili. Universitaire.

On sait qu'en vivant on meurt à chaque instant. Ainsi la nécessité d'une vie tenant compte de la mort qui jette sa lumière sur chaque pas des êtres humains, d'une vie qui ne démente pas ce qui, en réalité, nous fait semblables, avec combien d'autres expériences vécues, également nobles, peut-être encore plus parce qu'elles sont moins inévitables ! Cette nécessité nourrit (dirai-je depuis toujours et partout sur la terre) le besoin politique d'une «démocratie» parmi les êtres humains en société.

Dira-t-on : ce sont des topiques.

Si difficile, cependant, de *réaliser* — dans le bon sens du mot «réaliser» en français, mais aussi dans l'acception, venue ici d'autres langues : «se représenter une vérité» ...

Il se peut que cette seconde acception ne soit pas si «vicieuse» dans la France qui a réussi, par l'esprit et la Raison, les lumières de l'esprit des lois, une France illuminée (chose bien rare !) par celle de la Raison d'État, cette France-ci qui (plus que d'autres pays de par le monde moderne) a accoutumé le monde à avoir conscience politique des Droits de tous et de chacun.

On sait, en conséquence des luttes menées par des gens des différents continents, qu'il vaut mieux — pour que l'esprit des lois soit clair dans la conscience réelle et la pratique de quiconque — user de mots bien précis dans les lois en vigueur, au-dedans de chaque pays et entre les divers États.

Le Droit international positif, en vigueur par des textes *écrits* et encore, oui ! par des documents *écrits* qui recueillent la pratique, les précédents, les principes et opinions raisonnables qui peuvent faire autorité, se constitue en chose plutôt récente, au cours de l'histoire. Eh bien ! plusieurs ou beaucoup d'entre nous, ici réunis ce matin, avions déjà l'âge de la pleine raison en 1945, quand ces si belles — plus que belles : si exactes — paroles furent approuvées par les Nations Unies, dans le but d'assurer la survie de l'humanité :

«Nous, *les peuples des Nations Unies* ...» le début de la *Charte* qui régit, pour la première fois, la presque totalité du globe.

Droit des Peuples, donc, et pas seulement Droit international des États.

Droits des Humains, de chaque créature, par-devers soi-même et par devant les autres.

Pensera-t-on : Encore des platitudes !

«*Tout a été dit sous le soleil*» rappelait, je crois, Gide, si ce n'était Valéry ; tout a déjà été écrit, mais comme très peu de gens l'écoutent, il faut le répéter.

Au cours des quarantes années passées − jusqu'ici et maintenant, 1985 − les Etats, ayant littéralement enrichi la vie des nations en Communauté, celle des Pouvoirs, oui, mais surtout celle des Peuples − bien souvent un enrichissement si douloureux qu'on a des moments de doute − ont acquis ou ratifié une idéologie étonnante. Elle s'est imposée hégémoniquement ... dans le Droit international public en vigueur. Le Pouvoir n'est *légitime* qu'en poursuivant sans cesse la très vieille utopie, intrinsèquement humaine, de la Démocratie.

Cette exigence ne résulte que des Résolutions déclaratives des Nations Unies ou de l'élan des personnes particulières, avec ou sans pouvoir, ayant néanmoins cette autorité morale, donnée par la dignité d'être humain, et de manifester de la bonne volonté ... Pas exclusivement des Déclarations, bien plus : des grands Pactes internationaux, approuvés il y a moins de vingt ans et en pleine vigueur depuis 1976. Les Pactes des *Droits Civils et Politiques* et des *Droits Économiques, Sociaux et Culturels*. Ils ont été ratifiés par une grande majorité des États. C'est la loi des Nations, c'est le Droit des Gens.

Une illustration, pour finir. Un exemple : Premier Pacte, Article 25 :

«Tout citoyen a le Droit et la possibilité, sans aucune des discriminations visées à l'article 2 et sans restrictions déraisonnables :

a) de prendre part à la direction des affaires publiques, soit directement, soit par l'intermédiaire de représentants librement choisis ;

b) de voter et d'être élu, au cours d'élections périodiques, honnêtes, au suffrage universel et au scrutin secret, assurant l'expression libre de la volonté des électeurs ;

c) d'accéder, dans des conditions générales d'égalité, aux fonctions publiques de son pays».

Bien des États faisant partie des Nations Unies et qui y sont obligés, par le Droit International — dont on vient de citer une source fondamentale — ne respectent pas, de toute évidence, la démocratie au-dedans de leurs frontières.

Et malgré ce décalage, ils s'obligent, en conscience, sur la foi de leur parole la plus solennellement engagée, aux bases du régime démocratique qui respecte le Droit et des Hommes et des Peuples. Et les Peuples savent, d'une façon toute naturelle, prouvée par tant d'épreuves quotidiennes, que les communautés nationales, dans les limites reconnues comme internationalement valables, peuvent et doivent s'autodéterminer, de façon permanente, malgré et contre les coercitions.

Tous les États et tous les Peuples — l'unité de la nature humaine n'admettant pas d'exception — font la longue course, tous les jours, vers la Démocratie. On est tenu à accepter en concluant que la *Démocratisation* est, formellement comme (espérons-le) substantiellement, le signe de Nos temps.

De l'idéologie ?
Eh oui ! Pourquoi pas ?
Ce n'est pas péon.

CHAPITRE II

LE PROGRES ET
LES DROITS DE L'HOMME

INTRODUCTION

La révolution scientifique, technologique, qui s'accélère depuis le début des années 60, bouscule les Hommes et les Femmes chaque jour davantage. Les camps idéologiques, si bien tracés depuis deux cents ans, sont remis partiellement en cause. Ainsi, tel ou tel réactionnaire, fervent partisan de ce libéralisme qui fait passer les Droits de l'argent avant les Droits de l'Homme, peut-il habilement se proclamer Homme de progrès parce qu'il fait un large usage de la télématique, du vidéophone, contre le soixante-huitard hostile au nucléaire, à l'automobile ou aux gadgets électroniques les plus inutiles qui soient. Où est dès lors le progrès, le vrai progrès ? Et bien que ce soit aux pouvoirs publics de réglementer ce domaine souvent inconnu pour eux — jusqu'à ces décennies — des sciences et des techniques, n'atteint-on pas, à ce moment-là, la sphère plus élevée encore (avec tout le respect dû au vrai politique) du philosophique pur ?

En effet, dire le Droit est encore aisé pour canaliser le flux radio-télévisé, par exemple, même si la réglementation est toujours sous la menace d'une nouvelle découverte qui la réduise à néant. En revanche, au nom de quelle conception, de droite ou de gauche, va-t-on trancher le problème posé par certaines greffes d'organes, celui des mères porteuses etc ... ? Curieusement, les forces religieuses *et la gauche se rejoindraient, alors, au nom d'une morale (commune) contre le règne de l'argent, donc de la droite pour laquelle ce dernier critère est la seule référence qui vaille. Décidément, Rome n'est plus dans Rome ...*

Même si la Science est bien l'espoir formidable célébré par les scientistes du XIXè siècle, elle n'en représente pas moins une menace potentielle pour nos libertés, d'autant plus insaisissable qu'elle progresse au jour le jour, là où on ne l'attend pas forcément. Une menace qui s'ajoute potentiellement au réel pouvoir de la Force, limité depuis 1789 par les démocrates-libéraux (mais toujours menaçante), et au non moins réel pouvoir de l'argent, que vise la pensée socialiste depuis ses origines.

Hubert CURIEN *

Lors d'un récent colloque ont été posés des problèmes qui prennent une certaine acuité, à l'occasion de pratiques médicales et biologiques. Ce colloque a été fort intéressant. Une réflexion qui m'est venue, en entendant les différents exposés — dont quelques-uns étaient très brillants et dont tous étaient sincères — c'est que nous devions nous préoccuper de l'intrusion de la science et de la technique dans les modes de reproduction de notre espèce. C'est un sujet qui émeut. On peut aussi se poser la question suivante : «quels sont les domaines de la nature, vivante ou inerte, sur lesquels l'Homme, avec son pouvoir de technologue, n'agira pas ?» En fait, nous constatons que les scientifiques s'intéressent à tous les domaines et que la main de l'Homme s'introduit partout et touche un peu à tout. Si je voulais aller plus loin, je dirais «manipule un peu tout», pour reprendre l'expression utilisée il y a quelques années et maintenant abandonnée de «manipulation génétique». Est il pensable — souhaitable — qu'on puisse manipuler tout, sauf une seule chose dans la nature (sur la terre et ailleurs, puisqu'on va ailleurs maintenant) : notre propre mode de reproduction ? Cette question me paraît mériter une discussion. Nous n'étions pas à ce colloque pour tirer

* Ministre de la Recherche et de la Technologie.

des conclusions définitives, mais les juristes souhaitaient se faire une idée sur la nécessité — et l'urgence — d'établir des règles ou de proposer des lois. Finalement, il est apparu que, s'il fallait intervenir juridiquement dans les affaires de procréation humaine, ce n'était pas pour limiter telle ou telle liberté du citoyen dans la manière dont il souhaitait avoir des enfants — quand il avait des difficultés à en obtenir de la manière la plus commune — mais c'était surtout de se préoccuper du Droit des enfants. Les enfants auront à vivre en société et la société doit les protéger, quel que soit le mode de procréation par lequel ils sont venus au monde. Ce point m'a paru important.

Les juristes présents se posaient la question suivante : Peut-on établir un moratoire, applicable aux chercheurs, leur faisant interdiction de mener des expérimentations dans tel ou tel domaine ? Voilà une question qui se pose très directement dans la recherche aujourd'hui. On peut, à ce propos, faire des raisonnements très divers. On peut dire, par exemple, que la recherche est devenue un métier — la preuve est que les nouveaux statuts des chercheurs sont quasiment des statuts de fonctionnaires, que les chercheurs ont tout naturellement des syndicats ; le métier de recherche est donc apparemment un métier comme un autre — et dès l'instant que c'est un métier, la société peut s'arroger le droit de contrôle sur ce métier et édicter des règles : voilà où l'on va chercher, voilà où l'on ne va pas chercher. Des citoyens qui n'auraient pas eu de grands contacts avec les scientifiques pourraient s'imaginer que ceci est possible. Quiconque a une expérience — si petite soit-elle — de la recherche, sait que ceci est strictement illusoire.

Il est illusoire de demander à un chercheur de ne pas s'intéresser à un domaine de recherches, quel qu'il soit, si ce domaine est juste à la frontière où la découverte peut se faire. Le naturel du chercheur le porte, précisément, vers les domaines où il y a encore de l'inconnu et si vous faites un classement de ces domaines, en disant que les uns sont tabous et que les autres sont ouverts, vous êtes sûr de courir à la révolution dans le milieu de la recherche et, c'est certain, à l'échec. Autre raison qui conduirait à l'échec, le caractère international de la science. La science est essentiellement internationale. Rien ne circule plus vite que les résultats de connaissances entre les savants du monde entier. Dans une spécialité scientifique, tout le monde sait, quasi au jour le jour, ce que chacun fait autour de la terre — quand je dis tout le monde, cela veut dire tous les chercheurs de bonne réputation et qui sont vraiment dans le courant de la recherche. Donc, imaginez qu'un pays, pour des raisons d'éthique, interdise tel ou tel sujet de recherches, cela n'aura de sens que si, globalement, dans tous les pays où on fait vraiment de la recherche, la même interdiction soit faite. A mon sens, nous n'en sommes pas là.

La liberté du bon chercheur fondamental, en ce qui concerne le choix de son sujet de recherche, ne peut être que totale. Interdire ici un sujet de recherche : à quoi bon si on peut y travailler par ailleurs. Ne partons pas sur des données fausses, en ce qui concerne de possibles restrictions à la liberté de recherches. D'ailleurs, personnellement, cela me choquerait profondément.

Revenons à la discussion générale sur la recherche et ses résultats, discussion vieille comme la science, de savoir si, en bilan, la science doit être considérée comme libératrice ou, au contraire, comme aliénante.

Selon les circonstances, selon aussi les idéologies, on peut insister plus sur l'un des aspects que sur l'autre. Certaines discussions ou publications font une savante coupure entre la science-connaissance et ce qu'on fait de la science, c'est-à-dire la technologie qui, elle, peut être perverse. Il faut cependant considérer que les choses forment un tout et que l'on ne peut pas s'intéresser à la science en disant : «je suis d'une innocence pure». C'est un peu comme le savant qui, dans son laboratoire, fait des recherches sur tel ou tel phénomène nucléaire et s'interdirait de penser que cela peut préparer de belles armes.

Ce qu'il faut regarder en face, c'est où va notre monde animé par le mouvement irrépressible de la recherche de connaissances . Les analyses historiques me paraissent claires. La science procède plus ou moins par bonds. Chaque bond entraîne des applications, qui sont plus ou moins aliénantes. Pour se libérer de ces aliénations, on refait de la recherche et on arrive à résoudre plus ou moins les problèmes; et ainsi de suite ...

Je crois que l'essentiel, pour nous, est de faire un bilan global et de se demander si, en prenant une date de départ pour le bilan (50 ans, 100 ans ...), au total, les scientifiques ont été bénéfiques pour l'humanité ou ne l'ont pas été. La question ainsi posée (peut-être l'ai-je un peu biaisée, étant moi-même scientifique), ma réponse est évidemment oui.　On ne meurt plus comme on mourait il y a cent ans ; on jouit d'un confort matériel et intellectuel qu'on n'avait pas il y a cent ans ... Quel que soit le domaine que l'on considère, la réponse globale ne peut être que oui, même si on voit bien, ici et là, ce qui ne va pas.

L'essentiel, à mon avis, c'est de faire en sorte — si on veut mener une politique de recherche consciente de la nécessité de défendre les Droits des Hommes — que nous puissions nous libérer non seulement des contraintes naturelles que le monde physique nous impose, mais aussi des contraintes artificielles que les progrès de la science peuvent nous imposer.

Un point qui me paraît important, dans les discussions à propos du progrès scientifique en liaison avec la liberté, c'est que les progrès scientifiques sont quelquefois le révélateur et l'accélérateur des inégalités, alors qu'on souhaiterait qu'ils en soient le révélateur mais surtout pas l'accélérateur. Prenons le cas des relations Nord-Sud. On souhaite que tous les progrès technologiques puissent être profitables à toute l'humanité et surtout — et d'abord — à l'humanité qui souffre, à celle qui possède le moins de confort. Tel n'est pas le cas dans un certain nombre de circonstances. C'est là, je crois, qu'il faut agir. Je ne dis pas que ce soit facile, là est certainement l'un des points où les Droits de l'Homme, auxquels vous êtes, auxquels nous sommes particulièrement attachés, devraient porter. Faire en sorte que les progrès de la science soient le plus vite et le plus complètement appliqués à l'éradication des vrais fléaux de l'humanité. Et puis, s'arranger aussi pour que, comme nous le disions tout à l'heure, ils ne soient pas générateurs des grands malheurs qu'on peut

imaginer. Et là, je ne parle pas essentiellement des relations Nord-Sud.

Il est un autre point que je souhaitais aborder, qui sera
ma conclusion, sur lequel je n'ai pas vraiment de réponse
mais seulement une conviction. A propos de la communication, qui a été le premier thème de cet après-midi nous
avons, nous scientifiques, un devoir absolu et de plus en
plus impératif, c'est de faire partager le savoir que nous
pouvons acquérir à l'ensemble de nos concitoyens. Ce
n'est pas si facile. Un ami à qui je faisais cette réflexion,
récemment, me disait : «*Quand j'avais un vélosolex, j'avais
l'impression que, après une bonne leçon, je saurais le démonter et le réparer. Mais, maintenant, même avec une
bonne leçon, je ne saurais pas démonter et réparer ma
moto un peu électronique et que dire de ma télévision ?*».
C'est vrai, nous vivons dans un monde que les scientifiques
comprennent de mieux en mieux, dans ses mécanismes
les plus profonds, mais cette compréhension du monde
est de plus en plus difficile à partager avec l'ensemble
des citoyens.

Nous avons, cependant, le devoir absolu de faire en sorte
que tous les Hommes sur la terre comprennent, le plus
possible, ce monde dans lequel ils vivent ; et c'est de plus
en plus difficile. Il y a un énorme effort à faire dans nos
modes d'éducation.

Si, considérant que les choses sont difficiles, nous ne
faisons pas des progrès par rapport à nos modes d'éducation actuels, nous verrons s'approfondir le trou entre
ceux qui savent et ceux qui ne savent pas et qui vont dépendre, intellectuellement, de ceux qui savent.

C'est sur cette dernière réflexion que je voudrais m'arrêter, dans ces quelques mots d'ouverture, en vous invitant
à réfléchir à ce problème de communication, au sens de
la connaissance. Si nous voulons, effectivement, avoir un
monde uni dans lequel chacun se sente les mêmes droits,
il faut que ce soit un monde qui puisse converser et qu'il
n'y ait pas une partie beaucoup plus savante que l'autre.
Les problèmes d'éducation, ce ne sont pas seulement
des problèmes entre nos enfants et nous, ce sont aussi des
problèmes entre nous, pays technologiquement avancés,
et les pays moins avancés.

Marcel BOITEUX *

Les progrès de la Science ont-ils réellement contribué aux progrès de l'humanité, malgré les risques et les contraintes qu'ils ont engendrés ?

La question n'est pas nouvelle et je n'y répondrai que par des banalités. Mais, l'âge venant, il m'apparaît qu'il faut souvent répéter le même message pour être entendu ; il m'apparaît aussi qu'à force de se griser d'exquises subtilités, on en vient trop souvent à oublier l'essentiel.

Engageons-nous donc résolument dans les banalités.

Le progrès des Sciences a-t-il profité au genre humain ?

Ce qu'on peut savoir des tribus préhistoriques, ce qu'on peut observer encore dans certaines tribus primitives, laisse à penser, à la grande majorité des Hommes de ce siècle, que la réponse est positive. Oui, le progrès des sciences a profité à l'humanité. Les contraintes de la nature, sont, à l'état brut, d'une singulière cruauté ; celles que l'homme moderne y a substituées, pour se protéger des méfaits de son ingéniosité, sont parfois très contraignantes au niveau individuel, souvent exaspérantes ; mais elles apparaissent globalement moins cruelles.

L'éco système, qui régit la mince surface de la boule de feu sur laquelle nous vivons, est le siège d'une mul-

* Président d'*Electricité de France*.

titude d'effets antagonistes et interdépendants ; des équilibres, dits naturels, en résultent, dont ces antagonismes et interdépendances assurent la régulation.

Pour les êtres vivants, le principe de ces régulations c'est le pullulement de la vie quand les conditions naturelles s'y prêtent, c'est la lutte des espèces et la famine quand un territoire est débordé par le développement excessif d'une ou plusieurs catégories d'êtres vivants.

Toute l'ingéniosité des Hommes, depuis quelques millénaires, a été tendue vers le déplacement en leur faveur des équilibres naturels. L'homme s'est armé pour dominer les autres espèces vivantes et en faire sa nourriture, au lieu de participer à la nutrition d'espèces animales plus vigoureuses. Il s'est protégé des rudesses du climat, pour permettre aux faibles et aux malades de subsister au-delà de ce qu'autorisait une sélection naturelle sans pitié. Il a défriché les forêts pour infléchir, en sa faveur, les équilibres de la biomasse végétale et développer les plantes utiles à son alimentation ou à celle de ses troupeaux.

Ces actions des Hommes ont suscité des réactions de la Nature et, de siècles en siècles, de décennies en décennies maintenant, de nouveaux équilibres se sont établis qui comportent à la fois, vus du point de vue très égocentriste de l'Homme, bienfaits et nuisances.

C'est parce que les bienfaits l'ont emporté sur les nuisances que l'on parle du progrès des Sciences. Mais si les nuisances venaient à l'emporter sur les bienfaits, ce n'est plus de progrès qu'il faudrait parler, mais de reculs.

En sommes-nous là aujourd'hui ?

Tant que l'impact des Hommes sur la Nature apparaissait négligeable au-delà de la petite zone où chacun exerçait son ingéniosité, le problème ne se posait guère. Aujourd'hui, la réussite phénoménale du genre humain a profondément modifié les équilibres sur lesquels l'évolution de la planète était restée fondée, pendant des millénaires, avant que l'Homme se dresse sur ses pattes de derrière.

La quantité de gaz carbonique que la combustion du charbon et du pétrole rejette dans la haute atmosphère,

parce que la capacité d'absorption des océans et des plantes
qui en assuraient la régulation a été débordée, cette quantité
a augmenté du tiers en moins d'un siècle.

Les rives de la Méditerrannée moussent avec les déter-
gents.

Certaines de nos rivières — et même quelques fleuves —
se sont transformées en égouts.

L'expansion démographique des populations les plus
pauvres, donc les plus menacées, a dépassé toute mesure.

Et la puissance des armes que l'humanité a développée
excède largement, aujourd'hui, ce qu'exigeait la protection contre les animaux sauvages et les tribus voisines ;
elle a atteint un niveau tel qu'hors quelques algues bleues
aptes à reprendre l'héritage, la vie même pourrait disparaître du globe.

En s'extrayant ainsi des équilibres naturels, l'Homme
a pris la responsabilité d'y substituer des équilibres volontaires dont dépend sa survie. Il est clair que, de cette responsabilité, il n'a pas pris une conscience suffisante. C'est
là le fondement du message écologique. Ce message a
été malheureusement galvaudé par des excès, excès que
la bonne volonté ne suffit d'ailleurs pas à excuser, car
c'est la crédibilité du message lui-même qui en a lourdement pâti. Mais le fait subsiste : l'Homme, lui seul, a su
s'extraire des automatismes cruels de la régulation naturelle ; au point où il en est arrivé aujourd'hui, il doit substituer consciemment à ces automatismes la régulation
volontaire dont dépend son avenir, sur notre planète devenue trop petite.

Si j'ai été invité à prendre ici la parole, ce n'est sans
doute pas par hasard. Prenons donc le taureau par les
cornes et parlons, maintenant, de l'énergie nucléaire.

Dans l'histoire de l'énergie, le muscle animal et les ca-
prices du vent ont d'abord relayé le muscle des esclaves,
jusqu'au jour où la machine à vapeur a réussi la transformation de la chaleur en énergie mécanique. Alors, la
demande d'énergie thermique a connu une formidable
expansion et toutes les forêts européennes y seraient passées

si la découverte du charbon, puis du pétrole – dont les gisements sont des stocks limités de biomasse fossile – n'était venue heureusement relayer la biomasse vivante des forêts en voie d'épuisement. Et le pétrole lui-même donnait, en cette fin de siècle, les premiers signes d'un épuisement futur quand le génie humain, arrivant à l'heure, est venu proposer l'énergie de l'atome.

Ce relais, à la différence des précédents, a suscité des oppositions passionnées. Ce n'est pas le lieu ici d'en analyser les raisons d'ordre sociologique. Mais c'est l'objet même de mon propos que d'examiner les risques et les nuisances de cette forme nouvelle d'énergie, dont l'avènement est dans la ligne de l'histoire.

Au risque d'être provocant, j'oserai affirmer que l'énergie nucléaire est une forme d'énergie beaucoup plus écologique que les précédentes.

Elle ne prend pas de place, à une époque où l'encombrement de notre vieille Europe est devenu préoccupant : une seule centrale comme celle de Paluel, qu'E.D.F. met en service dans le creux d'une falaise, à côté d'Étretat, produira autant d'énergie que la totalité des houillères de Lorraine !

Elle ne rejette pas de gaz carbonique. Des catastrophes menacent le climat de la planète si nos sociétés continuent à brûler des quantités croissantes de carbone. Mais le sujet n'est pas à la mode et une sorte de conspiration du silence l'entoure. Toute théorie est certes contestable, mais l'accroissement considérable des quantités de gaz carbonique que l'on trouve, aujourd'hui, dans la haute atmosphère est un fait qui, lui, ne prête à aucune contestation.

La centrale nucléaire ne rejette non plus ni oxydes de soufre ni oxydes d'azote, auxquels on tend à attribuer, aujourd'hui, l'inquiétant dépérissement des forêts allemandes et scandinaves et même de la forêt vosgienne. Sans doute certains contestent-ils le lien de cause à effet des pluies acides, de même que d'autres considèrent qu'il n'est pas tout à fait sûr que le matelas de gaz carbonique, dont nous entourons la Terre, aura des effets vraiment catastrophiques. Mais l'enjeu est énorme et il est à nos portes.

Les rejets radioactifs des centrales nucléaires sont aujourd'hui reconnus, en raison des précautions prises, comme tout à fait négligeables. C'est plus un argument de séance qu'un argument scientifique mais permettez-moi de vous rappeler que, si les rejets liquides d'une centrale nucléaire atteignaient le taux de radioactivité de l'eau de Vichy ou de l'eau de Badoît, la centrale s'arrêterait immédiatement !

Une centrale nucléaire rejette, il est vrai, de la chaleur dans l'eau ou dans l'air avoisinant. De la chaleur à basse température, certes, mais en grande quantité. C'est précisément l'un des progrès majeurs réalisés à notre époque que la conscience qui a été prise, aussitôt, de ce phénomène. Les études coûteuses —menées sur le sujet— ont conduit à fixer les distances et les dilutions de rejet, de telle manière que les effets de ces rejets restent dans les limites d'élasticité de l'environnement et, donc, à la portée des mécanismes de régulation naturelle.

Les risques d'accidents ? L'énergie nucléaire est, en soi, dangereuse. Mais c'est précisément parce qu'elle a été conçue comme telle, dès l'origine, qu'une masse d'études et d'expériences, comme aucune autre activité humaine n'en a connu depuis que le monde est monde, a conduit à un luxe de précautions tout à fait exceptionnel. Et le fait est que l'industrie nucléaire est la seule qui, arrivée aujourd'hui à maturité, n'a encore tué personne. Est-ce à dire qu'il n'y aura jamais d'accident ? Aucun scientifique ne peut avancer une telle affirmation. Mais si accident il y a, il n'aura pas les dimensions apocalyptiques qu'on a dites. En tout cas, bien d'autres activités industrielles — que vous m'autoriserez à ne pas nommer — sont autrement plus dangereuses, pour les populations avoisinantes, que nos débonnaires mastodontes.

Le problème de la prolifération des armes nucléaires, qui est un vrai problème, sort du cadre de cette intervention — si ce n'est de celui de ce colloque — et je laisserai à d'autres le soin d'en traiter.

Quant à celui, enfin, des déchets à haute radioactivité, il exigerait à lui seul un long exposé. J'en dirai seulement qu'il est, tous comptes faits, moins préoccupant que celui du gaz carbonique pour en venir, finalement, à un dernier thème qui est celui des libertés.

Le progrès des Sciences, dans la mesure où il permet à l'homme d'échapper aux contraintes primaires de la Nature, est un puissant facteur de liberté. Mais l'obligation, que j'ai soulignée, de prendre en charge consciemment les nuisances physiques et sociales de ces progrès, crée de nouvelles contraintes.

La liberté, est-ce l'absence de toute discipline ? Chacun peut-il, au nom de la liberté, revendiquer le Droit, le pied sur l'accélérateur, de circuler à droite ou à gauche en fonction des ses états d'âme ?

Toute vie sociale crée des contraintes. Aucune de ces contraintes n'est vraiment naturelle. Elles sont l'œuvre des Hommes qui, pour pouvoir vivre ensemble, élaborent des réseaux de Droits et d'obligations. Plus le progrès des sciences augmente la puissance des outils que chacun détient − qu'il s'agisse d'une automobile ou d'un 22 long rifle − et plus les libertés que cette puissance confère doivent être limitées par des réglementations, pour protéger les autres. Plus augmente la puissance des armes que détiennent les collectivités nationales et plus augmente la nécessité d'en empêcher l'emploi par des traités qui traduiront, sur le papier, les rapports de force des uns et des autres, sans avoir à expérimenter ces rapports sur le terrain ...

Nos contemporains sont-ils prêts à renoncer à leur voiture, à leur machine à laver, à leur fusil de chasse, aux mètres carrés relativement généreux de leurs logements, à l'extraordinaire étendue de leur pharmacopée ? Sont-ils prêts à laisser plus souvent mourir les faibles et à se contenter, eux-mêmes, de l'éminente satisfaction quotidienne d'avoir survécu un jour de plus ? Plus ils accepteraient de revenir à un mode de vie primitif et plus se substitueraient aux contraintes édictées par la société, les contraintes naturelles de la survie. Ces dernières, il est vrai, sont plus aisément intelligibles par chacun. Mais c'est le rôle du système d'éducation que de rendre compréhensibles, donc acceptables, les contraintes qui permettent la vie sociale — et dont les raisons d'être sont d'autant plus difficiles à saisir que les progrès de la science ont compliqué, en l'enrichissant, le fonctionnement de la société.

Pour en revenir au nucléaire, est-il vrai qu'il implique une société «centralisée et policière» ?

Oui et non.

L'électricité est un facteur extraordinaire de décentralisation : en appuyant sur un bouton, chacun, chaque usine, dispose, n'importe où, d'une puissance d'action librement maîtrisable sans avoir rien à demander à personne.

Mais ce service totalement décentralisé à l'emploi — qui paraîtrait extraordinaire aux Hommes des siècles passés — il faut de grosses centrales et des réseaux pour qu'il soit disponible à un faible coût, le tout étant coordonné à un niveau relativement centralisé. Des systèmes énergétiques décentralisés, comme certains en rêvent, impliqueraient, en effet, des dépenses beaucoup plus élevées, à service rendu égal, et un encombrement gigantesque de l'espace.

Un système relativement centralisé, oui — beaucoup moins qu'on le croit, à vrai dire — un service rendu extraordinairement décentralisé, en contrepartie, qui permet à chacun de s'autogérer pour pas cher. Le jeu n'en vaut-il pas la chandelle ?

Quant à la société policière, elle est le reflet de la nature humaine. Si tous les Hommes étaient parfaitement bons et parfaitement informés, il n'y aurait pas besoin de police. Avec les Hommes tels qu'ils sont, il en faut une pour faire respecter les disciplines sociales, celles que les malfaiteurs — informés ou non — aimeraient transgresser, et celles que les autres —honnêtes ou non— ne comprennent pas facilement.

Moins ces contraintes sont immédiatement intelligibles, moins aussi les enjeux de l'indiscipline sont négligeables et plus la société dite policière est le garant des libertés de chacun.

Que ce soit pour sauver l'humanité ou pour exercer un chantage lucratif, toute personne qui voudrait tenter de saboter une installation nucléaire représente un danger pour les autres. Parallèlement au progrès économique et écologique que représente l'énergie nucléaire, force est donc de prévoir un dispositif de protection, qui ne saurait gêner que les malfaiteurs et les illuminés.

Ce qui ne porte d'ailleurs, quant à ces derniers, aucun jugement de valeur. Ce sont des illuminés qui apportent les lumières du long terme. Mais pas tous ! A court terme, force est de se méfier de ceux qui, conscients qu'ils sont de détenir une vérité que la majorité ne saurait comprendre, veulent faire le bonheur des Hommes malgré eux.

Que ceux-là convainquent les autres d'abord, en faisant appel à leur raison et non à leurs tripes, et qu'il le fassent sans recourir à la violence. Cela, une société «policière» mais démocratique ne les en empêchera jamais.

Les libertés sont davantage menacées par ceux qui, se croyant investi d'une mission transcendante s'autorisent à en enfreindre les disciplines, que par les progrès de la Science. Elles sont menacées aussi par ceux qui s'opposent aux contraintes qu'ils ne comprennent pas et qui leur apparaissent — parfois non sans raison — comme l'expression d'un pouvoir abusif. Là, c'est l'information et le débat démocratique qui sont les garants des libertés et des Droits de l'Homme, dont se préoccupe le présent colloque.

Antoine SPIRE *

En venant ici, j'ai été un peu choqué de trouver, au sommaire du colloque : «*Communication de masse et libertés : vers un monde orwellien ?*». Pourquoi faut-il que, chaque fois qu'on parle des media, on se croit obligé de faire cette référence à Orwell ?

La question de la communication est un énorme problème pour tous les militants du monde associatif et particulièrement pour ceux des Droits de l'Homme. Mais, dans ces milieux, circulent beaucoup d'idées fausses sur le fonctionnement des media. J'ai eu moi-même l'occasion de m'en rendre compte depuis que je produis une émission hebdomadaire à *France Culture* sur ce sujet. Beaucoup de gens voient une logique implacable qui produit un discours sur la culture, souvent superficiel, et qui semble même, à certains, être régi par des pouvoirs éventuellement occultes. J'ai l'impression qu'on accuse les journalistes — et le monde médiatique en général — surtout dans les milieux de gauche, d'être mal intentionnés, d'avoir un projet politique inavoué. Qu'on me comprenne bien : loin de moi l'idée que, dans quelque media que ce soit, les journalistes puissent se réclamer de l'«objectivité». Chacun d'entre nous intervient dans le système médiatique avec son histoire, son emploi du temps, son origine, et

* Universitaire. Journaliste.

j'ai tout à fait conscience que, en conséquence, son point de vue sur la réalité est partisan. Mais je pense qu'à partir de là on va plus loin, trop loin : on fait le procès des media en s'appuyant sur une sociologie qui date des années quarante, aux U.S.A., et dans laquelle était surtout analysée la propagande nazie ; c'est ainsi qu'on a trop souvent identifié «propagande» et idéologie médiatique.

En réalité, les choses sont plus compliquées. D'abord, la diversité sociologique des hommes des media, si elle n'a pas été considérablement élargie depuis 1981, s'est tout de même transformée : on y trouve, de plus en plus, d'hommes et de femmes liés aux milieux sociaux les plus divers. Donc, si je crois qu'il y a bien une logique spécifique des media, il me paraît faux de penser les choses en termes de projet de quelqu'un (je mets à part, bien sûr, les media politiques tels *l'Humanité* ou *Minute* qui ont un projet explicite). Bien sûr, il y a une résultante politique, mais ce résultat n'est pas issu d'un projet *a priori* et la différence est énorme.

Ce résultat est le fait d'une activité, d'une structure, spécifiques, dont l'analyse suppose la prise en compte de ce qu'est la notion de temps et de ce qu'est la notion d'espace dans les media. Compte tenu des impératifs d'une structure donnée, on est contraint par un horaire, des habitudes techniques et professionnelles, qu'il s'agisse de radio, de télévision ou de presse écrite. C'est pourquoi la situation est difficile pour ceux — les médiateurs — qui font intervenir des participants extérieurs ; ces derniers sous-estiment souvent ce qu'est la spécificité de l'instance médiatique et ce que sont les exigences du discours médiatique.

On dit parfois que le discours médiatique est caricatural. Il est vrai que le discours médiatique n'est pas créateur, au sens propre du terme, mais n'est-il pas créateur en étant «arrangeur» ? Nous autres, dans les media, nous «arrangeons» en fonction de ce qu'est la spécificité du moment de l'arrangement dans la structure médiatique. Moi-même, avant d'enregistrer un témoignage à la radio, je dois connaître mon interlocuteur : un enregistrement à blanc me permettra d'écouter la tonalité et le rythme de sa voix, le niveau de compréhension lié à son accent, le déroulement logique plus ou moins ordonné de son discours. Ainsi, je pourrai être amené à limiter à quelques minutes une audition, prévue pour une plus longue durée, pour ces seules raisons ; même si l'invité à «beaucoup de choses à dire», même si son œuvre écrite est de tout premier ordre.

Cette situation pose d'énormes problèmes. Si l'on admet que le médiateur n'a pas de projet *a priori*, on peut analyser le résultat et constater : «Cela produit tel sens», mais je dirai que personne ne possède la clé de ce sens, pas plus le journaliste que son directeur de chaîne. Cette clé n'est pas non plus, à la *Haute Autorité* et encore moins dans tel ou tel ministère. Certes, il y a parfois des compromis avec les interventions des pouvoirs ou, plutôt, avec les interventions supposées de ces pouvoirs. En effet, dans nos pays occidentaux développés, ce qui est premier, c'est l'auto censure des journalistes, en fonction de l'image qu'on se fait de la manière dont le pouvoir perçoit les choses.

Donc, ce qui pose problème chez les médiateurs, c'est bien l'image qu'ils ont de la manière dont raisonne le pouvoir ; et cette image est parfois fausse.

En conséquence, le militant des Droits de l'Homme, face au médiateur, devrait tenter d'entrer dans la logique de ce dernier. Et pourquoi pas l'inverse, me demanderez-vous ? Ce journaliste va essayer de vous faire parler de ce qu'il croit être essentiel et, si vous n'entrez pas dans sa logique, vous quitterez l'entretien insatisfait, frustré, parce que «son» essentiel n'aura pas été le vôtre.

Quand on aborde un media, il faut donc s'efforcer d'abandonner sa grille de pensée. Edgar Morin, dans un de ses derniers livres, a une formule très intéressante sur les grilles idéologiques qui furent les nôtres : la grille marxiste, la grille psychanalytique, etc ... Il dit :

> «Au fond, moi je pense que ce sont des grilles très utiles. Elles m'ont beaucoup appris. Ceci dit, si je veux, aujourd'hui, me faire comprendre, je dois avoir toutes ces grilles en arrière-pensées, mais certainement pas penser de manière directe, en utilisant chacune de ces grilles de façon immédiate, à chaque instant».

Ainsi, en acceptant de développer un propos dans la logique d'un media, on aura une plus grande efficacité et on risquera moins d'être frustré. On ne demandera pas au media autre chose que ce qu'il peut donner.

C'est pour ces raisons que je refuse l'emploi du mot *orwellien* à ce sujet. Cet adjectif conduit, d'ailleurs, à une caricature de l'œuvre d'Orwell et c'est triste.

Revenons maintenant sur le résultat médiatique. S'il y a intervention du pouvoir dans les media, il y a intervention énorme de la biographie des journalistes, de leur point de vue personnel et de leur environnement social. Une société a les media qu'elle mérite. Les media sont le reflet de ce que sont les courants et les contradictions d'une société comme la nôtre. Ils n'ont pas d'avance sur l'idéologie sociale, ils la reflètent. Tous ceux qui souhaitent intervenir dans les media liront, avec profit, le livre du professeur Minkowski : *Un juif pas très catholique.* Il y expliquait dans quelles conditions il avait été «*brûlé*» par les instances médiatiques. En croyant accepter leur jeu, il s'était lui-même désossé, vidé, comme une coquille de noix. Il avait progressivement accepté de se laisser dépouiller de ce qui faisait l'essentiel de sa compétence.

Bien sûr, une prestation de media est un spectacle. Mais un colloque n'est-il pas un spectacle ? Une discussion n'est-elle pas, à terme, un spectacle ? Les responsables ont donc tendance à solliciter la participation d'individus qui «passent bien», indépendamment du travail fait ou sur la base d'un travail passé ancien, parfois insuffisamment rénové. Ainsi, des individus peuvent être dramatiquement usés par le système médiatique, usés puis rejetés, parce qu'on finit par se rendre compte que quelqu'un ne travaille plus.

Ainsi, accepter la logique du système médiatique ne signifie pas se laisser absorber par lui. Il faut avoir, pour objectif, de l'enrichir, de l'enrichir d'un travail réel qu'on y apporte. C'est parfois difficile, c'est toujours possible.

Pour terminer, je voudrais dire, en partant de l'exemple de l'émission *Voix du Silence* que je produis, combien il est difficile de rendre compte d'une question comme

les Droits de l'Homme, sans glisser vers des discours un
peu pleurards et qui ne font rien avancer. Dans cette émission sont mêlés textes littéraires et interventions de fond,
de la part de créateurs pris presque en porte-à-faux par le
texte littéraire. Il s'agit de tenter de les amener à aller
un peu plus loin que ce qu'ils ont écrit, à prendre une
distance.

C'est là un exemple de fonctionnement médiatique
«composé», au service d'un contenu à faire partager ; plus
loin que le témoignage d'actualité, plus loin que le texte
lu, vers un reflet plus complet de la réalité d'un pays,
d'une culture.

Marie LEBLOIS *

*«Chaque progrès donne un nouvel espoir, suspendu
à la solution d'une nouvelle difficulté. Le dossier
n'est jamais clos».*

Voici en d'autres termes —que l'on doit à Claude Lévi-Strauss — un intitulé possible au rapport no 6, inscrit au programme des travaux de ce colloque.

L'histoire, en effet, n'a pas manqué de montrer que l'espoir contenu dans chaque progrès scientifique a entraîné sur ses pas, tel un frère siamois, de nombreuses déconvenues.

Je ne parle pas, bien sûr, des échecs de certaines recherches scientifiques qui ne sont que les tâtonnements normaux, les hésitations logiques de l'intelligence de l'homme. Ceux-ci prouvent bien au contraire que la Science vit, s'adapte, et qu'elle réduit, après chaque échec, la sphère d'incertitudes possibles.

Non, je pense au rôle qu'a pu jouer la Science aux côtés du Pouvoir de l'État, aux côtés du pouvoir de la force, dans le domaine particulier de la justice.

Jusqu'à la période de la Révolution, on remarque une prédominance de la violence physique comme assise du

* Secrétaire Générale des *Droits Socialistes de l'Homme*.

Pouvoir. Après la Révolution de 1789, on a assisté en France, mais également dans presque toute l'Europe et en Amérique, à une modification complète de l'économie du châtiment.

La pratique, auparavant généralisée, de la torture, du châtiment corporel très dur, a été entièrement remodelée. La douleur physique intense — écartèlement, pilori, supplice de la roue — faisait l'objet d'un spectacle rituel, donné en public, avec une participation active de la foule.

Le but était l'expiation de la faute, de l'offense faite au souverain à travers elle, en même temps qu'une mesure dissuasive pour les spectateurs.

Cependant, après 1789, l'influence de la philosophie des Lumières fait école et l'économie de la punition est atteinte, elle aussi, par les idées des pères de la Déclaration des droits : on souligne le caractère inhumain des tortures. Comment donc châtier les coupables, sans les torturer, ni leur ôter la vie ? En les privant du bien le plus précieux de l'homme, celui qu'il détient de droit en naissant égal à ses pairs : la Liberté. L'organisation, sur tout le territoire, du système carcéral a donc chassé les survivances de la justice féodale. Et c'est là précisément que la Science a servi de relais au pouvoir de la force.

Car, peu à peu, dans les prisons, sont intervenus, de concert avec l'administration pénitentiaire, des représentants du corps médical : médecins, infirmiers, puis, par la suite, psychiatres, psychologues ...

Ils ont même pouvoir de décision dans le cas des internements en asile d'aliénés. Leur avis suffit, en effet, à faire interner un homme et l'on sait, hélas, que l'on vit encore sous le régime de la loi de 1838 qui ne présente pas toutes les garanties nécessaires, tant s'en faut !

Dans le système carcéral, le rôle du corps médical est doublement ambigu :

D'une part, il prouve, par sa présence, que la prison est un lieu où l'on traite humainement les condamnés, alors que ceux-ci, par leurs actes, n'ont pas respecté les règles de la vie en société.

C'est ce qui fait dire à Michel Foucault, dans son excellent livre *Surveiller et punir*, qu'après la Révolution *«la loi traite humainement le «hors-nature», alors qu'auparavant, on traitait inhumainement le hors la loi».*

D'autre part, si on décide de soigner les condamnés, c'est qu'on les considère malades, anormaux. Il y a donc une influence psychologique non négligeable de la présence des médecins dans l'univers carcéral.

Par ailleurs, ceux-ci sont crédibles au plus haut point, de par la compétence qu'ils détiennent. Or, la compétence justifie le pouvoir que l'on prétend avoir le droit de détenir et d'exercer sur autrui.

Cette contribution, pas très noble il est vrai, de la Science au Pouvoir, a été poussée beaucoup plus loin dans les États qui ne sont pas des États de droit.

La situation de collusion entre le pouvoir militaire et le pouvoir scientifique y est sans commune mesure avec ce qui se passe en France, pays démocratique et respectueux des libertés.

Qui n'est pas informé, aujourd'hui, du rôle des médecins dans les prisons argentines, qui assistaient aux séances de tortures pour calculer le potentiel de résistance physique du supplicié ?

Qui ne connaît encore le rôle des psychiatres dans les hôpitaux d'URSS et de Tchécoslovaquie, ou celui des médecins nazis faisant des expériences sur des cobayes humains prisonniers ?

Qui n'a vu, enfin, les images de ces combattants irakiens, drogués et parqués dans les camps iraniens, où les médecins, aidés des *mollahs* de Khomeiny, allient souvent la torture physique à la torture psychologique de masse ?

Les médecins ne sont pas seuls en cause dans cette participation à la répression. L'intelligence des hommes de science a inventé la bombe atomique, qui a rendu si tristement célèbre le nom de la ville d'Hiroshima.

Ces exemples prouvent, si besoin est, que la Science qui peut tant pour le bonheur de l'homme, ne lui apporte que mort et violation de ses droits fondamentaux lorsqu'elle choisit de s'allier à la force brutale. Mais rien n'est jamais exclusivement mauvais ou négatif.

Les hommes ont d'ailleurs déjà fortement réagi pour apporter des limites au pouvoir de la Science, afin de sauvegarder leur liberté.

Prenons l'exemple de la France.

L'informatique, qui est l'une des avancées les plus formidables de notre siècle, menaçait par bien des aspects la liberté individuelle. Ceci par la constitution possible de fichiers qui exploitent la situation personnelle des individus.

La C.N.I.L. créée par la loi de 1978, a mis un garde-fou à cette dérivation potentielle de l'utilisation de la technique au détriment de l'homme.

En France, toujours, très récemment, le Président de la République, François Mitterrand, a créé le *Comité National d'Éthique*, qui a pour mission de veiller au respect des Droits de l'Homme en les préservant des atteintes apportées par le pouvoir de la Science. On en vient à ce paradoxe qui nous fait nous protéger de l'intelligence de l'homme pour défendre nos libertés.

Ce comité créé en 1983 a d'ailleurs travaillé sur le thème crucial des essais de médicaments sur les sujets sains. De même que sur le cas des mères porteuses, en condamnant la location d'utérus.

Au niveau de l'Europe, à présent, des mesures ont été prises, des études sont menées afin de protéger l'homme contre ses propres découvertes.

En 1982, la Commission européenne des Droits de l'Homme a élaboré un système de protection des individus contre les manipulations génétiques.

Celles-ci consistent principalement en l'utilisation et la modification de l'ADN (l'on dénomme par cette abréviation l'acide désoxyribonucléique) afin de changer le support du patrimoine hériditaire de l'homme. Ces manipulations présentent de grands dangers.

Le premier d'entre eux s'est déjà manifesté, en Californie, par la confection d'une sorte de génothèque humaine, qui contient des renseignements permettant de créer des banques de données d'information, contenant le profil génétique des individus. On imagine aisément l'utilisation de cette découverte.

Le second aspect est encore plus dangereux. Il permettrait, à partir des manipulations génétiques, d'induire des modifications des individus, permanentes et héréditaires. Il est facile de prévoir ce que produiraient ces manipulations, effectuées par des hommes dont l'intelligence ne serait pas au service exclusif du progrès, mais, au contraire, vouée à des causes moins nobles.

Ceci, allié à la pratique du clonage, rendrait possible la naissance d'armées entières d'hommes asservis, d'esclaves, tous fécondés artificiellement à partir de gènes choisis, modifiés à volonté, par les seuls détenteurs de la compétence scientifique.

Ces diverses avancées scientifiques, outre les problèmes philosophiques qu'elles symbolisent, soulèvent un autre aspect fondamental du rôle de la Science.

Car, nous venons de le voir, si celle-ci s'est souvent alliée au pouvoir de la force, il convient de veiller à ce qu'elle ne s'allie pas à celui de l'argent.

Les récentes avancées scientifiques, qu'il s'agisse de la constitution de banques de données informatisées, de la fécondation *in vitro* , de la location d'utérus, de la recherche en matière de médicaments, sont toutes des avancées qui se mesurent également en termes économiques.

Doit-on accepter de pratiquer le commerce des enfants, vendus avant même d'être nés ?

Doit-on accepter que les chercheurs soient freinés dans leurs travaux pour des questions de budget, qui ne s'ouvrent qu'à des découvertes rentables ?

Doit-on concevoir que le marché des médicaments, notamment vendus aux pays du Tiers monde, constitue un vaste marché financier, alors que les produits vendus sont totalement inadaptés aux populations qui les reçoivent ?

Doit-on, enfin, accepter que les banques de données informatisées, conçues dans des pays riches, imposent et diffusent, à travers le monde entier, leur modèle idéologique, grâce à la détention de la seule puissance économique ?

Se montrer conciliant consisterait à laisser la Science dominer la volonté de l'homme. Et ceci parce que la science lui échappe. Elle dépasse sa propre compétence et il ne peut lutter contre ce qu'il ne comprend pas.

«Le but de la Science est de prévoir et non, comme on l'a dit souvent de comprendre».

L'homme peut reprendre cette maxime de Pierre Lecomte du Noüy à son propre compte. Puisqu'il ne comprend pas la Science, il peut tout du moins prévoir ses effets.

L'une des nécessités immédiates est de vulgariser le langage scientifique, de le rendre accessible à un plus grand nombre. Une fois démystifiée, la Science cessera d'inquiéter l'homme et le rassurera, puisqu'il sera capable de discerner le progrès réel du danger potentiel.

Comprendre le langage scientifique, voilà certainement ce qui nous permettrait d'y voir moins de menaces et plus d'espoir.

Laurent PERALLAT *

Connaissez-vous l'air à la la mode : c'est l'ère de la communication et de l'image. L'ère nouvelle est arrivée. *Hosanna, Hosanna !* Effleurons vite la touche digitale de notre *tuner* audiovisuel et défilez toutes, chaînes de Télé et stations F.M. Quelle délicieuse passivité ! Du pain et des télés, toujours plus. Et puis, nous proclamerons empereur celui qui s'inscrira le mieux dans la continuité des dessins animés, des feuilletons importés et des jeux sponsorisés. Sans oublier la Pub. J'allais oublier la Pub, au Panthéon de l'art, le vivier des créateurs, des stylistes et des poètes. Un spot pour Citroën et l'intelligentsia se pâme. Le *look*, le ciblage, l'impact, sont les nouveaux étalons du talent !

La communication s'est ainsi progressivement affranchie des contraintes de l'éducation et de la culture. Sa vocation est, aujourd'hui, de servir de support à la publicité. La réussite est fonction d'un bilan statistique : l'audience. L'audience la plus large, dans la cible choisie par l'annonceur. Il faut vendre, donc ressembler le plus possible à ceux qu'on veut séduire, puis retenir : cela s'appelle «fidéliser». Voilà pour le contenu. Reste une question de taille : la diffusion.

* Universitaire.

Et là commence le drame : le monopole. Celui des N.M.P.P. pour la presse, passe encore ; celui de l'État, pour le son et les images, là, ça ne va plus. Car, en limitant les programmes disponibles, que fait l'État ? Il contingente les budgets de publicité et précipite notre malheureux pays dans le sous-développement publicitaire. Un huis clos d'ennui et de propagande alors qu'autour de nous — et au-dessus de nous — le divertissement et la liberté s'en donneraient à cœur joie. Pour le bonheur de tous et le profit de quelques-uns. Mort au monopole ! Privé = Libre. Que se constituent enfin ces réseaux nationaux, maximisant les ventes d'espaces et minimisant les achats de programmes. Ouvrons les frontières aux produits étrangers, déjà amortis sur leurs propres territoires. Constituons des empires multi-media et bientôt Murdoch flirtera avec Hersant et Filipacchi avec Springer. Pour quand le programme mondial avec ses sous-titres en patois national et ses décrochements horaires pour les infos locales ? Le *hard* est déjà prêt ; le *soft* s'élabore tranquillement.

Voilà l'enjeu et il est de taille : la survie de la presse écrite, du cinéma national, de la langue peut-être. L'indépendance culturelle, c'est-à-dire la liberté de comprendre l'histoire autrement que celui qui cause ou gesticule dans le poste.

L'indépendance politique aussi, face à une information traitée à l'extérieur et soumise à des intérêts militaro-économiques, qui ne sont pas nécessairement les nôtres. Ce pluralisme, qui fonde la liberté et la démocratie, comment le préserver des mauvais coups que les nouveaux media lui préparent ? C'est un domaine où il est important, pour nous tous, que le Gouvernement prenne les bonnes décisions. A l'échéance, il faudra que des étapes irréversibles aient été franchies qui empêchent, pour l'avenir, toute dérégulation brutale. A cet égard, il y a des signes encourageants d'une politique convaincante et d'autres qui le sont moins.

Le Gouvernement socialiste — et en cela il est très traditionnel — continue de miser sur l'État pour, non seulement réglementer le marché de l'audio-visuel, mais pour l'approvisionner. C'est une attitude franchement anticoncurrentielle, donc un message difficile à faire passer dans une opinion publique surchauffée par les slogans libéralistes. Mais c'est, à l'évidence, la seule doctrine pour une puissance moyenne qui veut conserver son identité. Attitude nationaliste, certes, protectionniste, assurément. Avouons-le, proclamons-le. C'est un mot d'ordre qui devrait rassembler plus que les militants patentés et les électeurs fidèles. En tout Français n'y a-t-il un Bonapartiste, un Boulanger ou un Gaulliste qui sommeille ?

L'État diffuse et il doit continuer de diffuser, parce qu'il est le seul à pouvoir passer des commandes suffisamment importantes, pour que ce qui soit produit soit réellement innovant et susceptible d'être exporté. Cette proposition vaut autant pour l'industrie des Télécommunications que pour celle des programmes.

C'est le monopole des P.T.T. qu permet d'envisager le lancement de la fibre optique, sur le marché français, à une époque où il est clair qu'il serait beaucoup plus immédiatement rentable d'utiliser le câble coaxial. Comme dans tout pari, il y a un risque ; mais où irions-nous, économiquement mais aussi psychologiquement, si nous perdions toute capacité à prendre des risques ?

C'est l'existence d'un service public de télévision, soumis à un rigoureux cahier des charges, qui a permis, jusqu'ici, de limiter les dommages à l'industrie cinématographique et à la presse écrite.

Jusqu'à la fin de l'année dernière, on percevait clairement la cohérence audio-visuelle de la politique de l'État. La dérégulation réussie du media radiophonique, qui n'a pas bouleversé les équilibres entre les supports périphériques — qui continuent de drainer l'essentiel des recettes extralocales — et la presse quotidienne régionale, qui s'est finalement convaincue de prendre le train en marche pour ne pas perdre le marché, en plein essor, de la publicité locale.

Le mariage du satellite, pour les zones rurales et semi-urbaines, et du câble, pour les grandes agglomérations, permet à la France de continuer à espérer être dans le peloton de tête sur le créneau des télécommunications. Mais, le temps passe et il ne faudrait pas que ces projets accumulent trop de retard.

Aujourd'hui, on peut envisager qu'un secteur privé décentralisé se développe, à côté du secteur public, à condition que les règles de la concurrence ne soient pas systématiquement défavorables au service public et que ce nouveau secteur soit astreint aux mêmes règles, en matière de diffusion de programmes étrangers, de films de cinéma et de messages publicitaires. Restreindre la liberté au nom de la liberté. Faire céder la liberté individuelle au nom d'une définition forcément controversée de la liberté collective. C'est le cœur du débat démocratique et il n'est pas étonnant que le Gouvernement ait à subir les assauts de certaines oppositions et puissants groupes de pression. Est-ce une raison pour leur céder, de peur d'être à nouveau pris au piège des procès d'intention ?

Tout se jouera dans les mois à venir. Combien de réseaux privés seront autorisés ? Un, deux, ou trois ? Quels seront les heureux élus qui se partageront les régies de programmes et selon quels critères les uns seront dotés et les autres éliminés ? Entre les éditeurs, les groupes de presse, les producteurs de cinéma, les périphériques et les agences de publicité, ce ne sont pas les candidats qui manquent. Combien de fréquences seront attribuées localement ? A qui ? Et avec quels créneaux horaires pour la programmation locale, pour quelle durée, jusqu'au passage obligé de la diffusion hertzienne à la distribution par câble ? Quelle place la presse quotidienne régionale prendra-t-elle dans la production locale ? Et, finalement, que restera-t-il pour l'initiative individuelle et la création spontanée ? Avec, en permanence, cette lancinante question : comment faire en sorte que les nouvelles télés ne se contentent pas de diffuser des *soap-operas*, des spots de pub et des plateaux à 20.000 francs l'heure ?

Rien n'est perdu, mais rien n'est assuré. Le plus frustrant, dans cette affaire, c'est de savoir qu'une question d'une importance fondamentale, pour notre avenir national, est posée et que jamais le débat ne franchira les portes des conseils d'administration et des réunions de Cabinets ministériels. Il ne nous reste que la confiance. Espérons qu'elle ne sera pas déçue.

Jacques FAUVET *

Le problème de l'adaptation aux technologies nouvelles
et ses conséquences sur les libertés, sur les Droits de l'Homme, n'est pas nouveau. A toute étape du développement
des sciences, on a connu ce problème, on a vécu ces inquié-
tudes, on a eu les résultats positifs qu'énonçait tout à
l'heure M. Boiteux et souvent la contrepartie : les effets
négatifs sur les Droits de l'Homme et les libertés. Ce qui
est nouveau, avec l'informatique, et ce qui est considérable, c'est d'abord son universalité qui touche à tous
les domaines de la vie sociale et individuelle, économique
et administrative, qui touche l'éducation autant que l'emploi, qui touche la formation ... Aucun domaine — déjà
dans les pays plus développés dans l'informatique comme
les États-Unis, voire le Japon, mais tout de suite, très bientôt, en France — aucun domaine n'échappera à l'informatique. C'est l'universalité de l'informatique.

Ensuite, c'est le pouvoir, la puissance et l'instantanéité
de l'informatique, qui se traduit déjà par une emprise
croissante de l'administration et des entreprises sur les
individus. Si le Gouvernement actuel veut informatiser
rapidement, à cadence même accélérée, l'administration
française, ce n'est pas seulement pour des raisons d'efficacité, qui sont réelles, mais c'est aussi pour des raisons
de pouvoir. Et, à cet égard, je voudrais signaler qu'un cir-

* Président de la *Commission Nationale de l'Informatique et des Libertés*.
Ancien Directeur du journal *Le Monde*.

cuit intégré de 1cm2 — l'ongle de ma main — peut effectuer plusieurs millions d'opérations par seconde et qu'il aurait fallu, probablement, plusieurs années de calcul des meilleurs mathématiciens américains pour pouvoir remplir le rôle des ordinateurs qui ont permis, à la première fusée, d'atteindre la lune. Je cite un autre cas, récent, la carte à mémoire — une invention française — permet d'avoir mille caractères dans un centimètre carré, un microprocesseur qui est sur une carte de crédit pouvant être une carte scolaire, une carte de santé ou une carte pour aller dans un publiphone. Et une calculatrice américaine qui, actuellement, tient dans le creux de la main, offre plus de ressources que les gros ordinateurs qui ont servi, pendant la guerre et tout de suite après la dernière guerre, et qui avaient dix-huit mille tubes cathodiques ! C'est vous dire l'accélération et la puissance de l'informatique.

C'est ensuite — et nous touchons déjà plus à notre sujet — un premier danger : celui d'une représentation informatique de l'individu par la définition de profils informatiques. Ce n'est pas un danger futur, c'est un danger actuel. Je prends un cas précis : des sociétés de crédit à la consommation refusent des crédits au seul vu d'un résultat, d'un profil, définis par des critères informatiques, sans même qu'il y ait un entretien entre la personne qui sollicite le crédit et l'établissement de crédit. C'est un exemple parmi d'autres. Et ce qui est le plus redoutable, ce n'est pas seulement l'atteinte aux libertés, contre laquelle les lois — et pas seulement la loi *Informatique et Libertés*, mais la loi de 1970 sur la protection de la vie privée — garantissent les citoyens, c'est l'atteinte à l'identité humaine. Ces deux mots, qui figurent dans la loi du 6 janvier 1978, sont des mots prémonitoires, parce que l'informatique risque de porter atteinte non seulement aux Droits de l'Homme, au sens où nous l'entendons, aux libertés, mais à l'identité humaine, c'est-à-dire ce qu'on appelait autrefois «la personne humaine», soit à son être le plus profond. Et, de surcroît, le langage informatique et les systèmes informatiques risquent de porter atteinte aux qualités humaines telles que : l'intuition, la sensibilité, d'où la nécessité — à côté de la formation informatique — d'une éducation de haut niveau, d'une culture générale et, par conséquent, pour commencer, d'une instruction de base.

Je vais vous indiquer les principes généraux sur lesquels est fondée la loi française du 6 janvier 1978, qui est la loi probablement la plus complète mais qui n'est pas la première : les Suédois ont été les premiers, les Allemands ont suivi et les Américains sous forme de lois de protection de la vie privée avec des juridictions de droit commun. Il y a d'abord un principe de finalité : les traitements informatisés — et même les fichiers manuels — ont une finalité, un but, et tout détournement de finalité doit être empêché, interdit et même sanctionné. Exemple concret et traité par la Commission : des éléments d'un fichier d'aide sociale ne doivent pas être envoyés à la police. La Commission en a ainsi décidé, le bureau d'aide sociale de la ville de Paris s'est incliné. La Préfecture de police n'avait, d'ailleurs, pas le personnel nécessaire pour utiliser les pièces d'identité transmises par le bureau. Le problème était réglé avant d'être posé. De même un fichier d'habitants HLM ou de cadres de l'EDF ne peut pas être communiqué à un parti politique ; un fichier de la régie d'électricité ne doit pas servir à établir, dans une ville, un fichier des nouveaux arrivants.

Lorsque la direction des impôts a demandé le fichier de l'impôt sur les grandes fortunes, elle a demandé de pouvoir traiter, sur le même système, les contribuables qui approcheraient du seuil. On comprend, parce que approchant du seuil, ils pouvaient l'atteindre ; ils pouvaient même le dépasser. Mais il est évident que ce n'était pas la finalité du traitement informatisé de l'impôt sur les grandes fortunes que d'informatiser, dans le même fichier, des gens qui pourraient être, un jour, assujettis au même impôt. Cela a été refusé. C'est le premier principe, celui de finalité qui est protecteur des libertés et des Droits des citoyens.

Le second : *«les informations doivent être conservées pour une durée qui ne doit pas excéder celle qui est nécessaire aux finalités prévues»*. La tentation de l'informatisation, c'est de mémoriser des données qui risquent d'être caduques et qui ne sont pas purgées, qui ne sont pas effacées, d'abord parce que ce n'est pas si facile : il faut faire savoir que l'information est devenue caduque et, ensuite, il faut la supprimer du fichier. Mais les durées sont très variables selon, évidemment, les systèmes d'informatisation. Par exemple, pour les fichiers des maladies mentales, car il faut savoir que les hôpitaux psychiatriques informatisent, actuellement, à toute vitesse non seulement leur personnel — c'est la gestion — mais les fichiers des malades mentaux. Or, rien n'est plus subjectif, surtout à notre époque, que la maladie mentale. Rien n'est plus différent d'un dépressif léger qu'un malade atteint de *delirium tremens*. Les traiter indifféremment sur ordinateur, c'est déjà dangereux, mais il faut aussi les purger. Pour un malade mental, c'est cinq ans.

La Commission a accepté l'informatisation dans les commissariats de police des plaintes, des faits constatés et élucidés. Les agents, qui passent leur temps à enregistrer des faits, seront beaucoup plus utiles à circuler dans les quartiers difficiles et à faire de l'îlotage. Nous avons accepté d'informatiser mais en limitant à quatre cents jours.

La *Banque de France* a souhaité informatiser un régime de dérogation au système général des attributions de devises ; on a demandé que ce soit pour trois ans. Je suis membre de la Commission de contrôle d'*Interpol* — qui n'est pas encore tout à fait constituée, il manque un Président — mais j'ai rendu visite à *Interpol* et j'ai pu constater que le million et demi de personnes fichées à *Interpol* l'étaient pour vingt ans ! Même s'il n'y avait pas eu condamnation ! Une simple interpellation, dans un pays, la personne interpellée est signalée pendant vingt ans à la police des frontières des cent trente-cinq pays adhérant à *Interpol*, y compris la Chine !

Enfin, quand on a autorisé les autocommutateurs, qui permettent aux entreprises de voir si leur personnel ne se sert pas de leur téléphone pour appeler, tous les soirs, leur petite amie qui habite le Brésil ou la femme de ménage pour joindre son petit copain qui habite le Portugal, on a demandé que la fiche soit détruite une fois la facturation faite. Ce sont quelques exemples.

Il y a aussi les piratages, dont certains hebdomadaires se sont fait une spécialité, à commencer par le *Canard Enchaîné* et par *l'Express*. C'est très amusant de savoir qu'avec un *Minitel* on peut connaître le compte en banque de son voisin. J'ai, d'ailleurs, assisté à une expérience avec un *Minitel* : un monsieur qui , avec l'accord de son voisin, a piraté son compte en banque au CCF. C'est contraire, évidemment, à l'identité humaine. La banque, le fisc, peuvent connaître votre compte en banque mais pas votre voisin. Les factures de téléphone de l'Ambassade des États-Unis et de la Commission ont été piratées par *l'Express*. On a vérifié. En effet, c'était bien notre facture.

Voilà pour la sécurité. Quant à la confidentialité, c'est encore plus grave. Il faut que les données médicales informatisées — qui quelquefois s'étendent, d'ailleurs, aux données familiales voire aux données sociales ou professionnelles — demeurent confidentielles. Et l'article 378 du code pénal garantit le secret médical — lequel secret peut être partagé — mais l'expérience prouve que, même si on respecte plus ou moins les codes, on peut, par des procédés dont les jeunes sont très experts, pénétrer dans des systèmes et arriver à des données confidentielles. Pour les maladies, il y a un problème grave qui touche à l'identité humaine. La loi — que la Commission est chargée d'appliquer — permet à toute personne de s'opposer à l'informatisation de données touchant à sa vie privée, donc à sa maladie. Mais, pour que la personne puisse s'opposer à l'informatisation d'une donnée médicale personnelle, il faut qu'elle la connaisse. Il faut donc que le médecin lui dise. Or, en conscience, des médecins — non sans raison — estiment souvent, pour des maladies très sensibles — le cancer par exemple — avoir le devoir de ne pas dire, au malade, le mal dont il souffre. Dès lors, on ne devrait pas informatiser le diagnostic et encore moins les données familiales, professionnelles ou sociales, du malade considéré. Il faut que le Gouvernement dépose un projet de loi à ce sujet. Pour le problème des hôpitaux psychiatriques, il faut, évidemment, avoir un numéro d'entrée à l'hôpital qui correspond à un nom ; mais lorsque l'informatisation n'a que des buts statistiques, il faut que le nom soit détruit une fois que les données sont informatisées, qu'il ne reste que le numéro qui est nécessaire pour retrouver ultérieurement — si on le veut — l'état du malade. Ce sont des problèmes qui ne sont pas seulement des problèmes techniques, mais aussi des problèmes d'éthique. La Commission a d'ailleurs engagé une concertation, qui doit s'achever bientôt, avec le *Conseil de l'Ordre* et le *Comité d'Éthique*, heureusement constitué par le Gouvernement actuel.

Sécurité, confidentialité, mais je dois dire que règne un certain fatalisme, même aux États-Unis qui est une Société hyper informatisée. Les sondages prouvent que les gens croient, en effet, que des données confidentielles échappent à ceux qui en ont la responsabilité. Et même que les données très personnelles sont livrées au F.B.I. Ils le savent et ils s'y résignent. Il y a une sorte de fatalisme devant l'informatique, parce que c'est une machine commode qui fait progresser l'activité économique, industrielle, commerciale, culturelle. Comme le disait un peu M. Boiteux, tout à l'heure, on ne peut pas arrêter le progrès de la science ; par conséquent, laissons aller les progrès de l'informatique. Mais les progrès de l'informatique touchent beaucoup plus la personne que toutes les autres inventions. On peut s'éclairer à la bougie, ou avec l'électricité, ou au gaz, cela ne fait pas une différence considérable. Pour l'informatique, c'est différent. Un exemple mineur : la Commission reçoit, sans arrêt, des plaintes de gens qui sont noyés par des catalogues qui leur sont envoyés à domicile, alors qu'ils n'ont rien souhaité. Ces personnes ont le droit de demander, à la Commission, d'être barrées du fichier. Et si la société de vente par correspondance n'obtempère pas, il existe, 60, rue La Boétie, un syndicat des sociétés de vente par correspondance qui, lui, détient un fichier des personnes qui demandent à ne plus être fichées. Par ce fichier-là, on peut arriver à soulager votre boîte aux lettres.

Je voudrais citer quelques cas, pour illustrer le troisième principe que j'ai évoqué, en commençant, et qui est souvent peu connu, bien qu'il soit à l'article 1 de la loi du 6 janvier 1978. On parle des Droits de l'Homme, des libertés publiques et privées, mais on oublie que la loi dit que l'informatique ne doit pas porter atteinte à l'identité humaine. C'est pourquoi la loi interdit, sauf décret en Conseil d'État et avis conforme de la Commission, d'utiliser le numéro d'identification nationale, c'est-à-dire le numéro INSEE, soit le numéro de sécurité sociale moins les deux derniers chiffres qui sont les numéros de la caisse de sécurité sociale. La tendance, pour ne pas dire la tentation de l'administration, le souhait profond de l'administration, c'est d'avoir un seul numéro pour la sécurité sociale, la carte d'identité, le permis de conduire, le passeport et même le fichier fiscal. La loi a donc, heureusement, décidé que l'utilisation de ce numéro d'identification nationale ne peut être accordée que par décret, en Conseil d'État, après avis conforme de la commission. Cela fait déjà deux stades à passer.

Je vous rappelle —ou je vous apprends— que la loi du 6 janvier, protectrice des libertés, est née d'un article de Philippe Boucher, dans *le Monde* du 21 mars 1974, qui avait appris que le Ministère de l'Intérieur était en train de préparer un répertoire national des personnes — en utilisant le numéro INSEE — sans la permission de personne sauf du Ministre de l'Intérieur. Et ils avaient d'ailleurs curieusement baptisé ce système informatisé *«système automatisé pour les fichiers administratifs et les répertoires des individus»*, ce qui, en abrégé, faisait SAFARI. Et l'article s'appelait *SAFARI ou la chasse aux Français*. Je n'ai, d'ailleurs, jamais su si les gens qui inventent des sigles le faisaient exprès ou bien si c'était par hasard que le système etc ... était devenu SAFARI. La Commission accorde, quelquefois, l'utilisation du numéro INSEE, mais vient de le refuser à l'administration du fisc, qui voulait l'utiliser, disait-elle, comme «attribut». Si vous comparez votre feuille d'impôt sur le revenu de 1984 à celle de 1983, vous verrez une différence notable. Le numéro INSEE était préimprimé sur votre déclaration d'impôts 1983 payés en 1984. Il doit disparaître sur la feuille d'impôt de cette année.

Le jour où il y aura un seul identifiant unique pour tous les impôts, il est bien certain que les interconnexions entre les différents fichiers des impôts seront automatiques. Ce sera un bon moyen de lutte contre la fraude mais ce sera, en même temps, la mise en fiche fiscale, universelle, des citoyens. C'est pourquoi la loi exige des précautions.

La Commission a refusé l'informatisation d'un système qui s'appellait GAMIN — encore un jeu de mots — qui conduisait, à l'insu des intéressés, à établir un fichier médical et médico-social de ce qu'ils appelaient : *«les enfants à risques»*. Ce fichier était envisagé dans la banlieue parisienne. Et voilà des enfants *«à risques»* parce qu'ils étaient fils d'immigrés, parce qu'ils étaient mal logés, parce qu'ils avaient des maladies, qu'on ne s'occupait pas d'eux, que le commissariat avait repéré, peut-être, qu'ils traînaient un peu trop dans la rue ... on fichait ces enfants. Je ne dis pas pour toute leur vie, bien que le problème de la purge se pose. S'il est vrai que cela pouvait favoriser le travail des assistantes sociales, il est vrai aussi que cela fichait, pour longtemps, des enfants.

Je ne dirai que quelques mots de ce qu'on appelle quelquefois excessivement : *«l'intelligence artificielle»* ou *«les systèmes experts»* où les Français sont à la pointe, d'ailleurs, et qui consistent à avoir des ordinateurs qui raisonnent. Non pas seulement qui aident à la décision, comme dans l'administration, la médecine où l'enseignement, mais des systèmes qui, à partir de bases de règles et de bases de faits, seront des machines qui raisonneront. Exemple : telle personne a telle fièvre, tel signe clinique, tel antécédent ... dans la seconde qui suit, on sait qu'il est atteint de tel mal. Alors, on peut dire, évidemment, que le médecin ne va pas se fier au raisonnement d'une machine. Mais ce sera tout de même très tentant. Et ce système est déjà en fonctionnement dans les recherches pétrolières — on a cherché du pétrole avec ce système qui a raisonné, qui a dit : «il doit y avoir du pétrole». On a cherché. Il y avait du manganèse ! Il y avait tout de même quelque chose !

Le système expert pourra permettre de mettre en mémoire —avant et donc de conserver à jamais— des expériences humaines qui seraient perdues sans cela. Par exemple, un artisan qui trouve un moyen de procéder à une fabrication particulière, un intellectuel qui fait des recherches qui risquent de se perdre car il n'aura pas fait de thèse ... on ira vers lui, on lui demandera comment il raisonne, comment il a abouti à tel résultat, on le mettra en système expert et on l'utilisera, pour l'éternité des temps, dans des applications identiques ou comparables.

En face des risques réels, il y a la loi, il y a la Commission, il y a la loi de 1970 pour la protection de la vie privée, trop peu connue et sans doute trop peu appliquée. Mais les citoyens ne connaissent pas les lois. Nous devons être préalablement informés de tout traitement informatisé. Si vous recevez un questionnaire quelconque, vous avez le droit de demander quel est le but du questionnaire, le destinataire, quelles seraient les conséquences d'un refus de réponse de votre part, même si c'est un questionnaire universitaire, médical, administratif, militaire ... c'est un premier point.

Deuxième point, nous avons tous le Droit de nous opposer, pour des raisons légitimes, je lis le texte : «*à ce que des informations nominatives fassent l'objet d'un traitement*» ; sauf au profit des services publics, c'est-à-dire essentiellement l'État, les établissement publics, les collectivités territoriales et la Sécurité Sociale. Là, vous ne pouvez pas vous opposer, mais vous devez être informés.

Si une entreprise nationalisée, puisque c'est de droit une société privée, une association, veut mémoriser votre nom et d'autres renseignements dans un ordinateur, vous avez le Droit de vous y opposer.

L'article 31 de la loi interdit, sauf accord exprès — et le Conseil d'État a décidé que ce serait l'accord écrit — de la personne concernée, de mettre en mémoire les origines raciales, les opinions politiques, philosophiques, religieuses et l'appartenance syndicale — à moins que celle-ci soit manifeste — dans un système informatisé. Sauf s'il y a des dérogations de décret pris en Conseil d'État, après avis conforme de la Commission. Et il ne se passe guère de semaine sans que nous supprimions, soit dans des demandes d'ouverture de fichiers, soit sur plainte de Droit d'accès au fichier, des mentions contraires à la loi. De même la loi interdit de mettre, dans un fichier de police, une condamnation.

Toute personne a le droit d'accéder directement à un fichier où elle se croit fichée. L'accès est indirect pour la police, c'est-à-dire les *Renseignements Généraux*, la *Direction de la Surveillance du Territoire*, la gendarmerie et les deux services de sécurité militaire. Dans ce cas-là, la Commission, qui reçoit la demande d'accès, envoie deux magistrats ou anciens magistrats — actuellement c'est un Président de Chambre Civile à la Cour de Cassation et un Conseiller d'État Honoraire — qui se rendent sur place, demandent à voir la fiche ou le dossier, le font venir de province s'il est en province, l'examinent pour voir s'il y a des mentions contraires à la loi et il y en a souvent qui le sont. Pour être sûr que les *Renseignements Généraux* — pour parler d'eux puisque ce sont eux qui font le plus de fiches, il y a six millions de Français fichés aux *Renseignements Généraux* — barrent bien la mention contraire à la loi, la Commission a le pouvoir de contrôler, de vérifier, si la suppression a bien été effectuée. C'est l'accès indirect.

Je signale, pour ceux que cela intéresse, que l'un des derniers livres : *Le choc informatique*, de M. Martin Ader, est très intéressant parce que, d'abord, du point de vue technique, il met au point les dernières applications de l'informatique, mais il traite aussi des problèmes que je viens d'évoquer rapidement. Je cite les titres des chapitres : *«réinventer le travail», «rechercher l'équilibre des pouvoirs», «préserver les libertés individuelles», «dépendance et faiblesses de la société informatisée».*

Qu'à son insu une personne soit fichée, que sa vie privée soit en cause, que des informations la concernant soient détournées de leur finalité, qu'elle devienne enfin un numéro, ne porte pas seulement atteinte à sa liberté, mais à son identité, à sa personne et, d'abord, à ce qu'elle a de plus intime, de plus profond et de plus singulier, c'est-à-dire son nom. Et c'est Mme Galouadec-Genis qui me donne ma conclusion : *«L'informatique a fait de la vie privée un des problèmes capitaux de notre temps».*

Philippe de SAINT ROBERT *

Je vous remercie de m'avoir convié parmi vous et je voudrais tenir des propos qui, sans vous apparaître trop singuliers, ne s'éloignent pas des préoccupations qui actuellement sont les miennes à la tête du *Commissariat Général de la Langue Française*, dont on m'a confié la responsabilité et dont je vous invite à considérer la tâche comme strictement liée à cette protection de l'environnement que vient d'évoquer Madame le Ministre de l'Environnement. En effet, la langue que nous entendons et que nous parlons n'est-elle pas le premier de tous les environnements qu'il faille respecter et faire respecter ?

Je soulignerai, tout d'abord, que les Droits de l'Homme dont vous parlez ici me semblent inséparables du Droit des Peuples, si les Peuples sont bien le libre rassemblement des Hommes autour d'une histoire et d'un avenir.

De tous les Droits d'un Peuple, le plus sacré et le plus significatif, au fond, est certainement le Droit à sa culture et à sa langue — créations l'une et l'autre de l'esprit agissant dans l'histoire. Il existe, on l'a dit, une souveraineté fondamentale de l'Homme qui se manifeste dans la culture de toute nation ou de tout groupe de nations qui se reconnaîtraient quelque lien entre elles, lien qui peut être précisément une langue commune.

* Écrivain. Commissaire Général à la Langue Française.

Nous vivons dans un monde au confort angoissant. Nous vivons dans un monde si uniquement préoccupé de lui-même, si marqué par la contre-religion freudienne que, chaque jour, il consacre davantage d'attention — et par conséquent d'inquiétude — à ce que les sociologues, les politologues appellent la «*crise de civilisation*» — qui sans doute est soit une crise d'identité, soit (psychologiquement, en tout cas) une crise de survie, soit l'une et l'autre à la fois.

Bien sûr, nous le savons, la fin d'un monde n'est pas nécessairement la fin du monde et parce que les valeurs qui nous portent — et que nous avons, jusqu'à aujourd'hui, transmises de générations en générations — ne survivraient pas, il n'en résulterait pas que l'aventure humaine sur cette terre étrange — et à la fin étrangère — serait finie. Paul Valéry a donné une réputation universelle à une pensée qui, désormais, nous fait humble : «*nous autres civilisations, nous savons à présent que nous sommes mortelles*». Mais quand bien même nous acceptons, au fond de l'âme, ces grandes nécessités que nous appelons les fatalités, il n'en résulte pas non plus qu'il faille s'en remettre du destin de ce monde aux seules fatalités que détermineraient les autres, au nom de leur puissance et de leurs appétits, qui se relayent si bien.

La sagesse est d'accepter le monde qui se fait, mais aussi de le faire. Paul Claudel a dit : «*l'essentiel de ce que l'Homme peut apporter au monde, c'est lui-même*». L'interrogation fondamentale de l'Homme sur lui-même implique une démarche existentielle et une préoccupation spirituelle. Mais elles ne font qu'une au fond, encore que toutes les forces sociales, faites d'épreuves et d'affrontements, tendent à les disjoindre, voire à les opposer. Le problème le plus angoissant de notre temps, pour l'Homme, le problème qui le travaille le plus aujourd'hui, c'est celui de son unité intérieure que prolonge, accomplit ou altère, celui de sa *spécificité sociale*.

A cet égard, la langue est l'ultime patrie des pauvres, l'ultime patrie de ceux qui n'en ont plus aucune autre, le lien naturel de l'Homme avec les autres Hommes qu'elle constitue en peuples, en nations, en libres souverainetés parfois. Mais la langue est aussi comprise comme patrie par les puissants et les riches puisque, en fin de compte, ils n'ont jamais de triomphe parfait que lorsqu'ils ont imposé leur langage, puis leur langue, aux Hommes et aux Peuples qu'ils ont su rendre tributaires d'eux.

Ce monde dans lequel nous vivons est en proie à toutes sortes de dominations — dépendances achevées pour les unes, encore réversibles pour d'autres. On connaît les dominations militaires : elles asservissent les corps, les États, mais plus difficilement les âmes, et l'on voit presque toujours les Peuples ainsi soumis résister étonnamment en préservant, en approfondissant même parfois, leur identités culturelles.

Les dominations économiques sont plus subtiles. Car au lieu d'asservir d'une manière immédiatement douloureuse à quoi l'on puisse réagir, elles corrompent, elles savent se faire des complices, conscients ou inconscients, de ceux-là mêmes — Hommes et Peuples — qu'elles dépossèdent en secret. Or, avec le temps et après avoir habilement marginalisé les résistances intellectuelles, les dominations économiques changent en profondeur les structures de comportement, puis de pensée, *puis d'expression* des Peuples qu'elles dépossèdent d'abord, qu'elles désintègrent ensuite.

Elles ont tort, d'ailleurs — et cela de leur propre point de vue — mais d'ordinaire ces dominations économiques sont myopes, uniquement éprises du court terme, du profit immédiat. En effet, à trop rêver d'un marché unique où des consommateurs se ressemblant tous se verraient proposer des produits également identiques et interchangeables, elles rendent tôt ou tard tout échange, donc toute création, donc en fin de compte le marché même dont elles se nourrissent, impossibles.

Et je dirai que toute pseudo-civilisation unidimensionnelle, née de l'illusion du progrès indéfini d'une économie ne se nourrissant que d'elle-même, est vouée à la mort comme l'est tout corps atteint d'un cancer, victime de la prolifération sans limite d'une cellule unique ; et, à cet égard, le laxisme passionnel de notre société n'est que l'envers de son puritanisme d'hier, au même titre que la théorie de Marx a été l'envers de celle de Ricardo, au dix-neuvième siècle.

Et c'est sans doute par là qu'en premier lieu notre civilisation est en crise : crise d'identité car crise d'universalité — l'erreur fondamentale d'une certaine conception de l'Occident étant de croire que ce qu'il est convenu d'appeler le mondialisme a quelque chose à voir avec l'universel, qu'il en serait une figure véritable ou approchante, alors qu'il en est la contrefaçon et bientôt la mort ; alors qu'il est aussi factice et impérieux qu'un internationalisme idéologique qui abolirait la liberté de l'Homme au nom d'une idée scientifique de son bonheur. C'est pourquoi les Droits des Peuples sont aussi essentiels, dans le monde antagoniste où nous vivons, que les Droits de l'Homme ; et que le premier des Droits de l'Homme, c'est d'appartenir à un Peuple, ou mieux de se constituer en Peuple et de parler sa langue.

Nous sommes donc bien, lorsque nous voulons conserver nos moyens spécifiques de pensée et d'expression, nos moyens souverains d'existence et de communication, dans la seule voie qui puisse garder notre monde de tous les totalitarismes qui le menacent. Oui, la langue est une patrie et la première des patries. «*Se faire le fils d'une langue*» a pu dire le philosophe français Régis Debray, «*c'est s'enraciner au plus profond du sol, d'un paysage, d'une nation, d'une histoire déterminée ... Accéder à l'universel par la suppression des frontières, voilà l'illusion anti-dialectique, la pire des platitudes, l'hydre moderne à décapiter. Le langage mathématique est une langue sans frontière ni patrie, aussi n'a-t-elle strictement rien à dire*».

Il existe des forces qui misent encore sur la dispersion systématique de toutes les cultures, de toutes les ethnies, de tous les peuples, sur la rupture des nations, afin d'obtenir, comme nous l'avons dit, de vastes marchés homogènes ; et nous voyons bien que les barrières linguistiques et culturelles constituent parfois les ultimes obstacles au fonctionnement d'une économie excessivement transnationale. Si nous ne comprenons pas cela, nous ne comprenons pas «*l'intense travail de conditionnement auquel nous sommes soumis*» : c'est par l'aliénation linguistique

que passent toutes les aliénations culturelles et c'est par les aliénations culturelles que passent les aliénations politiques.

La liberté des échanges économiques n'est pas le tout de la liberté et, dans certaines conditions, nous savons qu'elle devient même le contraire de la liberté si elle est seulement celle du plus fort. Quant à la tyrannie de la technique, nous éprouvons chaque jour à quel point, s'il n'y a rien au-dessus d'elle qui la détermine et la contienne, elle peut appauvrir la culture, disloquer et réduire le langage en ramenant les échanges à des informations bientôt dépourvues de contenu réel, parce qu'elles ne sont pas des connaissances. A tous égards, il faut que l'Homme ait encore quelque chose à échanger avec l'Homme et notre semblable est, sans doute, celui qui ne nous ressemble d'abord pas.

Léo HAMON *

A cette heure du jour et à cette heure de la séance tout, peut-on penser, a déjà été dit. Et c'est une première difficulté. La seconde est dans le caractère paradoxal du libellé même de mon sujet : menaces pour les Droits de l'Homme — c'est bien cela, je crois — et sont donnés comme exemples de menace : la science, la force, l'argent.

Mais pas une de ces trois notions qui ne comporte un côté positif. La science ? Toute une tradition de l'encyclopédie, du saint-simonisme, et qui — je le dis à Jean Elleinstein — constitue, pour moi, une des parties les moins vieillies du marxisme, part de la foi dans la science libératrice, la science bienfaitrice de l'Homme, la science prométhéenne. Et voici qu'on parle de menaces.

La force ? C'est Marx, — encore lui — qui citait volontiers la phrase de Machiavel : «*les prophètes désarmés n'ont guère de succès*» et nous n'avons pas fini d'entendre les révolutionnaires présenter la violence comme une force libératrice.

Enfin, il n'est pas jusqu'à l'argent, dont tous les économistes disent et reconnaissent, aujourd'hui, qu'il est signe de liberté. Car, finalement, aucun homme ne pouvant donner satisfaction à tous ses désirs, on a le choix entre un rationnement autoritaire par des tickets, des coopé-

* Professeur émérite à l'Université de Paris I — Ancien ministre.

ratives fermées et privilégiées, ou à un rationnement par l'argent. Et c'est le paiement en argent, plutôt qu'en tickets ou en coupons (que nous avons connus dans différentes périodes de pénurie), qui est gardien de liberté.

Comment se fait-il donc que ces trois éléments libérateurs se transforment en menaces et, pour reprendre la phrase du prophète : «*comment l'or pur en plomb vil s'est-il changé ?*». A cette heure du colloque, je voudrais traiter la question en me référant à ceux-là même que nous avons entendus, ce matin. Dans un rapport que j'ai trouvé de haute qualité, Philippe Seguin opposait la première génération des Droits, qui sont des libertés de pouvoir faire, à ce que l'on appelle la seconde génération qui sont, eux, comme des chèques sur l'État : des Droits d'exiger de l'État ceci et cela. Reprenons cette distinction des deux générations et nous ferons, au plan de la technique juridique, une distinction entre des libertés négatives et des obligations positives. Les premières commandent simplement à l'État une abstention : «*tu ne persécuteras pas des hommes en raison de leur religion ou de leur incroyance*» ; «*tu n'interdiras pas des réunions*» ; «*tu n'empêcheras pas la publication d'une opinion de la presse*» etc, etc ... L'État est sommé de s'abstenir et, dans les régimes de démocratie, nous avons obtenu, pour l'essentiel, la consécration de ces abstentions. Mais un deuxième mouvement se traduit, pour l'État, non pas par une obligation de s'abstenir mais par une obligation de faire. Si les premières libertés peuvent être appelées des libertés négatives, les secondes sont des libertés positives. Exemple : le Droit au travail ; exemple : le Droit à l'éducation ; exemple : le Droit des peuples à disposer d'eux-mêmes. On a beaucoup insisté, ce matin, sur cette seconde génération et, avec mon collègue et ami Maurice Duverger, je dirai qu'en effet, il était naturel que se produise un mouvement favorable à ces Droits, parce qu'il est vrai que la liberté d'expression de l'opinion est médiocre pour des illettrés, parce qu'il est vrai que la religion, ou la philosophie, ne peuvent atteindre leurs richesses dans une population analphabète et que la misère stérilise les libertés. C'est, je crois, Saint Thomas d'Aquin qui avait écrit : «*un minimum de bien-être est indispensable à l'exercice de la vertu»* Ajoutons : «et à la jouissance des libertés du même type».

Et il est aussi vrai que le socialisme a tenu un grand rôle dans ce nécessaire prolongement des premières libertés. Le socialisme, bien sûr, le catholicisme social, aussi, et le progrès technique, rendant possible ce qui eût été plutôt chimérique. Pierre Bercis voudrait appeler cela les *«Droits Socialistes de l'Homme»*. Amour-propre légitime, mais je crois qu'il faudrait plutôt dire : *«Droits à forte inspiration socialiste»*. Car le concept de Droits Socialistes ou le concept de Droits catholiques me paraît entaché, en soi, d'une certaine contradiction. Si ces Droits n'étaient que socialistes, comment auraient-ils une valeur absolue dans une société dont tout le monde admet qu'elle soit pluraliste et, par conséquent, qu'elle comporte des non-socialistes ? Vous pouvez dire Droits d'origine socialiste, mais ils ne deviennent des Droits consacrés que dans la mesure où ils ne sont plus seulement, principalement, socialistes, mais sont notre bien commun.

Réfléchissons donc sur cette deuxième génération qui — pardonnez-moi de me répéter — se caractérise par une obligation de faire pour l'État et prenons, au hasard, deux ou trois de ces Droits.

Droit au travail : il est dans la constitution de 1848 et il est donc plus que centenaire. Mais qui pourrait dire qu'il est intégralement respecté ? Nous avons trois millions de chômeurs, les démocraties occidentales en ont une douzaine de millions. Dirons-nous que le Droit au travail n'y est pas respecté ? C'est, je le sais, ce qu'on nous dit dans certains régimes et dans certains pays. Mais ceux-là sont mal venus à nous donner des leçons de respect de Droits, dont les travailleurs ont un revenu inférieur à celui de nos chômeurs. Retenons donc simplement, de tout ceci, que le Droit au travail n'est jamais achevé.

«Droit des Peuples à disposer d'eux-mêmes» nous disait, ce matin, Olivier Stirn. Fort bien ! Et qui pourrait s'inscrire contre ? Mais qu'est-ce qu'un peuple ? Aux antipodes, en ce moment, le peuple en question est-il, comme je le pense — et je le crois — l'ensemble de ceux qui habi-

tent un territoire donné, quelle que soit leur race — c'est mon interprétation — ou bien est-il, comme le pensent certains que je pourrais taxer de racistes inconscients, ceux d'une certaine ethnie ? Ce n'est certainement pas le lieu de trancher cette question ; c'est le lieu de montrer que le concept n'est pas simple !

Quant au *Droit à l'éducation*, jamais — c'est un enseignant qui parle — un enseignant digne de ce nom ne trouvera qu'on a fait assez pour réaliser pleinement le Droit à l'éducation.

Qu'est-ce à dire sinon que ces Droits de la deuxième génération sont, par essence, moins précis, moins déterminés, que ceux de la première génération et que parce qu'ils impartissent à l'État une obligation, ils sont beaucoup moins des Droits, au même sens juridique que ceux de la première catégorie, que des standards, des directives à l'inévitable imprécision. Philippe Seguin en déduisait ce matin, dans un exposé auquel je me reporte encore une fois avec plaisir à cause de sa forte architecture mentale, Seguin disait : *«il ne faut pas d'inflation de Droits»*. Et pourtant, après Maurice Duverger, je dirai : *«l'appel au dépassement des seuls Droits juridiques de 1789 est dans la nature des choses et dans le progrès des mœurs»*. Il faut donc à la fois aller au-delà et éviter l'inflation. Comment le faire sinon en comprenant que la démarche accomplie pour la mise en œuvre de cette deuxième catégorie de Droits, de ces Droits que j'appellerais directives, standards, plus que strictes obligations, ne va pas sans éveiller certains soucis, certaines préoccupations. Et ici je rejoins, Pierre Bercis, le titre du sujet que vous m'avez donné.

Oui, pour la mise en œuvre de ces Droits de la deuxième catégorie ! La science peut être source de manipulations, manipulations par l'ordinateur, manipulations par la génétique ... Après tout, les folies hitlériennes elles-mêmes pourraient se réclamer de la volonté de réaliser, par des procédés biologiques, une race supérieure, etc ... *«Liberté, que de crimes on commet en ton nom»* disait Mme Roland en montant sur l'échafaud; liberté que de crimes on commettrait en ton nom, en prétendant tirer toutes les possibilités de la science. Que l'argent soit un moyen redoutable de manipulations, c'est trop évident pour qu'il soit besoin d'insister. Le «*viol des foules*» dont parlait Tchakotine se fait sans violence et, inversement, je me réfère à la réponse que faisait Jacques Fauvet, tout à l'heure, les perfectionnements techniques de la violence dans le terrorisme peuvent amener la contrepartie de violences contraires, scientifiquement étayées par l'ordinateur, les fichiers etc ...

Que faut-il donc faire ? Je crois que Fauvet en est un très bon exemple. Parce que nous ne pouvons pas éviter l'intervention de l'État, au nom même de la deuxième génération de Droits, il faut que cette intervention de l'État soit encadrée par des autorités impartiales et entourées de garanties. La *Commission de l'Informatique* que vous présidez, Jacques Fauvet, est, à cet égard, une création nécessaire. Mais vous ne m'en voudrez pas de dire qu'elle serait insuffisante dans une société dont la liberté d'expression serait bannie. Car, très tôt, dans une société où il n'y aurait plus de pluralisme d'opinions, où chacun prétendrait avoir le monopole des Droits socialistes ou des Droits libéraux etc ... tôt ou tard, les commissions, chargées de veiller à la liberté, du jour où elle n'auraient plus un Fauvet à leur tête, glisseraient vers la complaisance. Il en est des exemples à travers le monde !!!

Bénie soit donc l'opposition, béni soit le pluralisme. La deuxième génération des Droits nécessairement indéterminés ne peut vivre que par un respect rigoureux des Droits de la première génération, c'est-à-dire des Droits inscrits dans les Déclarations américaine ou française de 89. Il y a là quelque chose — que Jean Elleinstein me pardonne de le dire en me référant à son intervention — quelque chose que Marx n'a pas vu.

Marx est un grand prophète, il paie aujourd'hui — ou plutôt sa gloire paie — les conséquences d'une insupportable fétichisation qui, pendant longtemps, a fait qu'on voulait, à gauche, trancher par des références à Marx des questions qu'il n'avait pas connues, parce qu'elles lui étaient postérieures, ou qu'il avait mal comprises. Par réaction, aujourd'hui, la liberté de penser passe par la désacralisation de Marx. C'est quand le cléricalisme a trop longtemps sévi au service d'une religion ou d'une idéologie, que le sacrilège devient une forme de la volonté d'émancipation. Depuis qu'il n'y a plus, en France, de religion d'État, les actes qu'on aurait autrefois qualifiés de sacrilèges apparaissent comme des dérèglements d'esprit — heureusement rares — d'individus marginaux. C'est dans la mesure où la sacralisation de Marx aura pris fin, dans l'esprit de beaucoup, que l'on rendra à Marx la justice intellectuelle qu'il mérite, le reléguant dans un glorieux passé.

Ce n'est donc pas parce que la première génération de Droits n'est pas dans Marx qu'elle ne doit pas être reconnue dans toute sa force, son importance. Mais c'est parce que la critique marxiste de libertés (qui ne seraient que des libertés bourgeoises) a contribué, avec la démocratie elle-même, avec le catholicisme social, avec le gaullisme — permettez-moi de l'ajouter — à faire une vision plus exigeante des Droits de l'Homme, que les libertés formelles de la première génération sont aussi nécessaires au jeu des secondes libertés que l'avancement de ces secondes libertés est nécessaire à l'efficacité des premières.

Au moment de terminer, je voudrais évoquer un grand marxiste révisionniste. Bernstein disait : «*le but n'est rien, le mouvement est tout*». Ce qui voulait dire que le mouvement, l'aspiration à une plus grande liberté, était un mouvement profond qui ne s'épuise et ne s'arrête jamais dans des formalités, dans des expressions figées et qui, tôt ou tard, seront dépassées.

Changeons de citation, pour conclure, c'est Valéry qui parlait de «*la mer toujours recommencée*». Les Droits de l'Homme sont un mouvement toujours recommencé, parce que jamais achevé. La condition nécessaire, pour qu'elle ne soit pas polluée par la science qui peut être bienfaitrice et ne doit pas être menaçante, la condition nécessaire, c'est que l'avancement de la mer ne fasse pas oublier les premiers flots.

Stéphane DI VITTORIO *

«*Même humiliée, ma chair est ma seule certitude*».
Cette parole d'Albert Camus, la plus forte qu'il ait jamais
dite, éclaire les rapports des Droits de l'Homme avec la
Science.

Qu'y-a-il en effet de fondamental — et d'actuel — dans
les rapports de l'Homme et de la Science ?

La question mériterait des exposés exhaustifs — et on
vous en fera — montrant comment la Science semble menacer les Droits de l'Homme :

avec l'informatique,

avec la génétique,

avec les mères porteuses,

avec l'avortement,

avec la psychiatrie politique,

avec l'économie de marché — dont tous mes collègues
me disent qu'elle règle et qu'elle oriente aujourd'hui toutes
les démarches de la Science,

avec la manipulation de l'opinion, en politique,

avec la manipulation du malade, en médecine,

avec le commerce et l'industrie du médicament, en

* Psychanaliste.

chimie – ou avec la pollution du milieu même où nous
avons à vivre !

et enfin, pour tout dire, avec – partout – la création
artificielle de nouveaux besoins.

Pourtant, Mesdames et Messieurs, aujourd'hui, un enfant
de quatre ans sait faire la différence qui s'impose entre
la science et la technique. Et je voudrais bien que les media
sachent aussi bien la faire et qu'ils cessent – définitivement – de les confondre ; et de reprocher à la science ce
qui n'est imputable qu'à la technique.

La science ne viole aucun Droit de l'Homme.

Au contraire, elle les préserve ; et elle est peut-être
même la seule, aujourd'hui, à les poser sérieusement.
Elle garantit les Droits de l'Homme par ses analyses mêmes.

Et toutes les violations pseudo-scientifiques ne sont
jamais que le fait des bricolages techniques.

Michel Serres ne disait-il pas récemment – et fort justement – à *Apostrophes* (il se passe quelquefois des choses
très importantes à *Apostrophes*) que *la philosophie n'est
rien d'autre que ce qui annonce et prépare la science* ?

Eh bien, si la formule de Camus est précieuse : «*même
humiliée, ma chair est ma seule certitude*», c'est parce
qu'elle connote admirablement le déplacement qui est en
train de s'opérer dans l'économie de la science.

Ce qui se passe aujourd'hui, en effet, c'est que la science
– le corps des sciences, comme c'est le cas de le dire –
est en train de déplacer son centre de gravité, son poids,
le poids de son corps, le poids de ses investissements, la
visée de ses objectifs (vous savez, comme les moniteurs
de ski vous disent de déplacer le poids de votre corps
d'un ski sur l'autre ski) ; la science est en train de déplacer
ses intérêts de la physique du monde à la logique de la
subjectivité de l'Homme et à l'étude des conditions de son
désir particulier.

Et si ça ne se voit pas encore à l'œil nu, c'est justement
à cause d'une certaine conjuration de l'idéologie *contre*
la science.

Alors, cette parole du philosophe – «*même humiliée,
ma chair est ma seule certitude*» – sorte d'écho moderne

et affirmatif de cette autre parole bien connue qui traverse les siècles : «*Celui qui mange ma chair ...*» on sait ce qui lui est promis — en vient aujourd'hui à s'inscrire en détail dans les développements les plus nouveaux et les plus rigoureux de la pensée scientifique.

Pensée scientifique qui, aujourd'hui, pose une distinction catégorique entre le corps de l'Homme, d'une part, et n'importe laquelle de ses productions, fût-ce la science elle-même, d'autre part.

Alors, maintenant, expliquons-nous; pour que ce congrès, que votre illustre participation honore, vienne marquer et signaler ce pas décisif, attendu — et irréversible — dans la conceptualisation des Droits de l'Homme.

C'est en effet sur cette chair — la vôtre, la mienne — que la *science* aujourd'hui focalise — fait converger — l'argumentation des Droits de l'Homme ; autant pour leur *défense* que pour leur *extension*, suivant l'indissociable devise des organisateurs de ce colloque.

Qu'est-ce que ça veut dire, que ma chair et ma vie sont ma seule certitude ? Et en quoi cette formule nous concerne-t-elle, dans l'épistémologie des Droits de l'Homme ?

Ça veut dire que la violence, au sens scientifique, c'est d'abord la violence qui s'exerce contre la chair ; et qu'à vrai dire il n'y en a pas d'autres.

La violence des déterminations signifiantes — la violence par exemple, c'est-à-dire la force de notre propre combat et de notre propre revendication *pour* les Droits de l'Homme — relevant plutôt du registre de cette autre violence, dont on dit justement que le royaume des cieux lui appartient.

Parce que — poursuit le philosophe, dans le même texte — «*sans le pouvoir de* **dire**, *en* **clair** — *c'est-à-dire* **fort** — *le juste et l'injuste, la liberté ne peut pas se concevoir*».

Voilà ce que dit aussi la science.

Dans ses plus fines articulations modernes et actuelles.

La science moderne, ce n'est pas seulement, comme on le croit quelquefois encore, le bricolage atomique — qui rapporte de l'argent et qui fait exploser des structures — c'est aussi, et de façon infiniment plus féconde encore, le bricolage des signifiants — qui ne rapporte pas moins d'argent et qui ne fait pas moins exploser les structures.

La science pose même désormais une fondamentale distinction — une irrécusable distinction — entre ce qui est de l'ordre de la chair — et de la vie — et ce qui est de l'ordre du langage et de la culture et qui s'appelle, en termes modernes, l'ordre du signifiant.

Distinction théoriquement évidente, mais dont rien n'est moins familier dans la pratique et dans l'opinion.

Distinction importante, primordiale, sur laquelle je retiens éminemment votre attention, parce que, qu'est-ce qui explique le scandaleux entretien — que dis-je, la scandaleuse extension — de la pratique de la torture, dans un climat de stagnation et de régression de la civilisation, sinon la réluctance de l'idéologie courante — et malheureusement dominante — à recevoir le discours scientifique qui distingue catégoriquement le corps de l'Homme et le signifiant ; et qui établit la subordination logique du second au premier ?

Quel prodige — ou quel cataclysme — y faudra-t-il, pour persuader le monde que si la parole est ce qui fait notre dignité et nos Droits, *les machines ne parlent pas* ; et que «les fonctions et le champ de la parole et du langage» — comme on dit maintenant — ne se manifestent et ne prospèrent qu'insérés dans des corps humains.

Cette réluctance, cette inertie à reconnaître la dignité de notre corps, fait qu'aujourd'hui, au nom de toutes les idéologies, au nom de toutes les phobies, au nom de beaucoup de cultures, on voit partout des corps offensés ou torturés au point de perdre la possibilité même de cette parole, par laquelle ils devraient dénoncer l'horreur dont ils ont été victimes.

Aurai-je seulement besoin de mentionner, sous ce rapport même, le *phénomène* — si vous *ne voulez pas dire le scandale* — de la faim dans le monde ? Si ce n'est pas la conséquence extravagante, catastrophique, de l'idéologie suivant laquelle le vêtement vaut plus que le corps.

* *

*

Comme aussi bien naguère cette pauvre femme, d'une région pourtant des plus civilisées du monde, qui avait cru bon que ses pétitions de principe aient le pas sur la vie de ses victimes. Quelle misère psychologique ! Comme si un chef de gouvernement avait le droit d'affronter d'égal à égal ses entêtements à ceux de ses pauvres prisonniers, fussent-ils criminels. Vous verrez qu'avec le temps, d'elle, il ne restera hélas que cette mémoire-là.

Ce qui est inviolable — ce qui *doit* être inviolable — c'est la chair. L'ordre du signifiant, quant à lui, est fait pour s'élaborer ; pour s'élaborer jusqu'à la fin des temps ; mais pour s'élaborer dans la dimension même de sa logique, qui est scientifique.

Quand le corps d'un homme s'affronte à une culture, c'est la culture qui doit céder le pas. Et nous n'avons pas à nous faire complices des cultures qui ne respectent pas la logique du signifiant. Ce qui n'est d'ailleurs que la définition du fascisme à sa structure.

Après vous avoir cité Albert Camus, je ne vais pas vous citer Paul Valéry, de ce texte du *Trocadéro* que chacun cite à tort et à travers : *«les civilisations, nous savons qu'elles sont mortelles»*. Mais le corps de l'homme est toujours là. Capable de la parole. Et les civilisations qui survivent sont précisément celles qui tiennent le plus grand compte de l'homme. Et c'est bien ce qui honore depuis longtemps — et j'espère pour toujours — le pays qui aujourd' hui vous accueille.

Logique du signifiant qui, comme vous commencez à le savoir, est une valeur scientifique éminemment française. Qui, par conséquence d'être logique, est universelle.

Du monde entier affluent, en effet, de nos jours, en France — et c'est notre honneur de constituer un tel foyer d'appel pour le genre humain — des gens qui viennent s'initier à l'enseignement et à la pratique promus par Jacques Lacan. Valeur française et universelle essentielle, dont même du simple point de vue du sacro-saint «commerce extérieur» — comme on dit — on commence à prendre compte.

Les Droits de l'Homme, c'est la logique du signifiant. Terme scientifique, moderne et rigoureux, qui est en passe

— c'est le cas de le dire — de devenir commun et familier, bien plus vite qu'on ne le croit généralement.

Vous l'avez bien vu, avec cette histoire de la peine de mort : à la soutenir, personne n'a pu en tirer le moindre profit électoral — et personne, moins que jamais, n'en tirera le moindre profit. Quand on oppose le corps et la vie d'un homme au baratin culturel, fût-il législatif ou légalisé — ou même judiciaire — le public sait, d'instinct, où est la justice. Et je plains mon bon maître Raymond Barre — à qui je sais pourtant conserver ma déférence, voire mon affection personnelle — de s'être définitivement planté sur cette imprudence de la défense et illustration de la peine de mort ; imprudence qui procède d'une grave négligence culturelle, découlant elle-même d'une grande ignorance sur la question.

Il vérifiera dans les suites — et à court terme — les conséquences de cette bévue, car personne ne peut se mettre impunément contre les structures.

Mais vous n'attendiez pas d'un psychanalyste, même dans la circonstance d'un congrès officiel, un discours de complaisance.

C'est pourquoi j'irai au fond du problème et je juxtaposerai, pour finir, à la formule d'Albert Camus, une autre parole, qui dit qu'

«en matière de Droits — *universels* — de l'Homme,
je ne connais
que celui de désirer en vain».

Vous y avez reconnu l'immense, l'incomparable, l'incommensurable — l'incompressible — Jacques Lacan. C'est lui qui fait le troisième millénaire. Et qui le fait français. Car c'est bien le désir qui fait notre être, notre valeur, notre dignité, nos Droits et nos Droits de l'Homme.

Et l'expérience elle-même montre tous les jours, en politique comme en médecine, qu'aucune réalité, si puissante ou évidente soit-elle, ne parvient jamais à surmonter ou à invalider le réel d'une subjectivité constituée.

Mais le désir, c'est le désir de l'Autre.

Et c'est pourquoi, Mesdames et Messieurs, il n'y aura jamais, il n'y a aucune chance qu'il y ait jamais, de Droits de l'Homme, en acte, si ce qui les actionne n'est pas l'amour.

Parce que l'Autre est libre ; d'aimer ou non.

Voilà ce que nous dit, aujourd'hui, la science.

Et c'est justement là qu'il faut se méfier : parce qu'il en est de l'amour comme de l'intelligence ; et parce que c'est la même chose : les canailles sont des cons et les cons sont des canailles ; Lacan le démontre, l'analyste le vérifie tous les jours ; et l'aphorisme peut même vous rendre des services dans la conduite personnelle de votre existence.

On le sait maintenant scientifiquement : sottise et canaillerie sont les deux termes de la même équation, éminemment réversible.

L'intelligence, comme l'amour, ça ne s'obtient pas en le demandant ; c'est une grâce de l'Autre.

Il y a maintenant une conclusion. Car tout ce discours a sa conclusion : c'est qu'avec les moyens de communication modernes qui sont les nôtres, il n'y a plus aucune raison que ce qui est en avance continue, indéfiniment, d'attendre l'inertie du reste.

Et on appelle précisément «socialiste» un gouvernement — comme par exemple celui qui en ce moment honore la France — qui «socialise» le progrès. «Dès que possible».

Pierre BRANA *

Le contexte international dans lequel nous vivons est de plus en plus inquiétant.

Inquiétant par le maintien d'atteintes insoutenables à l'intégrité physique, pour délit d'opinion, dans de nombreux pays, même s'il faut saluer le retour à la démocratie ici ou là, notamment en Amérique latine, de l'Argentine au Brésil.

Inquiétant par le maintien de ces formes plus modernes, si l'on peut s'exprimer ainsi, mais tout aussi abominables, de la torture que constituent certains internements en hôpitaux psychiatriques ou l'atteinte aux capacités psychiques des individus.

Inquiétant enfin car nous voyons, depuis quelques années, un autre type d'atteinte aux Droits de l'Homme se développer, en Afrique, en Asie, avec le retour de pratiques moyenâgeuses que l'on pouvait espérer révolues, celles d'éxécutions publiques, d'amputations, de flagellations, officielles, légales, au grand jour, souvent au nom d'une soi-disant loi islamique.

Responsable du Parti Socialiste aux *Droits de l'Homme*, si je me félicite de l'avancée des Droits de l'Homme en France depuis 1981, avec l'abolition de la peine de mort, l'institution des peines de substitution, le développement

* Secrétaire National aux *Droits de l'Homme* du Parti Socialiste.

des Droits des travailleurs dans l'entreprise, une plus grande égalité des Femmes et des Hommes, si je me félicite donc de cette situation qui fait de la France, dans ce domaine, un des premiers pays du monde, je m'inquiéte de la dégradation des Droits de l'Homme dans le monde.

Tout est lié. Il ne peut y avoir d'îlot durable d'égalité, de liberté, dans un monde qui, chaque jour, brime davantage l'individu. De plus en plus, tout se joue — tout, même les Droits de l'Homme — à l'échelle mondiale.

C'est pourquoi il est bon que des Organisations multiples, indépendantes, agissent, informent, interviennent, se battent sur ce problème, car les Droits de l'Homme ce n'est pas un sujet aimable de discussions de salon, ce n'est pas un problème épisodique auquel on pense parfois, ce doit être l'épine plantée dans la conscience individuelle et collective, l'interrogation dramatique et incessante, le questionnement toujours présent.

En regardant le programme de votre Colloque, j'avoue avoir été particulièrement sensible au fait que les organisateurs aient retenu un sujet qui peut sembler marginal, à certains, mais qui me paraît extrêmement important et de plus en plus d'avenir : vers un Droit de l'Homme à l'environnement.

Si vous le voulez bien, je vais m'y arrêter un instant, car l'inquiétude pour la dégradation de l'environnement, ce n'est pas un luxe des pays riches. La protection de la nature, des sols, des forêts, de la terre arable, c'est vital pour le monde entier, c'est vital aussi pour le développement des pays du Tiers monde.

Et puis, il y a aussi les Droits de l'Homme à connaître et à être protégé des risques technologiques qui le menacent. Des catastrophes récentes nous interpellent à ce sujet. L'explosion de l'usine à gaz de Mexico, où on a relevé des centaines de morts et des milliers de blessés, sans compter les sans-abri. La tragédie de Bhopal, en Inde, où un nuage de gaz mortel s'est échappé d'une usine de fabrication de pesticides, tuant immédiatement plus de 1 000 personnes parmi les 200 000 qui ont été attteintes. Et on ne sait pas encore quelles vont être les conséquences sur la faune et sur la flore. •

Il faut donc songer aux problèmes que pose le développement de l'urbanisation à proximité d'une usine à risques, La construction d'immeubles d'habitation, dans un tel voisinage, ne peut qu'aggraver les conséquences d'un accident comme celui de Bhopal.

La situation actuelle n'est pas satisfaisante et il conviendrait de créer des servitudes d'utilité publique, avec indemnisation de la part de l'industriel concerné. Cette question touche à la fois à l'aménagement du territoire, à la protection de la propriété privée et à la sauvegarde de la sécurité publique.

Mais les sujets que vous allez aborder sont aussi tout autres. Ils sont variés, ils abordent les questions de notre temps avec une optique globale, mondiale.

Je regrette, pour ma part, que des engagements à des réunions prévues depuis longtemps m'empêchent d'y participer plus activement et je vous souhaite des travaux riches et fructueux.

CHAPITRE III

CONCEPTION DÉFENSIVE OU EXTENSIVE

DES DROITS DE L'HOMME

INTRODUCTION

Il est de tradition de parler de «défense» à propos des Droits de l'Homme. Or, qui dit «défense» dit «conservation»; qui dit «conservation» dit «conservatisme».

Quoi de plus étonnant puisqu'en 1789, lorsque l'on ne parlait pas de «défense» des Droits de l'Homme mais de «reconnaissance», c'était d'un projet politique dont il s'agissait. Le projet que la gauche de l'époque opposait à la droite de l'époque. Sa façon d'envisager la société pour l'avenir, face à celle des tenants de l'Ancien Régime.

Deux cents ans après, il en va de même à l'étape suivante. Puisqu'une première génération porteuse de la démocratie politique est née, il faut la défendre, certes. Mais être dans l'esprit de 89, c'est aussi vouloir la reconnaissance de nouveaux Droits, aller de l'avant. Bref, reprendre leur méthodologie géniale et intuitive : définir le projet de société à venir en termes de Droits, dans une Déclaration nouvelle, complémentaire de la première.

Comme les penseurs du socialisme ont parfaitement démontré que l'argent vide de toute substance (à la limite) les Droits classiques, libéraux, il faut non point condamner ceux-ci (marxisme-léninisme) mais réformer le statut de l'argent, limiter son pouvoir, faire passer les Droits de l'Homme avant les Droits de l'argent. Bref, ajouter la démocratie économique à la démocratie politique.

Ce n'est qu'ainsi, en passant d'une approche défensive à une approche progressiste, dynamique, des Droits de l'Homme, que l'on assurera l'avenir des Droits anciens. Finalement, mutatis mutandis, la ligne de partage des eaux, politiquement, entre homme de gauche et homme de droite en 1789 se retrouve deux siècles plus tard. Nonobstant le clivage encore incertain qui s'opérera, dans les décennies à venir, sur les questions scientifiques et dont les écologistes, depuis 15 ans, sont l'illustration presque parfaite.

Alberto QUINTANILLA *

Jusqu'au XXème siècle, les Indiens de la cuvette amazonienne ont été, en fin de compte, tolérés et laissés à l'écart de la «civilisation», contrairement aux Indiens des cordillères et des hauts plateaux qui vivaient, depuis longtemps, dans une dimension historique dans la mesure où, bien avant la conquête, s'étaient développées des structures sociales et étatiques très centralisées et contraignantes avec, dans le cas par exemple des Incas, une volonté unificatrice marquée.

Au XXème siècle, la forêt, toujours aussi attirante, est devenue accessible —pour beaucoup de raisons que nous n'avons pas à développer ici— et l'intérêt envers les Indiens n'a fait que croître, ainsi que l'amour que beaucoup leur portent. C'est de cet amour pour les Indiens, amour très ambivalent, que je voudrais parler.

Les anthropologues, ethnologues et autres «ologues», sont certainement au premier rang des amoureux des Indiens, mais l'objet de cet amour est aussi sujet et objet d'études et, après l'étude, viennent la thèse, les livres, les passages à «Apostrophes»...bref, la promotion académique et sociale du chercheur, toutes choses qui concernent fort peu l'Indien... Mais il ne faut pas nier que ces travaux ont fait connaître les Indiens et déclenché, à l'étranger surtout, des mouvements d'opinion contre certains massacres d'Indiens.

* Artiste-peintre péruvien.

Les sectes aussi aiment les Indiens et elles sont très actives : témoins de Jéhovah, adventistes du 7ème jour ...etc. ainsi que des mouvements para-charitables comme les «volontaires pour la Paix», dont les buts ne semblent pas très clairs.

Quant aux touristes, on peut en distinguer trois espèces :
— les touristes riches qui achètent sans discernement tout ce que produisent les Indiens, mais à un prix si bas que l'on assiste à la fois à une dégradation de l'artisanat et à l'apparition d'une classe de boutiquiers intermédiaires. Ceux-ci poussent les Indiens à fabriquer toujours plus d'objets et, en fin de compte, les exploitent purement et simplement ;
— les touristes sauvages, style hippy, qui viennent souvent pour goûter aux drogués de la forêt (cocaïne, champignons, hallucinogènes et boissons variées) en vivant aux crochets des Indiens : «Ils sont chouettes, les Indiens !». A l'hospitalité sans arrière-pensée des uns répond l'attendrissement suspect —et quelque peu parasite— des autres. Ce sont des touristes qui viennent chercher, sur le dos des Indiens, la solution à leurs problèmes névrotiques. Ce tourisme est complètement négatif ;
— la masse des touristes, de classe moyenne, qui font souvent le voyage de leur vie. Parmi eux se trouvent beaucoup de gens animés de bonnes intentions, mais leur passage est beaucoup trop bref.

Une autre catégorie d'amoureux d'Indiens est celle des aventuriers, contrebandiers, traficants de drogue ... qui trouvent des guides, porteurs, domestiques, quasiment gratuitement.

Mais tout le monde n'aime pas les Indiens, les petits paysans, par exemple, à qui l'on vend les terres des Indiens, se retrouveront pourtant dans la même misère des bidonvilles quand, criblés de dettes, ils perdront souvent tout. De grandes compagnies constituent d'immenses domaines où le seul rôle offert aux Indiens est celui d'un sous-prolétariat agricole, la seule alternative étant le départ vers les villes de la forêt où ils vendront leur force de travail comme porteurs ou balayeurs.

Paule DUFOUR *

Au cours de la première journée de ce colloque, un consensus général s'est dégagé sur la nécessité de ne pas opposer les Droits acquis, dans la Déclaration des Droits de l'Homme, aux nouvelles aspirations qui se sont fait jour et qui militent en faveur de l'adjonction de nouveaux Droits.

Philippe Seguin a rappelé, fort justement, qu'avant 1978, trois propositions de loi avaient été déposées en ce sens, qu'une synthèse avait même été réalisée entre les initiateurs, mais que la nouvelle Assemblée Nationale, issue des élections de 1978, n'y avait pas donné suite.

Je crois, pour ma part, que le moment est venu pour avancer dans cette voie; les hommes et les femmes, toutes tendances politiques confondues, qui se sentent concernés par ce problème, doivent unir leurs efforts pour y parvenir.

Puisse ce colloque être l'amorce d'un mouvement d'opinion qui sera assez vaste pour déboucher sur un résultat positif !

Les nouveaux Droits de l'Homme touchent différents domaines, dont plusieurs ont déjà été abordés et dont d'autres le seront dans les heures à venir.

Je me contenterai, pour ma part, d'en expliciter un seul qui me paraît essentiel et qui n'a pas été traité jusque-là. Il s'agit des Droits nouveaux des travailleurs.

* Présidente du Comptoir des Entrepreneurs.
Vice-Présidente de Droits Socialistes de l'Homme.

En France, tout citoyen jouit des libertés politiques mais, trop souvent encore, la démocratie s'arrête à la porte des entreprises. Pourtant, depuis des décennies, se trouve posé le problème de la participation des salariés à la vie de l'entreprise. Pour ce faire, des textes législatifs ont vu le jour, avec des fortunes diverses.

Le premier, et le plus important, a été celui de 1945 créant les Comités d'Entreprise. Dans l'esprit du législateur, ces comités devaient avoir un rôle consultatif important dans le domaine économique des sociétés. Or, il n'en fut rien et ces organismes furent trop souvent confinés dans une mission de gestionnaires des œuvres sociales.

A son retour au pouvoir, le Général de Gaulle, fidèle à son objectif d'associer le capital et le travail, fut à l'origine du texte de l'Ordonnance du 17 août 1967 sur l'intéressement du personnel aux fruits de l'entreprise. Cette expérience, qui n'eut que des effets limités, ne permit pas d'aboutir, en tout état de cause, à la finalité qui la sous-tendait : à savoir intéresser l'ensemble des agents à la marche de leur entreprise.

Le rapport Sudreau, quant à lui, qui avait suscité bien des espoirs lors de son élaboration en 1975, est mort-né en raison même des oppositions qu'il rencontra. Par la suite, une nouvelle expérience fut tentée à l'occasion de la loi du 24 octobre 1980, prévoyant la distribution d'actions gratuites dans les sociétés anonymes mais, là encore, on ne constata aucun changement significatif dans le comportement des salariés.

Et, pourtant, les esprits les plus éclairés se rendaient compte que l'entreprise française souffrait d'une carence grave, tenant à un management hérité des structures de la révolution industrielle du XIX ème siècle, fortement hiérarchisées, et d'un taylorisme effréné qui s'était développé par la suite.

Le patronat, dans sa grande majorité, était hostile à toute remise en cause —même légère— de son pouvoir et le divorce ne faisait que s'accentuer entre les Français et leurs entreprises.

Des sondages parus, en 1983, démontraient, chiffres à l'appui, qu'une grande majorité de personnes interrogées ne souhaitaient pas que leurs enfants travaillent dans des entreprises privées. Cette situation, très nuisible pour l'économie française, serait devenue catastrophique si elle avait dû se prolonger. Il était donc urgent de redresser la barre en créant un autre climat social dans l'entreprise et en mettant en place un autre type de management.

Une des réussites de l'action gouvernementale actuelle est, de mon point de vue, la mise en place des lois Auroux donnant à la fois plus de pouvoirs en matière économique aux instances représentatives, notamment aux Comités d'Entreprise, et surtout en instaurant les Conseils d'Ateliers ou de Bureaux. Certes, les réticences sont grandes, les mentalités seront longues à changer, mais le patronat ne peut, à mon avis, faire l'économie de cette mutation, car ceci correspond à une aspiration trop profonde du monde du travail pour qu'elle puisse être étouffée plus longtemps

Ces Droits nouveaux des travailleurs passent par l'information la plus large. Le personnel a, en effet, trop souvent l'impression que les décisions se prennent au plus haut niveau sans qu'il ait été avisé, préalablement, des différentes options qui se présentent et des motivations qui entraînent, de la part de la Direction, telle ou telle prise de position.

Pour pallier cet inconvénient, plusieurs mesures doivent être adoptées :

- 1) Information la plus complète possible au Comité d'Entreprise sur tous les sujets ayant trait, notamment, à la marche de l'entreprise avec, à l'appui, remise des documents lui permettant d'étudier les problèmes à traiter;

- 2) Compte-rendu des débats des conférences de Direction faits par les Chefs de Service à leurs cadres qui répercutent à leurs employés les orientations décidées;

- 3) Engagement personnel du Président dans cette information par l'envoi de messages personnalisés;

- 4) Consultation préalable du personnel avant toutes modifications de structures dans les services, afin de permettre à chacun de s'exprimer, de donner son avis, et d'éviter par là-même des conflits ou des traumatismes.

La mise en place de la loi Auroux sur les nouveaux Droits d'expression des travailleurs est un formidable levier dont les effets ne se font pas encore sentir de façon très tangible mais qui marquera, à l'évidence, une avancée très forte dans la voie de la démocratie dans l'entreprise. Cette loi a donné lieu à des débats très passionnés et à des prises de position très tranchées. J'ai personnellement assisté à des colloques où le patronat se déchaînait contre ce texte et y voyait une «soviétisation» de l'entreprise.

A l'occasion d'un forum sur ce thème auquel participaient, en tant qu'orateurs, Yvon Chotard et André Bergeron, tous deux se déclaraient hostiles à cette loi pour des motifs diamétralement opposés. Le premier soutenait que les cadres seraient dépossédés de leur pouvoir au profit des syndicats, le second affirmait, péremptoirement, que ce texte allait permettre au patronat de détruire le pouvoir syndical.

J'avais, à l'époque, forte de mon expérience, essayé de démontrer à l'un et à l'autre qu'ils faisaient de mauvaises analyses.

Cette loi du 4 août 1982 me paraît devoir être un bon instrument pour permettre, ainsi que l'affirmait le Ministre Pierre Bérégovoy «à chaque salarié, à chaque travailleur, d'être un acteur à part entière dans son entreprise et, ainsi, le rendre capable de faire face aux mutations et aux défis de notre temps, au lieu de les subir».

Etant moi-même dirigeant d'une société de 2 400 salariés, j'ai tenu à appliquer cette loi, dès sa promulgation, et ai donc proposé aux organisations syndicales de l'établissement un texte qui fut signé unanimement.

Aussitôt, 118 Conseils d'Unité se sont mis en place, ont fonctionné avec une fréquence trimestrielle et un taux de participation de 75 % de l'effectif. Ayant personnellement mandaté mon chargé de mission pour les affaires sociales de suivre ce problème, je suis particulièrement frappée par la pertinence des questions posées, de la modération des termes employés, du fort degré de maturité des participants et je suis fermement persuadée que, si les chefs d'entreprise jouent loyalement le jeu, sans arrière-pensée de récupération, cette loi du 13 novembre 1982 pourra être le départ d'une transformation radicale dans l'entreprise et permettra une amélioration très sensible des rapports sociaux et une responsabilisation des salariés qui se sentiront concernés par les résultats de l'entreprise.

Enfin, et ce sera mon dernier point, il ne peut y avoir de nouveaux Droits pour les travailleurs sans un grand effort de formation professionnelle.

Les entreprises françaises sont, actuellement, en pleine mutation, notamment par le développement de plus en plus accru des nouvelles techniques informatiques et bureautiques, et la reconversion des agents est une des tâches prioritaires des dirigeants.

La formation professionnelle est un atout majeur pour redynamiser les agents et leur permettre d'évoluer, de façon harmonieuse, dans un milieu sans cesse changeant. Si cet effort n'est pas fait, le risque est alors grand de voir les salariés, dépassés par les techniques, se décourager et se trouver étrangers et exclus de leur milieu de travail.

Voici, schématiquement tracées, quelques pistes qui doivent aider à l'épanouissement de l'Homme qui vit de nombreuses heures sur son lieu de travail.

Tout ceci n'est pas de l'utopie, c'est une expérience que je vis actuellement, avec passion, et il est très réconfortant d'assister à l'épanouissement d'êtres qui peuvent s'extérioriser et trouver des chemins de liberté là où, trop souvent, ils ne rencontraient que contraintes et, parfois, humiliations.

Louis PETTITI *

Si donc l'exposé s'intitule : «*Défense et conquête des Droits de l'Homme*, il faut tout de suite donner la réponse : «il n'y a pas de défense des Droits de l'Homme sans conquête progressive et constante» et l'histoire a montré que, chaque fois que l'on s'était contenté d'un acquis en espérant que ce qui avait été obtenu serait consolidé, il y a eu régression. Il faut se souvenir de la bataille de l'Abbé Grégoire contre l'esclavage qui a été, malheureusement, après un premier succès, mise à néant pendant plusieurs dizaines d'années.

C'est dire que toute l'évolution du système international des Droits de l'Homme tend à une conquête incessante. A la fois pour renforcer les Droits acquis, pour leur donner un nouveau contenu, pour permettre de mobiliser davantage des organisations à vocation humanitaire et pour mieux conscientiser l'opinion individuelle sans laquelle l'action des Etats serait tout à fait illusoire.

Nous avons déjà, hier, évoqué ce problème des nouveaux Droits; lorsqu'on utilise le langage des juristes pour le système international des nouveaux Droits de l'Homme, on parle tout de suite des Droits de l'Homme de la troisième génération —non pas pour les opposer aux Droits de l'Homme de la première et de la deuxième, la première qui était la

*Avocat. Ancien Bâtonnier. Juge à la Cour Européenne des Droits de l'Homme. Président du Mouvement International des Juristes Catholiques.

reconnaissance des libertés, deuxième génération qui était celle de la reconnaissance du droit à l'égalité; en matière du Droit du travail, Madame Dufour vous en a donné une bonne illustration —troisième génération, davantage catalo-guée comme Droits nouveaux, collectifs et de solidarité.

Il est vrai que ,sur le plan historique, du passage des Pactes des Nations Unies aux Conventions spécialisées, il y a eu, chronologiquement, cette transition. C'est-à-dire qu'on a d'abord affirmé, par les Pactes civils sociaux et poli-tiques, tous les Droits à l'individualisation et à la liberté puis, avec les Pactes économiques, le Droit à obtenir un minimum de garanties sociales dans la société économique et, enfin, la naissance de ces nouveaux droits. On en a parlé rapidement, hier, on peut y revenir plus en détail ce matin. Parmi ces nouveaux Droits, bien entendu, le Droit essen-tiel, c'est le Droit au développement —qui s'accompagne d'un Droit du développement —le Droit à l'environnement, le Droit à la paix, le Droit à communiquer, le Droit de propriété sur le patrimoine commun de l'humanité. Le tout étant, évidemment, recouvert par la notion du Droit au développement, qui est relativement récente puisqu'elle n'a été lancée, sur le plan doctrinal, qu'en 1972, par le Président Keba M'Baye — qui était, à l'époque, Président de la Cour Suprême du Sénégal et qui est maintenant juge à la Cour internationale de LA HAYE — reprise, seulement en 1977, par la troisième session de la Commission des Droits de l'Homme des Nations Unies, mais inscrite, désormais, dans les textes internationaux, notamment aux programmes UNESCO et CNUCED.

Bien entendu, pour prévoir cette évolution, il faut si-tuer le contenu des Droits de l'Homme dans leurs sphères respectives. Sinon, on risque, à tout moment, d'interfé-rer et de créer des malentendus. Les trois sphères qui sont décrites pour les Droits de l'Homme sont évidemment :

— Celle des violations massives telle que la guerre peut les provoquer : les génocides, les exterminations. Cela est donc davantage du domaine des Etats, de la guerre et de la paix —il est certain qu'on ne combat un génocide que par une guerre, contre l'Etat qui en est l'auteur;

— La deuxième est celle des violations massives et systématiques des Droits de l'Homme dans chacun des Etats démocratiques, semi-démocratiques ou non démocratiques. C'est l'ensemble des Etats membres des Nations Unies qui ont accepté environ soixante-dix Conventions internationales, relatives aux Droits de l'Homme, qui définissent à la fois des Droits généraux, fondamentaux, et des Droits spécialisés. Dans ce domaine-là, l'action internationale est possible, même si les sociétés en cause ne sont pas toutes des sociétés démocratiques correspondant aux critères habituellement retenus dans ce domaine. On compte qu'il y a, plus ou moins, trente-cinq, trente-huit sociétés démocratiques répondant réellement aux critères des libertés publiques sur les cent soixante Etats membres des Nations Unies. Les définitions peuvent varier ... En tout cas, tous ces Etats ont accepté un certain nombre de normes et ils doivent subir les systèmes de contrôle qui ont été mis en place, par les pactes des Nations Unies et Conventions régionales.

— Troisième domaine, troisième sphère, celle des violations au sein des sociétés démocratiques, libérales, mais acceptant les principes du contrôle international. Dans ce cadre-là, se sont mises en place toute une série de Conventions régionales qui sont dotées, pour certaines, de la supranationalité judiciaire, c'est-à-dire qui accorde à l'individu un Droit, une action, contre son propre Etat, s'il subit des violations de ses Droits par son propre Etat ou par l' Etat dans le territoire duquel il séjourne.

Il existe trois systèmes pour cette mise en œuvre. Les systèmes des Conventions bilatérales entre Etats, les systèmes conventionnels internationaux (Nations Unies, UNESCO, Bureau international du Travail) et le système régional qui est celui qui a marqué le plus de progrès, en Europe, par le Conseil de l'Europe, d'une part, et, dans une certaine mesure, en Amérique centrale et en Amérique latine par la Convention inter-américaine des Droits de l'Homme et par la mise en place d'une Cour inter-américaine des Droits de l'Homme. Le système le plus élaboré, parce qu'il est le plus ancien, c'est celui de la Convention Européenne des Droits de l'Homme. Vingt et un Etats membres ont accepté qu'une Commission, puis une Cour, puissent juger des violations commises par les Etats et spécialement sur leur territoire. Il suffit d'être, non pas un ressortissant de l'Etat, mais une personne qui séjourne sur ce territoire, pour avoir le Droit de mettre en cause l'autorité des pouvoirs publics. C'est ainsi qu'un Pakistanais, par exemple, ou un Zaïrois, peut invoquer la Convention européenne contre l'Etat du territoire où il séjourne, que ce soit la Grande-Bretagne, la France ou la République Fédérale d'Allemagne, ceci après épuisement des voies de recours internes.

A partir de ces structures, qui sont évidemment à la fois normatives, concrètes, il y a différentes gammes de Droits qui peuvent être protégés. Bien entendu, les Droits fondamentaux ayant trait à la vie ou à l'intégrité physique dominent tous les autres. L'effort d'un certain nombre d'organisations internationales est, précisément, de lutter, d'abord, pour éviter les famines et d'apporter prioritairement un secours économique, avant le secours social ou juridique. De ce point de vue-là, les actions importantes du Haut Commissariat des réfugiés en Afrique et en Asie, même s'il a été impuissant devant les phénomènes de sécheresse, ont contribué à des sauvetages de centaines de milliers d'individus en organisant les transferts et l'accueil des populations.

Il y a aussi —M. Aït Ahmed l'évoquait tout à l'heure— un Droit plus sophistiqué qui est celui des nations riches de l'Europe occidentale et de l'Amérique du Nord, dans lesquelles on essaie d'apporter des Droits de plus en plus spécifiques en ce qui concerne les individus —notamment en ce qui concerne la liberté d'expression, le Droit à l'information, le Droit à la communication. Ces conquêtes ne sont pas inutiles, mais elles ne se placent pas, si vous voulez, avec la même intensité et la même urgence, dans la hiérarchie humanitaire. Le principal nouveau Droit, si l'on veut utiliser cette formulation, c'est évidemment le Droit au Développement. Il est très frappant que, dans la vie internationale, on ait tardé aussi longtemps à vouloir identifier, rapprocher, le Droit au Développement et les Droits de l'Homme. Les résistances étaient dues aux pesanteurs sociales et religieuses, comme aux obstructions des gouvernements du Tiers monde à parti unique se dérobant aux mécanismes de contrôle. Les travaux des Nations Unies au CNUCED ont permis de mieux appréhender le type de programmes économiques à soutenir. Mais ceux-ci nécessitent de nouvelles infrastructures pour acheminer les aides, organiser les transports et les répartitions, susciter une rénovation des marchés intérieurs et des industries et agricultures locales.

L'ordre international ne concerne pas seulement les rapports entre Etats et citoyens, il concerne aussi les rapports et comportements des membres de la Communauté. De plus en plus, l'expérience montre que la majorité des abus, la majorité des violations, émanent souvent des conflits entre Communautés, entre groupes de pression économiques, et citoyens. Notamment en Europe de l'Ouest. Davantage de violations sont commises au sein des familles, des groupes, que du fait de l'Etat. Droit de solidarité, par conséquent, qui implique un engagement personnel et pas seulement étatique. Ces Droits de solidarité, maintenant, s'inscrivent dans des documents internationaux puisque la Charte africaine des Droits de l'Homme —qui n'a pas encore reçu beaucoup de ratifications mais dont on peut espérer qu'elle en recevra, chaque année, davantage— a été la première Charte internationale des Droits de l'Homme qui a inclu, expressément, les Droits de solidarité comme étant un des facteurs essentiels de la conquête des Droits et de leur maintenance. Ce même système va davantage prospérer grâce aux nouvelles rencontres internationales, grâce au développement des organismes internationaux. Il est quand même réconfortant de penser que, en moins de trente ans, on a pu obtenir, par la Cour européenne des Droits de l'Homme, d'une part, et demain, par la Cour Inter-américaine, l'acceptation d'un Droit individuel de recours possible. Cela aurait paru tout à fait inimaginable et utopique au siècle dernier. C'est dire qu'on a mis fin à deux principes qui étaient intangibles de la part des Etats : le principe de souveraineté et, d'autre part, le principe de non-ingérence d'un Etat dans les affaires d'un autre Etat. Tout ceci a été surmonté grâce aux Conventions internationales et ce ne sont pas seulement les Etats de tel ou tel groupe, de tel ou tel corps qui l'ont accepté, c'est l'ensemble des Etats membres des Nations Unies ou l'ensemble des Etats membres d'une organisation régionale. Il faut, d'ailleurs, considérer que les progrès les plus immédiats ne peuvent être accomplis qu'au sein de structures régionales continentales. Il serait vain d'espérer que l'on puisse, en même temps, transposer la mise en œuvre des Pactes des Nations Unies à l'échelon universel —tout au moins au point de vue des structures— tandis qu'à l'échelon régional, on peut aboutir à des résultats tout à fait tangibles et, ensuite, établir des passerelles entre ces différents systèmes. En profitant, d'ailleurs, de l'expérience acquise. L'échec du Pacte andin —dont on parlait tout à l'heure— tient au fait que les mécanismes n'avaient pas été mis en place en temps suffisant et, malheureusement, les Etats liés par le Pacte andin ont dû abandonner cette structuration d'une Convention régionale à la fois économique et sociale, portant aussi sur les Droits de l'Homme. Au contraire, les mécanismes qui ont été étudiés, spécialement en Europe — que ce soit dans le cadre de la Communauté européenne, Marché Commun, ou dans le cadre de la Convention européenne— ont pu, grâce à la mise en place d'organismes, grâce à l'expérience de fonctionnaires internationaux sur le terrain pendant vingt ans ou trente ans, accomplir des progrès considérables. La transposition de ces modèles très sophistiqués pourra, très simplement, être utilisée dans d'autres continents et renforcer en particulier, l'effort inter-gouvernemental africain et l'effort en Amérique latine. Et plus encore pour étoffer, pour soutenir, cette conquête des nouveaux Droits —notamment ceux qui peuvent directement et quasi immédiatement être appréhendés— ils peuvent faire l'objet, en Droit interne, en législation nationale, de progrès. Je pense au Droit à l'environnement qui, peu à peu, a pris sa place, maintenant, dans un certain nombre de Droits nationaux; ce Droit à l'environnement peut aussi parfaitement faire l'objet d'une protection internationale ou bilatérale, de même pour certains éléments du patrimoine commun de l'humanité (modules). D'autres Droits comme le Droit à la paix sont évidemment situés à plus longue échéance et restent encore utopiques.

Mais, dans la série des Droits de la troisième génération, il est certain que les Droits de synthèse entre l'économie et les Droits de l'Homme, entre la philosophie et la solidarité économique, peuvent trouver leur voie et leur place dans les dix années à venir, en tout cas. Ceci n'est possible qu'avec l'appui de l'opinion publique. Nous le constatons bien souvent, dans l'activité de nos organisations non gouvernementales pour la défense des Droits de l'Homme, s'il n'y a pas un fort soutien de l'opinion publique, l'action internationale est un échec presque constant. Ce n'est que la pression de l'opinion publique internationale, relayée par les media, qui peut, en quelque sorte, impressionner l'Etat passif ou l'Etat violateur. Au fond, l'universalité des Droits de l'Homme se manifeste, précisément, par l'action de l'opinion publique mondiale; la presse exerçant sa pression d'abord auprès de son propre Gouvernement, pour l'amener à modifier sa ligne de conduite et à inciter les Gouvernements du même groupe à agir sur les autres Etats qui ne veulent pas se plier à un tel système de contrôle. Si bien qu'on peut dire que la conquête des Droits de l'Homme de la troisième génération, du Droit au développement, n'est pas seulement l'œuvre des Etats; c'est, aussi, l'œuvre de chaque individu. A cette fin, des colloques comme celui-ci peuvent nous permettre de mieux préparer l'action des militants, au sein des organisations non Gouvernementales.

Cette interaction s'est souvent concrétisée. Les pionniers mouvements européens ont imposé les projets du Marché Commun et du Conseil de l'Europe. Ces institutions, en trente ans, ont mis au point des politiques économiques et agricoles communes, suscité des structures d'aides : Fonds monétaire, Fonds régional; implanté le système des ACP Lomé regroupant Etats de la CEE, africains, malgache et des Caraïbes, distribuant les financements répartis par les gouvernements, à partir de programmes de promotion sociale et économique. A la suite de ces implantations, des politiques plus hardies ont été possibles. En 1983, la CEE a contribué au sauvetage de centaines de milliers de réfugiés africains déplacés.

La CEE a passé des accords avec plus de cent Etats, avec des institutions telles que le GATT, la CNUCED, l'OIT, l'UNIDI.

Le Conseil de l'Europe et ses vingt-et-un Etats membres ont des liens avec la Finlande, la Yougoslavie, le Canada, les Etats-Unis et conçoivent des programmes : protection de la vie privée, contrôle des expériences génétiques, harmonisation des législations concernant les travailleurs migrants, les réfugiés, les handicapés...

Dans le même temps, les institutions européennes se sont dotées d'instruments juridictionnels : Cour de justice des Communautés pour les dix Etats, Commission et Cour européenne des Droits de l'Homme pour les vingt-et-un Etats (systèmes de garantie collective des Droits fondamentaux). Ces institutions coopèrent avec la Commission et la Cour inter-américaine des Droits de l'Homme. La Charte africaine, à son tour, va mettre en place une Commission d'enquête. Ces progrès sont lents mais constants. Le fait que les violations commises sont mieux connues dans le monde, contribue à renforcer les interventions internationales. Il s'opère un double mouvement : les Pactes et Conventions influencent les Etats et leurs juridictions internes et celles-ci, à leur tour, avec le poids de l'opinion publique, appellent à de nouvelles Conventions plus protectrices.

Universalité, indivisibilité des Droits de l'Homme, solidarité des Hommes et des Femmes de toutes origines et nations, sont devenues principes d'action et règles de vie pour les Hommes de bonne volonté.

Hocine AIT AHMED *

Je vous remercie de m'avoir donné l'occasion de m'exprimer : ma communication a pour titre : *Introduction à une éthique et une stratégie : l'intégralisme des Droits de L'Homme.* C'est un sujet trop ambitieux pour être traité sommairement.

Une immense distance sépare vos réflexions, en Occident, et nos préoccupations dans le Tiers monde. En écoutant les discours, tout au long de la journée d'hier, des représentants du gouvernement français et de l'opposition, je me suis surpris à dire quelle leçon de choses sur la démocratie ! car le principe fondamental de la démocratie est le dialogue, plus que le suffrage universel que la dictature peut récupérer, à loisir, sous ses formes plébiscitaires, pour des buts de légitimation; même s'agissant de choix réels et libres, les élections n'ont une signification démocratique que si elles sont préparées, précédées, accompagnées et suivies par un dialogue entre la majorité et la minorité qui forment l'unité nationale. En Occident, il existe un consensus général autour du principe démocratique, brillamment illustré par l'allocution du Professeur Duverger. C'est pourquoi vous envisagez la promotion de la troisième catégorie des D.H. : droit à un environnement sain, à l'air et à l'eau purs, non pollués; vous anticipez sur les risques de manipulation policière que comporte l'informatisation des fichiers, ainsi que sur les retombées de certaines conquêtes scientifiques

---

* Militant des Droits de l'Homme. Ex Co-responsable de la révolution algérienne.

et technologiques telles que le génie génétique. Dans les pays dits du Tiers monde dont, je tiens à le préciser, je ne suis pas le porte-parole, nous en sommes encore souvent à des questions de survie, de vie tout court, et non pas de qualité de la vie. Ce n'est pas que les problèmes de la qualité de la vie ont moins d'intensité chez nous, comme l'a peut-être sous-entendu le bâtonnier Pettiti; l'eau est une préoccupation de tous les jours non seulement pour une humanité qui en manque pour des raisons climatiques, mais aussi pour cause d'options économiques qui n'ont pas pris en compte le bien-être des populations. Mao Tsé-Toung n'a-t-il pas dit, dans une de ses observations non dogmatiques (en substance) «l'eau, le fumier, sont plus utiles que la théorie marxiste?» Etait-ce à l'adresse des dirigeants, pour lesquels la devise est «Périsse le peuple pourvu que vivent les idées officielles»? Le Tiers monde, rongé par toutes sortes de guerres, aspire, d'abord et avant tout, à la paix civile. Le Droit à la paix est la condition sine qua non du respect et de la promotion des autres Droits de l'Homme; les peuples et les individus sont impuissants, puisqu'ils ne disposent d'aucun recours, d'ordre intérieur ou international, pour s'opposer à la guerre : ni accès au mécanisme de la décision gouvernementale, ni libertés de la presse et d'association pour faire contrepoids et défendre les sentiments véritables et les besoins des citoyens. Les phénomènes d'auto-destruction éclipsent le droit à l'auto-détermination. Nous retrouvons toujours le préalable de la démocratie pour éviter les aventures bellicistes — d'abord et ensuite — faire échec aux aventures économiques culturelles et politiques qui aboutissent à la destruction des richesses agricoles et du patrimoine civique. La démocratie, c'est le Droit à la paix, le Droit au développement, c'est le Droit des personnes et des peuples à l'auto-détermination interne et externe. Ce droit ne s'éteint pas avec la naissance de l'Etat; ce dernier en est l'expression ou n'est pas digne d'être un Etat au sens civilisé du terme.

C'est dire la difficulté de promouvoir le Droit de Sûreté par exemple, le Droit à la justice, à la participation aux affaires publiques, solennellement proclamés par la Déclaration Universelle des Droits de l'Homme, dans des régimes non démocratiques. Quant à contrôler les prérogatives et les

pratiques d'une police, c'est un sujet tabou, dans des systèmes politiques où celle-ci cesse d'être un service public pour
se servir du public à des fins «particulières» (Déclaration de
1789 dixit).

C'est dire que si, dans la conscience politique et l'imaginaire
de l'Occident, l'époque contemporaine se divise en Avant-
guerre — Avant le nazisme et le fascisme — et Après, les
sociétés du Tiers Monde n'ont pas connu de répit avec le
colonialisme, à peine une récréation aux moments de l'indépendance, car, sans tomber dans la caricature et sans aller
aux détails des typologies, elles ont assisté à la montée des
ersatz de fascisme. On réduit ces nations à Ein Führer,
Ein Volk, Ein Sprach. Une absolutisation qui réduit cette
trinité à un seul être, celui qui s'approprie en premier le
pouvoir, une seule langue à l'exclusion des autres, cela veut
dire son discours, et son «Ein Partei» qui lui permet de parler au nom du peuple, en vue de le mettre dans un tiroir ;
Propagande et Polices politiques s'efforcent d'éteindre
l'opinion et de soumettre les Hommes. La version méridio-
nale du despotisme est, peut-être, plus appropriée à l'hémis-
phère Sud. «Il Duce a sempré raggione», le chef d'Etat a
toujours raison. La raison d'Etat, limitée en Occident par un
niveau minimum d'institutions (liberté de la presse, séparation du pouvoir judiciaire et de l'exécutif), de traditions
politiques et de culture morale, n'admet pas de limites autres que la raison du chef d'Etat. Nous savons où peuvent
conduire les formes de déraison qui caractérisent les psycho-
pathes ; la folie meurtrière d'un président cambodgien, de
l'Empereur centrafricain et d'un général chilien ... L'ivresse
mégalomaniaque, le One-Man-Show system, la multiplication des régimes de dictatures, nous rappellent l'Ordre Nouveau, un ordre panétatique qui a tendance à se mondialiser
sous la pression des deux super-puissances. La Conférence
de Bandung, qui a marqué et activé le processus de décolonisation, n'a été qu'un jaillissement éphémère ; l'entrée des
nations prolétaires, les principes proclamés après la Déclaration de Bandung, l'éthique et la stratégie esquissées ou impli-ci-
tes pour un non-alignement des pays d'Asie, d'Afrique et
d'Amérique latine, en coopération avec l'Europe, furent une
lumineuse espérance fondée sur l'humanisme des DH en voie
d'universalisation. Aujourd'hui, oublié Bandung, oubliées les

valeurs de justice et de liberté investies dans le combat libérateur! Les dirigeants du Tiers monde se dispensent de célébrer cet énorme rendez-vous d'Avril 1955, un point de repère qu'ils s'efforcent de brouiller, pour que les Femmes et les Hommes dont ils ont la charge ne puissent mesurer la distance qui les sépare de leurs idéaux.

En dépit du grand cataclysme couvert par les vociférations de la Kultur et des «I combatti del destino», malgré les destructions colossales d'une guerre totale, il faut constater que les pays occidentaux s'en sont heureusement bien sortis. Vous avez pu reconstruire vos économies, ainsi que vos systèmes politiques. C'est la preuve que la sempiternelle excuse «la démocratie est un luxe que ne peuvent se payer les pays sous-développés» n'est fondée ni en théorie, ni par l'expérience. Les pays industrialisés peuvent se payer le luxe—et ils l'ont payé très cher et nous avec eux, de gré ou de force — de violentes ruptures dictatoriales, mais pas nos jeunes Etats écrasés par de lourds handicaps. Ils ont besoin de toutes les énergies nationales, de l'adhésion fervente et de la participation responsable de tous et de chacun. Nous ne devons pas perdre de vue que vos pays ont bénéficié de siècles de croissance économique et de stabilité politique et si vous avez pu, rapidement, reconstruire vos systèmes démocratiques, c'est aussi grâce à l'amplitude du champ intellectuel qui a préparé les conquêtes politiques successives. Rappelons que la Révolution de 1789 et la Déclaration des DH et du Citoyen sont la résultante de trois données principales :
a/ le développement d'une conception rationnelle et universelle de la politique, basée sur les progrès de la connaissance et la libre recherche. Locke et Hobbes avec les «conditions d'un gouvernement civil» et le «Leviathan», Montesquieu et Rousseau «l'Esprit des lois» (vous vous souvenez Me Buttin, lors de «mon» procès devant la Cour Révolutionnaire, en avril 1965, ayant évoqué le principe de la séparation des pouvoirs, j'avais fait un jeu de mots en disant : «vous allez découvrir les lois de l'esprit totalitaire), les oeuvres de Spinoza et de Pufendorf en faveur de la séparation de l'Eglise et de l'Etat ; en revanche, dans notre aire culturelle, on n'a pas fait d'effort dans le sens de l'autonomisation de la politique, en tant que discipline, par rapport à la pensée religieuse ;

b) le développement d'une morale politique en dehors
du champ religieux, «la connaissance résulte de l'expérience» soutenait Holbach, «le bonheur est la source de nos actions» disait Pope pour Wolf «la loi naturelle s'impose même si Dieu n'existait pas»; inutile de noter que, personnellement, je n'approuve ni ne désapprouve ces pensées. Ce
sont des illustrations témoignant d'un combat d'idées,
même si les avancées ultérieures feront justice de certaines
de ces idées. N'oublions pas Darwin, à ce propos, qui, il
faut le dire en passant, a suscité des réactions violentes de
la part des courants «Fundamentalist» en Amérique et
«intégristes», en Italie notamment, au 19 ème siècle :
«Dieu ne peut pas avoir fondé la création sur les lois de la
jungle». Dans cet essor intellectuel, la raison, d'une façon
générale, accentue son autonomisation par rapport aux
préjugés et aux dogmes de toute nature;
c) la montée d'une bourgeoisie libérale en France qui,
faute de traditions démocratiques existant dans les pays
à dominante protestante (Grande-Bretagne, Pays scandinaves), se fait porteuse de l'idéal démocratique et de la laïcité pour prendre le pouvoir à la noblesse et au clergé;
s'ensuit l'émergence du capitalisme sauvage, une approche
prométhéenne du monde, une civilisation matérielle, une
stratégie de domination de la nature et de la planète tout
entière : d'où les conquêtes coloniales dont nous fûmes
les victimes, la destruction des équilibres naturels, l'épuisement des ressources que certains orateurs ont déploré
à propos du Droit au développement et du Droit à un environnement sain. Je signale, également, que l'étouffement
des langues régionales doit être lié au capitalisme, soucieux
de s'aménager des marchés nationaux par le moyen de la
centralisation de l'Etat et par l'homogénéisation de la nation. Le développement de l'Etat communiste n'a pas fait
mieux, en dépit des coquetteries constitutionnelles et idéologiques, au secours de la fiction d'un Etat qui se veut le
contraire de l'empire russe des Tsars, un Etat multi-national
respectant le pluralisme linguistique donc culturel.

Malgré le colonialisme et les lourds héritages de nos
sociétés, la dictature n'est pas une fatalité. On ne peut,

certes, pas sous-estimer, à titre d'exemple, les effets desta-
bilisateurs du partage (au compas et au crayon, sur une
simple carte géographique déshumanisée) issu du Congrès
de Berlin. Il y a de cela un siècle, fin 1884-début 1885, les
puissances coloniales ont taillé dans la chaire ethno-cultu-
relle et se sont taillées des «territoires» arbitraires au détriment de la cohésion spatiale et culturelle d'une multitude
de sociétés. Aussi bien, le nouvel Etat ¡africain est, au départ, destabilisé, qui précède l'existence de la nation et va,
au surplus, tenter de construire la nation sur le modèle
jacobin uniformisateur et centralisateur à outrance. Au
lieu de prendre en compte les composantes ethno-culturelles
diverses, il ne se pose même pas le problème central de l'intégration nationale. Il le suppose résolu. Le Verbe va remplacer l'examen des réalités sociologiques, les mythes de
l'unité nationale couvrir les pires violences historiques.
Destabilisation, sous-développement et fuites en avant, dans
une spirale de despotisme; l'impasse du Tiers monde évoque
le mythe de Sisyphe, la quadrature du cercle. L'Afrique et
l'Asie n'ont pas tiré profit de la longue expérience de l'Amérique du Sud : «Voici plus d'un siècle et demi que chacun de
nos Etats met les militaires aux affaires civiles, afin de gagner du temps, que nos armées veulent mobiliser nos nations
en vue de brûler les étapes du développement. A quoi avons-
nous abouti ? à démobiliser les peuples, à aggraver les conditions de vie, à nous enferrer encore davantage dans la dépendance et le sous-développement. Jamais aucune dictature
n'a tenu ses promesses, les progrès réalisés, ici ou là, servant
à cacher des échecs plus graves et des régressions plus profondes». Ce message pourrait faire partie de ce dialogue de
civilisations dont on parle tant. Hélas ! l'ivresse du pouvoir
cloisonne les cœurs et les sens. Comment les chefs africains
et asiatiques entendaient-ils les avertissements quand l'exil
de l'écoute continue de sévir en Amérique «latine» même ?
Et les rencontres régionales et internationales, les résolutions et les stratégies onusiennes de développement, n'ont
guère fait passer la «Ruse de l'Histoire» d'un pays à un
autre, d'un continent à un autre. Sinon et à la lumière de
l'expérimentation historique, comment peut-on encore prétendre, aujourd'hui, qu'il y a de bonnes dictatures ? Il n'y a

pas une bonne et une mauvaise dictature, il y a des peuples soumis et des peuples qui résistent. La dictature ne fait que changer de manières et le dictateur devient méchant, quand les manières douces cessent de fonctionner. Force est donc de constater l'interversion des choses. Les pratiques du despotisme ont fait échec aux ruses de l'histoire et enrichi l'histoire de la ruse. Tous les gouvernements anti-démocratiques se proclament démocrates et n'hésitent pas à prendre des engagements constitutionnels et internationaux, pour respecter et promouvoir les D.H. Pinochet invente l'expression de démocratie totalitaire. Les potentats recourent au camouflage. L'hommage du vice à la vertu. IL Duce n'allait pas jusque-là. A chaque époque, sa comedia del arte, la sienne pouvait être créditée de franchise, que l'on confond avec le cynisme. Le bilan des D.H. se lit sur les enfants de Bangui, du Brésil, des Boat People et d'Ethiopie, fauchés par milliers par la famine et le bon vouloir des despotes de droite et de gauche. Chaque jour le Tiers monde nous ravitaille en atrocités, en visions de guerre, l'insoutenable routinisé devient presque banal et entretient, sans doute, l'illusion, en Occident, que le monde vit dans la paix et l'après-fascisme.

Les régimes démocratiques sont, aujourd'hui, une minorité, comme si l'histoire avait deux vitesses : l'une pour l'intrusion de la dictature, l'autre pour l'installation de la démocratie. Celle-ci requiert une longue patience, c'est un apprentissage de chaque instant. Quant à celle-là, la force brutale suffit, les mécanismes des putschs sont expéditifs: L'universalisation des D.H. se développe dans le sens de leur violation et non de leur promotion. La perte de l'auto-détermination interne par les peuples et les individus du Tiers monde est toujours en corrélation avec la perte de l'auto-détermination externe de la souveraineté extérieure. L'une suivant ou précédant l'autre ou bien les deux tutelles, indigène et étrangère, se co-ordonnant, se co-gérant. Issue de Yalta, la bi-polarisation verticale du monde tend à structurer les gouvernements autoritaires dans le sens d'un condominium russo-américain. Tout se passe comme si ces gouvernements servaient de relais à cet Ordre Nouveau, à deux pyramides; l'apocalypse et la guerre froide fonctionnant comme le Bogey, le croquemitaine; les deux combinats militaro-industriels suscitant ou encourageant les guerres périphériques indirectes, afin d'étendre leur système mondial de protectorat, sauf à se faire une guerre idéologique politique et économique directe par le moyen des transnationales.

Dès lors, les interrogations portant sur les crises et les impasses internationales, dans tous les domaines : échec des dialogues Nord-Sud, des trois décennies dites de développement et liées au désarmement, décrétées par l'ONU, échec du désarmement, des négociations commerciales et monétaires, trouvent leurs réponses dans l'instauration subtile mais résolue d'un ordre pan-étatique dominé par les deux hégémonies dans lequel le Peuple, les Femmes, les Hommes, c'est-à-dire le monde en tiers, n'a pas voie au chapitre. Le Nouvel Ordre Economique International ne pouvait qu'échouer. Son intitulé est significatif, comment est-ce que les dictatures politiques peuvent promouvoir la démocratisation des structures économiques et des institutions internationales ? C'est un contre-sens flagrant ! Ce n'est pas un hasard si elles sont privilégiées par le F.M.I., le P.N.U.D. et la Banque mondiale notamment. On ne peut promouvoir les D.H. économiques et sociaux, là ou les D.H. civils et politiques sont confisqués. En matière des D.H., les institutions de protection se trouvent bloquées par la solidarité pan-étatique qui tire avantage de la clause d'exception, dite de souveraineté, qui empêche l'immixtion dans les affaires intérieures. Boucher est maître chez soi, le grossiste seul retient le droit de regard. Ainsi, les USA et l'URSS opposent leur veto à l'ONU pour empêcher la condamnation des colonels salvadoriens et chiliens, devant la Commission des D.H. à Genève. Signataires de la Déclaration Universelle des D.H. et des deux pactes internationaux, plus d'une centaine d'Etats, membres de l'ONU, violent le droit de sûreté, musèlent la presse, suppriment les libertés d'association politique et syndicale, linguistique et culturelle, entravent la volonté des citoyens de choisir librement leurs représentants et ne leur laissent aucun moyen démocratique de critiquer ou de mettre fin à leur gestion. La propagande remplace les vertus éducatives du pluralisme des idées et des écrits. Esprit de domination ou tutelle paternaliste, on va jusqu'à choisir et limiter la lecture des sujets aux seuls classiques du dogme officiel. Il n'est pas exagéré, à propos des pays sous-développés, d'envisager le monde orwellien soumis au Big Brother, les conquêtes de l'informatique au service du contrôle policier et de la propagande. Tant de misère sociale et morale; on dirait que les pouvoirs préparent la voie aux seules alternatives fondamentalistes ou intégristes de droite et gauche.

Pour faire face à cette crise de civilisation, il faut repenser l'idéal des D.H. et engager un processus de colloques, de conférences plus fréquentes et plus universelles, afin de définir les grandes lignes d'une éthique susceptible de redonner, à cet humanisme en gestation, plus de crédibilité et d'impact mobilisateur. Puis-je suggérer qu'il convient en premier lieu d'opérer un travail de clarification idéologique et de démystification en matière des D.H. ? Quand je propose l'expression «intégralisme des D.H.», c'est d'abord en réaction aux idéologies qui tendent de parcelliser, catégoriser, hiérarchiser et opposer les D.H. les uns aux autres. Nous savons qu'à la zone d'influence U.S.A. correspond, du point de vue conceptuel et de propagande, la catégorie des D.H. couverts par le Pacte des droits civils et politiques. C'est le «monde libre» de la démocratie politique. Pour l'aire soviétique, les libertés formelles sont des notions bourgeoises; ce qui importe, c'est de promouvoir les D.H. du second pacte, les droits économiques et sociaux. Le résultat de ce fractionnement, au demeurant récusé par le texte de la Déclaration universelle vous apparaît évident, mesdames messieurs, les contre-performances s'exprimant dans les domaines mêmes des D.H. privilégiés par l'une ou l'autre des Super-puissances. Qu'on interroge les Chiliens et les Salvadoriens sur leur «droit au bonheur» et les travailleurs des pays de l'Est ou les victimes érythréennes de la famine, ravitaillées en blindés, sur leur niveau de vie !

L'intégralisme des D.H. postule l'intégrité de la dignité humaine, le respect de l'intégralité de ses dimensions multiples. Les D.H., sont inaliénables et imprescriptibles, sont indissociables, inséparables : le droit au pain, au logis, à la libre circulation, les libertés personnelles et publiques, le Droit d'élire et de se débarrasser démocratiquement d'un dirigeant, dont l'appropriation absolue de la puissance publique finit par destabiliser les facultés mentales. Quand nous parlons de la transcendance des D.H., nous voulons rappeler que la dignité de la personne humaine, dans ses multiples dimensions, a précédé la formulation de ces Droits : Manifestes, Déclarations, Pactes, n'ont pas été écrits sur des feuilles blanches. Ils sont arrachés par les luttes qui ont, pour origine, les instincts et les sentiments de justice, de liberté et d'égalité les plus profonds. C'est dire que les gouvernants ne peuvent prétendre les créer. Ils n'ont pas à les reconnaître. Ils doivent, et ils sont là pour cela, les protéger et les promouvoir, dans un régime de Droit. Les Hommes et les Femmes ont pour devoir de surveiller, avec vigilance, et de veiller à ce que leur dignité ne leur soit livrée, découpée en tranches; elle constitue un tout. Certes, il faut se battre pour le respect de l'intégrité physique et morale et bannir la torture, mais cela doit aller de pair avec tous les autres aspects, manifestes ou potentiels, de l'équilibre personnel, tel que le Droit d'apprendre et de sauvegarder sa langue maternelle. Du reste, l'histoire nous enseigne que les violations des diverses libertés sont, elles, solidaires et s'enchaînent les unes aux autres. Quand on instaure la censure ou quand on viole le droit de grève, l'engrenage de la répression n'est pas loin, la torture est au bout. C'est ce qui me fait dire qu'il n'y a pas de bonne dictature; toute dictature est destabilisation (coupure de la nation par rapport à l'Etat, corruption de l'Etat de droit et des fonctions de l'Etat) et la destabilisation pousse vers l'aventure. Il s'ensuit qu' au niveau national, l'intégralisme des D.H. est la reconstruction de l'idéal démocratique sur une conception ré-unifiée des D.H. Il faut rompre la rupture de caractère idéologique qui joue sur les frontières établies entre les deux catégories et donc rétablir la dialectique de soutien et de fécondation mutuels entre l'ensemble des D.H. Pluralisme politique, syndical, linguistique, associatif, en un mot démocratisation dans tous les domaines, avec le règne de la loi, d'une loi toujours ouverte sur la société et le progrès; combattre toutes les formes de monopoles incompatibles avec le socialisme, cercles vicieux qui font que l'argent va à l'argent, le

savoir au savoir et le pouvoir au pouvoir. Le Droit au développement, à cette condition, sera pris au sérieux et retrou-
vera ses vertus mobilisatrices : développer toute la personne,
toute personne et toutes les personnes, une éthique, un intégralisme des D.H. comme but et moyen, en même temps
un idéal pour un non-alignement, capable de promouvoir
la paix, la liberté et la solidarité dans le monde.

Voici quelques thèmes pouvant suggérer une stratégie :
1) Reposer le problème de l'intégration nationale sous le
signe de l'intégralisme des D.H., c'est-à-dire réconcilier
l'Etat et la nation, en redonnant à celle-ci les moyens de reconstruire et de sauvegarder son Droit à l'auto-détermination interne;

2) Réaliser l'intégration régionale qui élargit les possibilités
de développement dans tous les domaines;

3) Avec pour idéal l'intégralisme des D.H., donner au non-
alignement une ossature géo-économico-stratégique Europe-
Tiers monde; un camp et non un bloc susceptible de desser-
rer l'étreinte de la grande tenaille et d'engager le processus
de la véritable décolonisation, fondée sur la fin de l'équilibre de la terreur des néo-protectorats, sur la démocratisation des structures et des institutions internationales, sur
la restitution aux Peuples de leur Droit à l'auto-détermination externe, condition d'une véritable indépendance
nationale et d'une véritable coopération internationale;

4) Mobiliser en permanence l'opinion, multiplier les ini-
tiatives de tous genres, encourager la création d'organisations non gouvernementales, spécialement dans le Tiers
monde, à l'effet de défendre les D.H. et de promouvoir les
libertés. Les Femmes et la jeunesse doivent jouer un rôle
de premier plan dans la démocratisation des mentalités
et des mœurs;

5) Combat pour la démocratisation des institutions régionales et internationales, institution de mécanismes de recours individuels, d'une Cour internationale des D.H. à l'
O.N.U., abolir la clause de souveraineté exclusive des Etats
en matière des D.H.

Dans cette perspective, l'intégrisme religieux, en tant que
revitalisation des valeurs morales de solidarité, de tolérance
non dogmatique et non pas en tant qu'occupation théologique
du champ politique, peut contribuer au renforcement de
l'éthique des D.H.

Albert JACQUARD *

Ce qui est important, c'est de prendre conscience que, au cours de ces deux cents ans, le monde a changé et, plus encore, notre regard sur le monde a changé.

Le monde a changé, tout simplement d'abord, parce que, sur notre terre, il y avait moins d'un milliard d'Hommes, à l'époque; que nous sommes bientôt cinq; à la fin du siècle six; et, au milieu du prochain, onze. Un monde de onze milliards d'Hommes ne peut être organisé comme un monde d'un milliard d'Hommes. Et toutes les réflexions que l'on avait développées, à l'époque, par ce simple fait, deviennent caduques.

Deuxième changement, encore plus important, c'est que les Hommes ont créé un réseau d'interconnexions, d'interrelations, d'interdépendances qui, depuis quelques décennies —c'est très récent— aboutit à ce que notre planète est saturée par l'Homme. A partir de maintenant, il n'est plus possible qu'un Homme fasse un geste, quelque part sans que tous les Hommes, finalement, en subissent les conséquences. C'est un changement extrêmement important, que les physiciens connaissent bien, quand ils étudient des ensembles matériels qui, soudain, changent complètement de domaine, d'équilibre, car on a atteint les limites. La terre est un système matériel qui a, tout d'un coup, depuis peu de temps, atteint ces conditions limites.

---

* Généticien. Directeur de Recherches à l'Institut National des Etudes Démographiques. (I.N.E.D.).

Par conséquent, nous avons perdu un certain nombre de libertés de manœuvre. Les contraintes apparaissent. Cela, c'est le changement de la réalité, mais ce qui a changé encore plus, depuis deux cents ans, c'est le regard que nous portons sur cette réalité. Les physiciens le savent bien : ce que l'on imaginait être un ensemble qui s'expliquait en termes de rouage et d'horloger, au XVIIIè siècle, s'est expliqué en termes de thermo-dynamique et d'énergie, au XIXè siècle, et commence à s'expliquer en termes totalement différents, actuellement, en termes d'auto-organisation.

Et ce regard sur la réalité physique, matérielle, a des implications pour notre regard sur l'Homme. Ici, c'est le biologiste qui parle : «l'important, avant de parler des Droits de l'Homme, c'est de savoir de quoi nous parlons quand nous prononçons le mot Homme». Un Homme, qu'est-ce que c'est ? Un Homme, bien sûr, c'est un animal. Quand on le regarde au microscope, il est non différenciable des autres animaux, même dans ce que nous avons de plus noble, notre système nerveux central, notre cerveau. Si on regarde au microscope, on ne trouve rien qui soit spécifique à l'Homme. Les substances chimiques, les structures de cellule que l'on y rencontre, sont les mêmes que l'on rencontre chez d'autres mammifères. Alors, pourquoi est-ce-que cet animal particulier aurait des Droits ? En fait, il n'est qu'un animal parmi d'autres et doit être, comme tous les animaux, soumis à toutes les contraintes. Et, à ce moment-là, le concept de Droits de l'Homme n'a aucun support et ne peut être qu'un fantasme.

Bien sûr, l'Homme est un animal. Mais, il est un animal qui s'est manifesté par un pouvoir assez extraordinaire : le pouvoir de transformer le monde autour de lui, l'«Homo Faber». L'«Homo Faber», à aucun moment, ne subit les contraintes. En tout cas, il ne s'y soumet pas volontiers. Et, quand il est la proie d'une flèche qui lui vient de l'extérieur, il retourne la flèche. L'exemple le plus clair, c'est sans doute celui du feu. Dans la nature, les animaux ont peur du feu. Il est l'ennemi de tous ! Nous, les Hommes, eh bien ! nous avons su transformer le feu en un allié, même en un outil ! Autrement dit, la spécificité de l'Homme, parmi les animaux, c'est d'être efficace.

Mais, là encore, si on se borne à voir dans l'Homme un animal qui a cette spécificité d'être efficace, je ne vois pas comment on peut fonder des Droits de l'Homme. Car, l'efficacité, si c'est l'objectif final, ne nécessite aucunement des Droits de l'Homme, au contraire. On peut imaginer, assez volontiers, que la société la plus efficace, c'est la société où 1 ou 2 % de princes, aidés par 3 ou 4 % de flics, dominent 94 % d'esclaves. Et ça marche ! Ça marche pendant un temps, en tout cas, et c'est avec cela qu'on a construit des pyramides, par exemple. Si bien que, dans cet objectif là, si on veut être efficace, eh bien ! il faut, au fond, non seulement pas penser aux Droits de l'Homme, mais il faut les combattre ! Parce que, penser aux Droits de l'Homme, finalement, coûte dans l'efficacité.

Alors, heureusement, il y a un troisième regard sur l'Homme. Non seulement, il est un animal; non seulement, il est efficace, mais, il est beaucoup plus. Le regard que développent actuellement les biologistes sur l'Homme, c'est de s'apercevoir que l'Homme, est avant tout, le champion universel de la complexité. Avec nos millions de milliards de connexions nerveuses dans le cerveau, nous représentons un réseau de complexité telle qu'il l'emporte sur tout ce que nous connaissons ailleurs, dans l'univers. Or, disent les physiciens, disent les biologistes, la complexité des structures matérielles a un corrolaire : la capacité à l'auto-organisation, à l'auto-création. Et nous, les Hommes, parce que nous sommes les champions de la complexité, nous sommes aussi les champions de ce pouvoir extraordinaire de nous fabriquer nous-mêmes.

Finalement, la différence entre un animal et un Homme, c'est que l'animal est un acteur qui va jouer une pièce qui a été écrite par son patrimoine génétique, dans un milieu qui lui est imposé par le milieu, où il peut donner quelques variantes autour; mais, en gros, il joue la pièce qui a été préécrite pour lui; tandis qu'un Homme a le pouvoir de ne pas jouer la pièce écrite par son patrimoine génétique. Il a le pouvoir de ne pas supporter le milieu, le décor, qu'on lui a donnés. Car il est, en fait, un auteur qui a à composer lui-même sa pièce. Alors, à ce moment-là, tout est changé. Si vraiment nous voyons, en tout petit Homme —pas seulement en une certaine fraction des Hommes, en une petite élite mais en tout petit Homme— quelqu'un qui a le pouvoir qui lui est donné par la nature— c'est le don de la nature— le pouvoir de se faire des dons à lui-même, de devenir ce qu'il choisira d'être, alors, à ce moment-là, il est effectivement quelqu'un qui, si on est respectueux de sa spécificité, mérite qu'on parle de ses Droits.

Le Droit de tout Homme, c'est le Droit de dire «j'ai à me choisir moi-même». Et que doit apporter la Société ? Elle doit apporter les moyens et la liberté, à tout Homme, de se choisir lui-même et de se réaliser. Autrement dit, nous les Hommes, nous avons un jeu extraordinaire à jouer, un jeu que nous avons inventé nous -mêmes car, pour devenir un Homme, on a besoin des autres Hommes. Cela aussi, c'est une des particularités de l'Homme. Mes gènes me permettent d'être un Homme, mais mes gènes ne m'apprennent pas à devenir un Homme. Mes gènes me permettent de me tenir debout, mais les enfants sauvages marchent à quatre pattes. Il faut des Hommes pour apprendre à être debout. Mes gènes me permettent de parler, mais ils ne m'apprennent pas à parler. Il me faut des Hommes, autour de moi, pour parler, apprendre et participer à cela. Un Homme est fait par tous les Hommes.

Alors, peut-on dire quand est-ce que cela a commencé ? Eh bien ! en fait, cela n'a pas commencé ! C'est une longue création progressive de nous, les Hommes, qui avons, dans l'Univers, ajouté quelque chose. Ajouté quoi ? Là je vais un peu paraphraser notre Président, Léopold Sédar Senghor, lui, a parlé de la Négritude. La Négritude, c'est quoi ? C'est le cadeau que les cultures africaines ont apporté aux autres Hommes. J'ai envie de parler, moi, de l'Humanitude. L'humanitude, c'est le cadeau que les Hommes se font à eux-mêmes, qu'ils ont commencé à construire, depuis quelques dizaines ou centaines de milliers d'années, et que nous avons le pouvoir de continuer à fabriquer —et nous le savons bien —à fabriquer sans fin ... Cela n'aura jamais de terminaison, cette création progressive de l'Humanitude. Alors, vous voyez que, dans cet objectif, dans cette vision des Hommes, nous, nous disons que l'essentiel, justement, c'est d'avoir, d'accorder des Droits. Le Droit étant, pour tout petit Homme, quelle que soit la couleur de sa peau, la forme de son crâne ou même quelle que soit son explication du monde, le droit de participer à ce jeu magnifique et sans fin, la construction de l'Humanitude.

Guy GEORGES *

Dans l'ordonnancement du colloque consacré, par *Droits Socialistes de l'Homme*, à ce triptyque : «*Défense, adaptation et extension des Droits de l'Homme*», je suis chargé d'introduire la question : «Quel projet pour le bicentenaire de la première Déclaration des Droits de l'Homme ?»

Je me sens davantage conduit au «balisage» d'un projet qu'à son élaboration —hors de propos ici— et qui restera à faire. Donc, j'évacuerai toute question de méthode et je le fais délibérément.

Monsieur le Président, vous avez eu l'amabilité d'évoquer quelques titres, présents ou anciens, alors permettez-moi de dire que j'interviens à titre personnel, disons à titre de militant et de membre de Droits Socialistes de l'Homme, ce sera plus clair.

Je me pose, d'abord, une première question :

«Faut-il envisager un projet de Déclaration des Droits pour le bicentenaire ?».

Ma réponse est oui. Des interventions m'ont renforcé dans cette affirmation.

Il y a, bien sûr, l'opportunité du calendrier mais, au-delà du caractère symbolique que confère un tel anniversaire, le recul que permet aujourd'hui le survol de ces deux siècles nous conduit, à mon avis, à considérer cette Décla-

* Ancien secrétaire général du Syndicat National des Instituteurs et des Professeurs d'Enseignement Général de Collège : Commissaire à la Commission Nationale de l'Informatique et des Libertés.

ration à la fois comme le point d'appui de la forme républicaine d'organisation de la société, qui prendra corps en France, et comme la racine, la «source» (pour reprendre l'image du Professeur Duverger hier), des principes du socialisme qui allaient s'exprimer un siècle plus tard.

Mais l'opportunité du calendrier ne suffit pas par elle-même. Alors, me vient à l'esprit une deuxième question : «Y a-t-il nécessité de repenser la Déclaration des Droits de l'Homme, de la Femme et du Citoyen ? Tout n'a-t-il pas été dit en 1789 et, surtout, dans la Déclaration universelle d'octobre 1948 ?».

Je crois qu'il y a nécessité d'y revenir et d'aller plus loin.

Je fais mienne la conviction de Jean Elleinstein préconisant, hier, la mise en œuvre de ce qu'il a appelé la «deuxième génération des Droits» —je crois qu'il s'agit, moi aussi, d'une troisième, mais on ne va pas discuter là-dessus.

Je suis, comme lui, convaincu que, si les citoyens d'aujourd'hui ne sont pas capables de réaliser cette mise en œuvre, ils détruiront, en même temps, tout l'acquis des luttes passées.

C'est en cela que le triptyque, qui fixe le thème de ce colloque, trouve, à mes yeux, sa justification et devrait fournir l'ossature d'un projet de Déclaration pour le bicentenaire.

Défendre les Droits ? Est-il besoin de développer, après beaucoup d'intervenants ? Combien de Droits, inscrits dans les textes les mieux élaborés, n'ont point encore fait l'objet d'une amorce d'application : Droit à l'existence, Droit à la vie, Droit à l'éducation, Droit à l'égalité, Droit à la dignité ... «Droit à l'eau», comme le disait, tout à l'heure, Monsieur Aït Ahmed.

Il y a un océan, entre la situation de Droit et la situation de fait, qui ne parvient pas à se combler, semble-t-il, sans affrontements entre les Hommes, voire entre les Etats.

De surcroît, aucun Droit n'est définitivement acquis. Il est l'enjeu d'une lutte continuelle, celle de l'Homme contre les structures qui se créent ou qu'il crée et celle de l'Homme contre lui-même, je veux dire contre ses tentations égoïstes.

Défense des Droits, aussi, dans la mesure où l'actuelle crise de mutation —le changement dont parlait Monsieur

Jacquard, il y a quelques minutes— de nos sociétés humaines, parmi les plus développées, s'accompagne d'une crise de valeurs. C'est le repli sur soi, le scepticisme qui habite les jeunes; c'est le rejet de toute institution, en même temps que la recherche d'une identité de groupe, qui stratifie à l'excès la société et masque, voire détruit, la notion de citoyenneté.

Etendre les droits ?

Cette extension est liée directement aux conséquences des progrès scientifiques et technologiques, à la maîtrise des mécanismes économiques, à leur répercussion sur les rapports sociaux.

Toutes approches imprévisibles hier et dont on ne devine pas ce qu'elles induisent pour demain.

J'évoquerai deux exemples parmi les plus significatifs.

Le premier, qui a fait l'objet d'un récent colloque : *«génétique, procréation et droit»*. Les problèmes d'éthique soulevés par les progrès de la science en matière de procréation, les problèmes d'organisation de la société, de filiation, d'hérédité qui en découlent, ont tout lieu de donner le vertige aussi bien au législateur qu'au citoyen.

A juste titre, le Président de la République interrogeait, dans son message d'ouverture à ce colloque :

«Aujourd'hui, sur quels principes s'appuyer alors que les limites de la vie sont bouleversées et que se trouve posée la question des Droits de l'Homme à naître ?».

Autre exemple, celui de toutes les questions qui nous assaillent avec l'intrusion de l'informatique dans la vie quotidienne —et au-delà des commodités fort séduisantes que signalait Monsieur Bérégovoy hier— c'est-à-dire comment aborder la difficulté, de plus en plus grande, de répondre correctement à ces questions, malgré l'appui de la loi ?

J'ai été sensibilisé, c'est vrai, à cette approche par les travaux de la Commission Informatique et Libertés, dont je suis membre.

Si, comme le disait le Président de la République dans les mêmes circonstances : *«l'histoire des Droits de l'Homme, c'est l'histoire de la notion même de la personne humaine»*, n'ayons garde d'oublier que c'est aussi l'histoire des rapports économiques et sociaux entre les Hommes, à un moment donné. Permettez-moi d'y insister et de revenir, moi aussi, un peu sur l'histoire, notamment après avoir entendu les députés de l'opposition, hier.

Quelle a été l'inspiration de la Déclaration du 26 août 1789 ? J'aurais dit volontiers à Monsieur Seguin ma divergence avec son propos selon lequel la conception «libérale» des Droits de l'Homme qu'il défendait s'inspirait, avant tout, des Etats-Unis et de l'Angleterre. Certes, entre 1776 et 1789, Thomas Jefferson a fait plusieurs fois la traversée de l'océan. Mais cet aspect aurait-il suffi à soulever la vague de fond qui allait submerger l'Ancien régime ?

En y regardant de près —et c'est vrai que l'imagerie d'Epinal, sans irrévérence pour Monsieur Seguin, a idéalisé la nuit du 4 août —la Déclaration des Droits de 1789 trouve sa substance dans les cahiers de doléances du Tiers-Etat. Sa forme même se retrouve, presque mot pour mot, dans les cahiers de Paris; mais tous, partout, soulevaient les mêmes problèmes et proposaient les mêmes solutions.

Il s'agissait, avant toute chose, d'assurer l'égalité devant l'impôt et d'organiser la liberté (déjà) à conquérir. Parmi les premiers Droits revendiqués : la liberté individuelle, la liberté de la propriété, la liberté de pensée, la liberté du travail ... C'est certainement la liberté de propriété qui constituait un des actes les plus révolutionnaires et qui a fait l'objet des débats les plus passionnés entre le 4 et le 26 août et ... longtemps après. L'assise du mouvement de contestation, animé par la bourgeoisie, soutenu par les paysans, était aussi la situation sociale, ne n'oublions pas.

Un siècle plus tard —et c'est là que je situerais la deuxième génération des Droits— l'industrialisation de notre société entraînait d'autres mutations sociales tout aussi révolutionnaires et qui ne se sont pas imposées sans secousse. Tout un système nouveau de Droits et de garanties prenait corps, à partir d'une perception de la nouvelle nature des conflits sociaux : le Droit de se syndiquer, le Droit de se protéger, le Droit de se reposer, le Droit à la Santé. Ce n'est pas un hasard qu'en même temps, en 1881, étaient votées deux lois essentielles : l'une qui protégeait la liberté de la presse, l'autre qui garantissait, par l'enseignement laïque, le Droit à l'éducation.

Ce n'est pas un hasard si ces deux garanties ont été l'objet d'un violent affrontement, il y a cent ans, puis d'une remise en question, constante et systématique, de la part de la droite et, présentement, d'âpres polémiques.

Cette dimension sociale est une raison essentielle d'affirmer les valeurs socialistes des Droits de l'Homme. Je ne veux pas jouer les trouble-fête dans la recherche des conciliations exprimées ici, ni désarmer les espoirs exprimés par de fortes paroles entendues hier. Celles-ci n'effacent pas la réalité des faits quotidiens.

Il y a affrontement entre les conceptions conservatrices et les conceptions de gauche, en matière de liberté et de Droits de l'Homme.

Cet affrontement est quotidien sur des questions majeures et je crois que nous devons, dans notre entreprise —difficile, c'est vrai— nous devons pousser à la clarification; sinon, nous ne sortirons pas des belles formules.

Ce sont, bien sûr, les notions de liberté, de libéralisme, que je mets ici en question.

Et, aujourd'hui, ne sommes-nous pas devant la troisième génération des Droits ?

Pour m'en tenir au sujet que j'ai charge d'introduire, je voudrais cerner les rapports sociaux actuels, dans un pays évolué comme le nôtre, et le débat politique qui en découle, au travers des notions de Droits et de devoirs.

Le débat n'est pas nouveau, il est apparu en 1789 ... Mais l'état actuel de notre société, les secousses qui la traversent en cette fin de siècle, lui donnent —me semble-t-il— une dimension majeure : l'opposition entre Droits individuels et Droits collectifs, Devoirs et Droits.

L'aspect politique d'abord :

Deux citations nous éclairent suffisamment. L'une d'un intervenant au colloque *«Etre citoyen», organisé par le* médiateur Monsieur Fabre, en décembre *: «l'accent doit être mis sur les devoirs».*

L'autre, recueillie dans un hebdomadaire économique, vient du P.D.G. d'une grande entreprise : «il ne peut y avoir de Droits que s'il y a des Devoirs».

On retrouve là les bases du «libéralisme» où la liberté est l'apanage du puissant ou de l'idéologie dominante.

L'aspect sociologique ensuite :

Si l'on observe les comportements individuels, aujourd'
hui, il y a une relation entre Droits et Devoirs, une perception
qui pèse sur le fonctionnement de notre société, qui le
dérègle même, et qui ne recoupe pas forcément les clivages politiques par ailleurs.

C'est que la définition du Droit permet deux acceptions :

Le droit est, en effet, à la fois le pouvoir légal d'exiger
quelque chose −c'est l'aspect conquête− et le pouvoir légal d'en disposer, dès lors qu'on l'a conquis

Il est donc perçu à la fois comme un dû et comme une
possibilité. Il est perçu alternativement. Aujourd'hui,
c'est très net, la perception individualiste, égoïste, prime
dans toute relation :

− ·c'est moi qui ai le droit, c'est l'autre qui a le devoir;

− réussir, c'est avant tout éliminer l'autre, le dominer.

Cette attitude est d'autant plus grave qu'elle se traduit,
aussi, dans la perception collective des relations. Elle ouvre
toutes les voies à une déviation de la démocratie.

Observons comment est perçu, actuellement, le Droit
à la santé, le Droit au travail, le Droit à la sécurité. C'est
aussi bien la liberté de se «défoncer», celle de ne rien faire,
celle d'user d'une arme; et de se tourner, ensuite, vers la
collectivité pour lui demander de réparer les dégâts.

On conçoit aisément la fragilité d'une nation, si les règles qui régissent sa vie s'appuient sur ce qu'il faut bien appeler des déviations de comportement : la loi de la jungle.

Alors, que devons-nous apporter à un projet de Déclaration de Droits, aujourd'hui, à une sorte de code de
bonne conduite du citoyen ?

Mettre en harmonie ces trois strates qui constituent l'édi-
fication des Droits depuis deux siècles et qui s'enrichissent
par leurs ajouts :

−conquête des Droits individuels de 1789;

−conquête des Droits collectifs de la fin du XIXè siècle;

−conquête des Droits d'aujourd'hui, où l'on sent une
incertitude entre la part de l'individu et la part de la collectivité.

D'abord, affirmer, renforcer l'action constante, têtue,
pour la défense, pour la conquête des Droits existants,
pour imposer la réalité de ceux qui n'existent encore que
sur le papier de la Déclaration de 1948, qui sont loin
d'être appliqués dans trop de pays.

Il y a beaucoup à faire, beaucoup d'obstacles à vaincre sur la planète. Raison de plus pour rappeler, aux citoyens du monde et aux Etats, ce qu'est le Droit des Hommes, le devoir des Etats.

Bien sûr, définir les Droits nouveaux qu'imposent les évolutions scientifiques, technologiques, économiques et sociales. Je n'ai pas l'outrecuidance de vouloir être exhaustif.

J'insisterai sur quelques aspects qui me paraissent essentiels :

—oui ! comme en 1789 organiser la liberté, y compris dans les mécanismes économiques et financiers internationaux.

—organiser la liberté économique dans le respect des Hommes et des nations;

—préparer chaque citoyen à maîtriser ces mécanismes économiques et financiers et à exercer ses Droits de participation, de regard, sur tout ce qui le touche, y compris son travail;

—exercer la solidarité internationale concrète, qui ne soit pas l'assistance calculée des puissants, qui empêche la substitution d'une colonisation économique aux formes anciennes de la colonisation.

Ainsi doivent être perçus les Droits au développement, à la libre détermination des peuples, à la paix, le Droit à la libre circulation des êtres et des idées.

Rendre possible l'égalité des chances pour les nations, pour les individus :

—qui prolonge le Droit à l'Education;

—qui soit garantie par le Droit à la sécurité individuelle et sociale;

—qui s'exerce aussi par le Droit à un juste revenu de son travail;

—qui s'exerce encore par le Droit à la Culture, la liberté de création artistique...

Enfin, je crois qu'il est aujourd'hui nécessaire d'éclairer la notion de Droit, en rééquilibrant les relations entre Droits et devoirs, au travers de l'exercice de la responsabilité.

Quand un homme de pouvoir —ce P.D.G. que je citais tout à l'heure— détient et exerce un pouvoir, affirme qu'il ne peut y avoir de Droits que s'il y a devoirs, instinctiment, j'inverse la formule :

«Il ne peut y avoir de devoirs que s'il y a Droits».

On mesure le fossé conflictuel —et politique— que crée cette inversion.

J'en déduis :

1) que nous ne devons pas laisser d'autres s'emparer de cette réflexion nécessaire sur Droits et devoirs, sauf à subir cette accusation —contradictoire certes mais qui porte— selon laquelle le socialisme serait tour à tour et à la fois symbole de contrainte (le trop d'Etat) et de laxisme (insécurité, désordre ...);

2) que l'approche socialiste des Droits de l'Homme, aujourd'hui, doit privilégier l'idée de responsabilité, en analyser les conditions et en fixer les règles :

—responsabilité individuelle;

—responsabilité collective;

—harmonie des Droits et devoirs dans la responsabilité individuelle;

—harmonie des Droits et devoirs dans la responsabilité collective au sein de la Nation;

—harmonie des Droits et devoirs dans la responsabilité collective à l'échelle internationale.

Maurice BUTTIN *

Il m'a été demandé de vous traiter de la «*conception des Droits de l'Homme, à gauche et à droite, dans la France de 1985*».

Il est évident que le précédent orateur, M. Guy Georges, m'a devancé sur un certain nombre de points. Il est évident aussi que, dans les quelques minutes qui me sont imparties, il me sera difficile de traiter complètement cette question.

Deux remarques et un rappel historique important, avant d'en venir directement au sujet.

— Première remarque : d'un côté comme de l'autre, droite-gauche, lorsqu'on aborde ce problème, on a tendance à schématiser au maximum. En quelques minutes, je vais également devoir schématiser alors que, personnellement, j'ai mené toute ma vie un combat contre toute schématisation, qu'elle vienne de droite ou de gauche !

— Deuxième remarque : si, dans notre pays, la conception des Femmes et Hommes de gauche —intellectuels ou politiques— est différente— non pas fondamentalement mais sur bien des points— de la conception de celles et ceux de droite, cela ne veut pas dire pour autant que des démocrates de droite —ils existent, ils sont plus nombreux qu'on le croit —ne puissent être à nos côtés. Nous avons vu, hier, des députés de l'opposition qui ont accepté de participer à nos

* Avocat: Vice-Président de D roits Socialistes de l'Homme.

débats. Cela ne veut donc pas dire que certains hommes de droite ne combattent pour les Droits de l'Homme et ne puissent participer à notre volonté de voir proclamée une nouvelle Déclaration des Droits de l'Homme, étendue à la deuxième génération et à la troisième génération des Droits.

Cela ne veut pas dire non plus que tous les Hommes de gauche, que la gauche, en général, si elle pose bien les principes des Droits de l'Homme, les applique lorsqu'elle est au pouvoir, ou lorsqu'il s'agit de la vie effective de chacun d'entre nous !

J'ai cité, tout à l'heure, en présentant M. Aït Ahmed, le gouvernement Guy Mollet. Il est régulièrement évoqué lorsqu'on parle de «colonialisme»; du non-respect, par la France, des Droits de l'Homme à l'époque de la guerre d'Algérie, ou antérieurement, de celle du Viêt-Nam... Mais je peux faire état de bien d'autres exemples et dans tous les temps ! A l'heure actuelle encore, notre gouvernement —qui a fait beaucoup et qui fait beaucoup, partout, pour proclamer la nécessité du respect des Droits de l'Homme; qui, contrairement à ce que la droite prétend, a développé considérablement les libertés en France —laisse prévaloir, dans certains cas, la raison d'Etat sur les Droits de l'Homme !

Alors, manichéisme dans la présentation du sujet, mais possibilité, en fait, dans le concret, de voir des Hommes de droite respecter les Droits de l'Homme et des Hommes de gauche — hélas ! — ne pas les appliquer.

Le rappel historique m'apparaît très important pour nous situer sur ce débat gauche-droite.

Les uns et les autres, nous nous référons tous à la Déclaration du 26 août 1789, à son préambule et ses dix-sept articles. Mais il faut se souvenir qu'en même temps que cette Déclaration a été proclamée, était liée à celle-ci une Constitution: L'ensemble faisait un tout.

La Constitution, par son préambule, est très claire : c'est la fin de l'Ancien Régime ! A quatre reprises vous retrouvez l'expression : *«il n'y a plus»*. C'est un constat de décès de l'Ancien Régime. Et c'est bien ce que la droite de l'époque n'a pas accepté. Les mouvements réactionnaires, les «restaurateurs», remettront en question les nouveaux principes révolutionnaires pour tenter un retour à l'Ancien Régime.

Venons-en à la Déclaration des Droits de l'Homme et ses dix-sept articles. Chacun sait que cette Déclaration est essentiellement une proclamation de la «liberté», des libertés. Mais c'est, en fait, l'annonce d'un véritable projet politique. Celui-ci repose sur la «liberté», certes, mais aussi sur la «propriété».

Et tout le problème, depuis deux siècles, vient précisément de ce que les défenseurs d'une certaine liberté s'appesantissent sur la propriété, telle que conçue par les bourgeois libéraux de l'époque ! Ils ont dès lors un différend, non pas avec les hommes de gauche de l'époque, mais avec ceux d'aujourd'hui. La gauche de 1789 est désormais, en quelque sorte, passée à droite ! Je pense qu'il ne faut pas méconnaître cette problématique : tout le monde se réclame de la Révolution, mais certaines réalités ont changé. 1789, oui, c'est la «liberté», mais c'est aussi la «propriété», la sacro-sainte propriété privée !

Dès 1793, d'ailleurs, une autre Déclaration de l'Homme et une autre Constitution ont été élaborées, qui ne verront pas le jour ... Mais, dès l'époque —et c'est le grand moment de la Révolution— Robespierre proclame, précisément, que la nouvelle Déclaration doit déterminer le caractère légitime ou non de la propriété. Je vous rapellerai quelques passages de son discours, à la Convention. Ce qu'il expose, à l'époque, c'est pratiquement ce qui se pose, encore, de nos jours :

«Il ne fallait pas une Révolution, sans doute» dit-il *«pour apprendre à l'univers que l'extrême disproportion des fortunes est la source de bien des maux et de bien des crimes; mais nous n'en sommes pas moins convaincus que l'égalité des biens est une chimère ... Posons donc, de bonne foi, les principes du Droit de propriété ...*

En définissant la liberté, le premier des biens de l'Homme, le plus sacré des Droits qu'il tient de la nature, vous avez dit, avec raison, qu'elle avait pour bornes les Droits d'autrui : pourquoi n'avez-vous pas appliqué ce principe à la propriété, qui est une institution sociale ? Comme si les lois éternelles de la nature étaient moins inviolables que les Conventions des hommes. Vous avez multiplié les articles, pour assurer la plus grande liberté à l'e-

xercice de la propriété, et vous n'avez pas dit un seul mot pour en déterminer le caractère légitime; de manière que votre Déclaration paraît faite non pour les Hommes, mais pour les riches, pour les accapareurs, pour les agioteurs et pour les tyrans»..

Il faut se souvenir de ce discours de Robespierre. Les démocrates-libéraux vont, pendant tout le dix-neuvième siècle, s'arc-bouter sur ce qui leur paraît fondamental et ce que nous, socialistes, ne renions pas : la liberté; mais celle-ci ne sera pas conçue, par les uns et les autres, de la même façon. A ceux —les hommes de gauche— qui prôneront la «liberté» entraînant des Droits et des devoirs —comme on vient de vous l'expliquer— les autres —les hommes de droite— ajouteront, en quelque sorte, la «propriété», le deuxième pilier de la Déclaration de 1789. La propriété, c'est-à-dire la liberté de chacun, en fonction de ce qu'il a, de ce qu'il possède, de son «avoir» finalement, de faire ce qu'il veut, c'est-à-dire de faire n'importe quoi ! Dès l'époque, je le répète, Robespierre a bien posé le problème qui se pose toujours aujourd'hui.

Jusqu'à la guerre de 1914-1918, bien sûr, il y aura — ce qui vous a été relaté tout à l'heure— des réactions, heureusement, mais non sans drames. Il faut 1848, la Révolution, il faut la Commune, pour que, peu à peu, la législateur commence à reconnaître des Droits aux travaileurs.

Il me faut citer, aussi, les critiques de nombreux penseurs. Tous ceux qui, pendant tout ce dix-neuvième siècle et surtout aux moments les plus durs de la condition ouvrière, dans les années 1848, vont s'élever contre la «liberté» telle que vue par les libéraux.

Rappelons la déclaration de Karl Marx de 1847 :

«Messieurs, ne vous en laissez pas imposer par le mot abstrait de liberté. Liberté de qui ? Ce n'est pas la liberté d'un simple individu en présence d'un autre individu. C'est la liberté qu'a le capital d'écraser le travailleur».

Lénine, par la suite, dira :

«Dans une société fondée sur le pouvoir de l'argent, dans une société où les masses laborieuses végètent dans la misère, tandis que quelques poignées de riches ne savent

*être que parasites, il ne peut y avoir de «liberté» réelle
et vé.itable».*

Un dominicain, le Père Lacordaire, non loin d'ici, en chaire de Notre-Dame, s'écriera en 1848 :

*«Entre le fort et le faible, entre le riche et le pauvre,
entre le maître et le serviteur, c'est la liberté qui opprime, c'est la loi qui affranchit».*

Chacun se souvient aussi des attaques de Proudhon contre la propriété :

«La propriété, c'est le vol, cause d'injustices, d'inégalités, et» dit-il *«c'est, avant tout, le vol de la liberté».*

Voilà, je crois, très rapidement énoncé, ce qui a été le grand combat, pendant des dizaines d'années, entre les Hommes qui se proclamaient les fils spirituels, en quelque sorte, des libéraux de 1789 et ceux qui, peu à peu, se sont rendus compte combien le mot «liberté» était utilisé par certains, en fait, contre autrui.

C'est dans les pays de l'Est, par la première Constitution de l'URSS, en 1918, qu'apparut la première «Déclaration des Droits du Peuple travailleur et exploité». Mais vous savez que, finalement, si les Soviets ont développé au maximum les Droits sociaux et économiques, s'ils ont —d'un point de vue constitutionnel— maintenu les libertés formelles, celles-ci ont quasi disparu dans la réalité quotidienne.

C'est d'ailleurs, sur ce plan, la grande opposition entre le socialisme démocratique, que nous revendiquons, et le socialisme tel que le vivent les pays de l'Est.

Le manichéisme de droite —beaucoup plus fort que celui de gauche— est de laisser croire au peuple français, à l'heure actuelle, que le pouvoir de gauche veut établir ce socialisme collectiviste des démocraties populaires alors que, chacun le sait, la gauche socialiste, y compris d'ailleurs le parti communiste français, l'a toujours combattu —pour ce dernier au moins dans ses déclarations publiques— et, pour ce qui concerne le parti socialiste, dans tout son vécu.

Une deuxième génération des Droits sociaux et économiques a vu le jour, en France, sitôt après la dernière guerre. Il serait intéressant —je n'ai pas le temps, il faut que j'aille vite vite— de commenter ici le projet de «Déclaration des Droits de l'Homme» élaboré au printemps 1946, ainsi que la nouvelle Constitution. Les plus anciens d'entre vous s'en souviennent peut-être —il y a beaucoup de jeunes, nous sommes heureux qu'ils soient parmi nous, aujourd'hui; eux l'étudient en faculté— mais un certain nombre d'anciens ont certainement oublié cette volonté, après la guerre, de proclamer une nouvelle Déclaration des Droits de l'Homme. Celle-ci tentait d'élargir la démocratie politique en la prolongeant par une démocratie sociale. Il y avait une partie sur les Droits politiques, il y en avait une autre sur les Droits socio-économiques.

Je n'ai pas le temps, malheureusement, de vous lire, ici, le discours à l'Assemblée de M. Gilbert Zaksas, membre du parti communiste, rapporteur de la commission de la Constitution pour la dite Déclaration. Mais nous ne pourrons pas, demain, ensemble, travailler à une nouvelle Déclaration sans évoquer et reprendre les débats de l'Assemblée de 1946.

Il y eut véritablement, à l'époque, un effort collectif de tous, pour essayer de faire un grand pas en avant. Mais si, grosso modo, tout le monde fut d'accord sur la «liberté» et les libertés fondamentales à proclamer, le désaccord survint —sinon dans le texte puisque la Commission vota le texte— dans le pays essentiellement sur le problème de la «propriété»!

Le projet de Déclaration reprenait la restriction qu' avaient évoquée les constituants de 1789, à savoir que «nul ne saurait être privé de la propriété, si ce n'est pour cause d'utilité publique»— ces quelques mots qui avaient échappé à l'attention des libéraux, pratiquement, pendant tout le dix-neuvième siècle ... S'arc-boutant sur cette incidente, la gauche française de l'après-guerre préconisait donc le développement de nationalisations, ce d'autant que le pouvoir de l'époque en acceptait un certain nombre, ce que la droite d'aujourd'hui semble complètement oublier.

C'était un souffle nouveau que les hommes politiques, conscients de l'effort commun pendant la résistance, entre les uns et les autres, entre les différentes familles politiques, voulaient apporter non seulement au pays, mais par-delà, au monde entier: C'est ce que, nous-mêmes, nous envisageons tous pour 1989.

Malheureusement, lorsqu'il fallut passer au niveau du vote dans le pays, vous savez que, par le référendum du 19 avril 1946, le projet de Déclaration des Droits et la Constitution furent rejetés.

Ils ont été rejetés, notamment, parce qu'un certain nombre d'Hommes politiques qui avaient accepté le nouveau projet se sont retrouvés, dans leurs prises de position publiques, aux côtés des conservateurs de droite. Deux problèmes ont fait pierre d'achoppement : d'abord, les nouveaux textes concernant la «propriété» —toujours cette propriété, fondement sur lequel le débat continue depuis deux siècles. Ensuite, une question sur laquelle nos camarades de gauche auraient dû et devraient réfléchir : la non-mention, par la Constitution, de la liberté de l'enseignement ! On pensait sans doute que cela allait de soi, qu'il n'était pas nécessaire de le rappeler. Mais la droite devait utiliser tant la notion contestée de «propriété», que ce qu'elle vient de faire, à nouveau, la question de la «liberté de l'enseignement», pour obtenir du peuple français, comme je l'ai dit, le rejet du projet de Déclaration et de la nouvelle Constitution.

En 1985, il est toujours évident que les positions réciproques des Hommes de droite et de gauche sont différentes. Les Droits de l'Homme apparaissent comme étant du vocabulaire de la gauche, de toute le gauche, et non celui des autres qui, d'ailleurs, n'évoquent pas souvent cette notion. Mais attention, ils ont à nouveau repris, à leur profit, le mot «liberté».

De nouveau, en effet, la «liberté» est le grand slogan du jour de la droite. La gauche, pourtant, n'a jamais abandonné le combat pour les libertés. Libertés formelles, libertés réelles et exercice de ces libertés. Il n'empêche que nous assistons au déferlement d'un individualisme forcené et au refus, par nos compatriotes —à juste raison, d'ailleurs, Pierre Bérégovoy le montrait bien, hier— d'une étatisation de la société, étatisation qui était beaucoup plus réelle sous le septennat précédent qu'à l'heure actuelle, mais dont la gauche au pouvoir subit les méfaits. Nos concitoyens ne sont pas pour autant —pour eux c'est un tout autre problème— forcément , contre les nationalisations. Nationalisation, au demeurant, ne veut pas dire étatisation. Mais tous ces problèmes sont agités en même temps : la droite fait feu de tout bois pour nous ramener, en fait, au libéralisme et au capitalisme sauvages. Je suis schématique en affirmant cela, certes, et je l'ai dit tout à l'heure, mais allons plus avant.

Examinons le «*Projet socialiste pour les années 1980*» : je constate qu'il évoque, au premier chef, le maintien fondamental des Droits de l'héritage démocratique, c'est-à-dire ceux de la Déclaration de 1789. C'est important à rappeler et tout le monde doit le savoir : la gauche c'est, d'abord et avant tout, la défense des libertés. Toutefois, chacun le sait, l'un des moyens sur lesquels nous nous appuyons pour développer, dans notre pays, les libertés, c'est une certaine nationalisation des grands moyens de production. Il y a là, certes, une atteinte à la sacro-sainte propriété privée. il faut le reconnaître, mais pour des raisons impérieuses, bien précises, énoncées par le «Projet socialiste» :

«*Nous voulons libérer les travailleurs de l'exploitation qu'ils subissent; libérer les consommateurs des normes et des prix que la loi du profit impose; libérer la puissance publique du diktat du grand capital; libérer le marché du poids des entreprises monopolistiques ... etc... etc ... Les nationalisations ont pour objet de répondre à ces exigences*».

Voilà, examinées très rapidement, quelques-unes des données du «Projet Socialiste pour les années 1980». Mais je constate, à l'heure actuelle, que certains hommes de gauche semblent avoir peur — ou mauvaise conscience— d'utiliser le mot «socialisme» ! On en revient aux bonnes vieilles vertus des idéaux de la République : «Liberté - Egalité - Fraternité». Ainsi, dans le cadre d'un colloque organisé par l'ISER, la semaine dernière, aucun des orateurs —en ce qui concerne tout au moins les titres de leurs interventions— n'a avancé ce mot ! Cela me frappe. Allons-nous, maintenant, nous cacher et refuser d'employer ce vocable sous prétexte que, pour une partie de la société, par suite de la propagande effrénée d'une droite déchaînée qui cherche une revanche à tout prix, ce mot pourrait être dépassé ? Ce serait rien moins que stupide.

Examinons maintenant le programme de la droite. Prenons, par exemple, le programme du RPR, son «*Projet pour la France*», qui vient de sortir en librairie. Au niveau du langage, il y a récupération du mot «liberté», je l'ai déjà dit. Mais il y a, aussi, récupération de l'ensemble des «Droits économiques et sociaux» :

«... *Cette révolution à laquelle nous appelons les Français représente en vérité un défi, comparable à celui que nos compatriotes ont su relever, à deux reprises, au cours de leur longue histoire : A partir de 1789, quand ils ont inventé la liberté des Hommes et progressivement bâti, à travers d'immenses combats, la première démocratie politique européenne; à partir de 1945, ensuite, quand ils ont découvert la solidarité et donné, à notre pays, le bénéfice économique et humain d'une protection sociale de très haut niveau ... Après l'ère de la liberté ... après l'ère de la solidarité ... l'ère de la responsabilité doit consacrer l'avènement d'une démocratie nouvelle...*».

A suivre cette belle introduction, nous serions, a priori, d'accord. Mais lorsque nous allons plus avant dans la lecture de l'ouvrage, nous constatons que les moyens de mettre ce beau programme en application reposent, principalement, sur la propriété privée : «*libérer les entreprises ... rendre à la société les banques, l'industrie etc ...*». C'est-à-dire dénationaliser.

Au chapitre des «Droits des Peuples», que tout le monde évoque aujourd'hui, nous nous retrouvons, apparemment, dans le programme du RPR :

«*La politique française à l'égard du monde en développement doit continuer de s'appuyer sur les principes suivants : 1°) le Droit des Peuples à disposer d'eux-mêmes ...*».

Vous avez en tête, en parallèle, les récentes et fracassantes déclarations sur la Nouvelle-Calédonie ... sans commentaire. Voilà donc un programme qui, par certains côtés, récupère les idées et surtout le langage de la gauche, alors que, dans le même temps, une certaine gauche n'ose plus mettre en avant ses valeurs, les valeurs du «socialisme» pour lesquelles nous combattons.

D'autres documents sont à lire pour connaître nos adversaires; ainsi, tout homme politique, tout étudiant, tout

français, doit lire le récent ouvrage de Raymond Barre :
«Réflexions pour demain». Examinons comment les problèmes que nous évoquions sont analysés par l'ancien Premier
Ministre. Il est, en effet, un peu trop facile de le balayer
d'un trait de plume —là encore manichéisme : il y a lui, il
y a nous etc... Sur le retour au libéralisme, M. Barre a un
point de vue que, par certains côtés, beaucoup pourraient
partager. C'est le rejet du paléo-libéralisme. Il veut maintenir, d'abord, le «libéralisme politique», mais il précise aussi :

> *«Je ne pense pas que l'on puisse gérer une société moder-*
> *ne sans tenir compte des forces sociales qui s'y manifes-*
> *tent, ni de l'aspiration des Hommes à une plus grande jus-*
> *tice. Ma conviction profonde est qu'une société progressi-*
> *ve est une société d'émulation, une société qui repose sur*
> *la liberté donnée à chacun de saisir les chances qui lui*
> *sont données ... Une économie de marché assortie de mé-*
> *canismes de solidarité sociale, avec intervention nécessai-*
> *re de l'Etat, mais un Etat qui ne fait pas, un Etat qui*
> *fait faire».*

Bien sûr, M. Barre rejette un certain nombre de nationalisations, mais ses «réflexions» sont importantes car plus
équilibrées, souvent, qu'on ne le croie. Disons-le, il n'est pas
à travers ses discours —si un jour il revient au pouvoir, nous
verrons ce qu'il fera— il n'est pas d'un libéralisme à tout
crin, comme d'aucuns le laissent supposer. Alors, attention, encore une fois, pas de manichéisme trop facile à son
encontre.

En conclusion, je dirai que si les différences de pensée et
d'actions sont grandes, entre les uns et les autres, je n'en suis
pas moins persuadé qu'en ce qui concerne la rédaction d'une
nouvelle Déclaration des Droits de l'Homme, par la France,
pour le monde —avec la première génération, la deuxième
génération et la troisième génération des Droits— beaucoup
d'hommes de bonne volonté, de droite et de gauche, pourraient se retrouver. Le problème sera plus difficile à régler
pour passer à l'application de ces Droits, pour l'approche
des moyens d'application de ces Droits. C'est ce que soule-
vait hier notre ami Hocine Aït Ahmed. Il y a là, en effet,
un problème capital.

La gauche ne peut pas, dans ses programmes, proclamer
des Droits nouveaux, sans faire effort concrètement, au pouvoir, pour que chacun bénéficie de ces Droits. Sinon, elle

leurre le citoyen. C'est peut-être ce qui nous est reproché, aujourd'hui. Le problème, certes, est vaste ! Chacun le sait. Par exemple : l'un des Droits fondamentaux reconnus, c'est celui du droit au travail. Or, il y a 2,5 millions de chômeurs en France ! Ce n'est pas la faute de la gauche s'il y a échec, les causes en sont bien antérieures, mais ... Evitons donc de manier des mots sans aller plus avant, sans réfléchir plus avant. La proclamation de Droits —les meilleurs fussent-ils— à elle seule, n'a jamais résolu les questions de fond d'une société donnée.

Gageons qu'une nouvelle Déclaration des Droits de l'Homme, demain, reposera toujours sur les deux piliers évoqués au cours de ce bref exposé : la «liberté» et la «propriété». Mais celle-ci sera désacralisée. La propriété sociale, pour le bien commun de tous, devra être évoquée, en premier lieu.

Dans un Etat socialiste démocratique, les Droits de chacun seront protégés. C'est à ce prix le maintien que nous voulons de la «démocratie politique». Mais, en parallèle, devront être renforcées de nouvelles structures économiques et sociales permettant d'éliminer le scandale de la pauvreté, d'améliorer le sort des plus démunis, de distribuer d'une manière plus juste le bien-être à chacun, d'écarter le dramatique spectre du chômage etc ... etc ... Pour nous, en effet, pas de démocratie politique possible, réelle, dans un pays, sans «démocratie économique et sociale».

Mon exposé est terminé. Au problème de la «liberté», j'ai opposé celui de la «propriété», c'est-à-dire en bref de «l'avoir» de chacun. Il aurait fallu, en complément, traiter du problème du «savoir»; le temps m'a manqué. Mais chacun connaît le triptyque, cher à la droite, base fondamentale de tous ses programmes d'action «l'avoir- le savoir-le pouvoir», à son profit, bien sûr.

CHAPITRE IV

LES DROITS DE L'HOMME
DANS LES RAPPORTS INTERNATIONAUX

INTRODUCTION

Rapports Nord-Sud, rapports Est-Ouest, les Droits de l'Homme sont toujours circonscrits dans leur acception traditionnelle. Ainsi, dans les rapports Est-Ouest, ce serait principalement les pays de l'Est qui violeraient les Droits de l'Homme ; les pays occidentaux étant exempts de ce péché, sauf bavure dénoncée de l'intérieur même de leurs frontières.

Il est un fait incontestable que, si l'on veut faire valoir une conception plus large que la conception libérale, bourgeoise, des Droits de l'Homme, il est bon, pour être crédible, de commencer par respecter ceux-ci, à peine d'être suspect aux yeux de l'opinion. Mais qui pourrait sinon contester le langage qui consiste à dire que la liberté d'expression c'est bien, toutefois qu'avoir du travail pour vivre, c'est mieux ?

Voilà donc le langage de sourd qui se parle le plus couramment dans les conférences Est-Ouest, sur la coopération et la sécurité (à Helsinki, Belgrade ou Madrid ...). Deux hypocrisies s'affrontent au nom d'intérêts divergents et complémentaires, sans essayer de se rejoindre, alors qu'aucun des deux langages n'est incompatible avec l'autre. Loin de là. Bel exemple, une fois de plus, de conservatisme à balayer. Mais qui ne le sera que le jour où ceux qui, intellectuellement, font la synthèse des deux conceptions des Droits de l'Homme, feront une synthèse positive, active. Entendons, par là, des propositions de nature à faire avancer les antagonistes plutôt que de les condamner ensemble pour se cacher, ensuite, derrière le plus proche idéologiquement.

Même problématique dans les rapports Nord-Sud, où il ne doit plus être question d'aumône du Nord au Sud mais de rapports de justice. Le système d'exploitation capitaliste, injuste au niveau micro-économique lorsqu'il permet l'accaparement privé du profit, fruit d'un travail collectif, se révèle vulgairement immoral lorsqu'il aboutit à la misère de peuples entiers, voués au sous-développement et à la famine.

C'est donc à un «Tiers monde idéologique», à la définition de nouveaux principes — sans renier pour autant le principes libéraux — qu'il faut aboutir. Entre les blocs, il y a place pour un rassemblement très vaste, sur des bases constructives. Reste à savoir qui aura le courage d'en prendre l'initiative. On ne se bouscule pas aux portes de l'imagination et de l'originalité.

Gérard TESSIER *

La France de la première République avait supprimé les barrières et, à cette époque, des députés d'origine étrangère siégeaient à l'Assemblée nationale. Aux frontières, on avait planté des écriteaux portant l'inscription *«ici commence le pays de la liberté»*. La liberté est un Droit essentiel. Par définition, elle est la condition de l'homme qui n'est soumis à aucun maître ; philosophiquement, elle est la faculté de l'individu de se décider comme il lui convient. Dans la réalité le mot de liberté n'a pas, pour tous, la même définition.

Abraham Lincoln disait :

> «Pour certains, le mot liberté signifie la possibilité pour chacun de faire ce qu'il veut de lui-même et du produit de son travail ; pour d'autres, le même mot signifie la possibilité, pour certains, de faire ce qu'ils veulent des autres et du produit du travail d'autrui. Voilà deux choses non seulement différentes, mais incompatibles, exprimées par le même mot liberté».

La Déclaration des Droits de l'Homme de 1789 est le fruit de la pensée libérale ; elle traduit la véritable révolution intellectuelle qui annonce dans l'ordre économique les thèses libérales. Cette doctrine est dominée par l'esprit de profit, sans restrictions ni contraintes, en toute liberté. Elle revendique la liberté : liberté politique, d'expression, de produire

* Membre du Comité Directeur de *Droits Socialistes de l'Homme*.

d'acquérir et aussi liberté économique. Les termes utilisés pour caractériser les sociétés soulignent, avant tout, leur finalité. Le collectivisme s'organise pour assurer la survie de l'individu, le capitalisme pour produire plus de profit. Pour la gauche, la civilisation doit coordonner son pouvoir de production et son pouvoir de répartition. La finalité de la société est dans l'être humain. Ramuz écrivait *«la nature est à droite, l'Homme est à gauche»*. L'Homme ne doit pas se laisser dominer par les prétendues lois naturelles de l'économie de marché. L'économie doit permettre l'apparition d'un Homme nouveau. L'économie est un moyen, elle doit être humaine. A sa naissance glorieuse, le Droit de l'Homme s'occupait plus des murs et du bétail, du modèle de la chose que de l'Homme. Il a fallu longtemps pour qu'aux marges du grand Droit bourgeois l'on ose inscrire le petit Droit économique et social de l'Homme.

Pourtant, plusieurs raisons y concourent :

— La raison chrétienne ;
— la raison républicaine ;
— la raison socialiste.

Une seule pensée s'y oppose :

— c'est celle de la droite, c'est la pensée libérale.

Mai 1981 a été autant un acte culturel que politique. Mais le premier obstacle au changement est d'ordre culturel ; simplement parce que les français connaissent mal l'histoire de la gauche, ils ne la connaissent qu'à travers la droite.

Avant 1981, la droite au pouvoir remettait la Légion d'honneur au titre des Droits de l'Homme. Pourquoi la gauche, fidèle à sa tradition, ne créerait-elle pas un ordre spécifique aux Droits de l'Homme ?

Défendre les Droits de l'Homme, c'est en tout premier lieu refuser le racisme. Où est le refus de la droite ? Au contraire, elle tient un discours basé sur de vieilles théories racistes. Théories qui ne sont, en réalité, qu'une vaste escroquerie intellectuelle. Entendez-les ! Ils réclament le rétablissement de la peine de mort, refusent un référendum sur les libertés, s'agitent à l'idée que les Calédoniens pourraient avoir le droit de disposer d'eux-mêmes. Cette France-là est-elle une pensée ? Sûrement pas ! Elle n'est qu'un réflexe de rustres, un thème imbécile pour des braillards cyniques, partisans du pouvoir fort.

Le principe du capital est d'acheter les jours de travail qui lui profitent ; non ceux qui ne lui profitent pas. Il suffit qu'ils profitent plus ou moins pour que cela se traduise par du chômage partiel ou total. C'est alors, pour l'ouvrier, l'absence de travail non par dispense mais par carence. Et bientôt la vie aussi en carence, puisqu'il n'a plus d'argent pour vivre. Le chômage fut pendant longtemps, pour l'ouvrier, le malheur absolu, la misère et le mépris. La liberté d'entreprendre, au sens libéral, c'est placer le capital aux points les plus hauts du profit, le dégager des autres. Ainsi, la Sécurité Sociale, lorsqu'elle détourne le pouvoir d'achat des travailleurs, devient un obstacle au développement du capital. La droite parle alors de crise de l'État-providence, elle propose l'abolition de la Sécurité Sociale, son remplacement par un impôt négatif.

S'il perd pied outre le travail, la capacité de travail de l'individu n'est plus rien. Si le pain faute d'être gagné n'est pas donné, la force de travail est périssable ; elle est périssable aussi si faute d'être employée elle cesse d'être employable. Il y a un lien évident entre l'emploi et la pauvreté.

Au Moyen Age, le pauvre était considéré comme proche de Dieu. La mythologie libérale ne connaît que de mauvais pauvres. La droite se réfugie volontiers dans ces grandes idées généreuses qui dispensent d'agir. Dans une société riche, la Gauche pose en termes nouveaux la question de pauvreté.

Contre la pauvreté conçue comme étant une exclusion, elle conçoit une politique d'intégration.

Contre la pauvreté conçue comme étant un terme de dévalorisation, elle met en place des politiques de gestion appropriées, des programmes locaux d'action sociale.

En termes de dépendance et d'insécurité, elle impose la redéfinition des formes de solidarité.

Pour la société libérale, la pauvreté résulte du comportement individuel ; elle n'a donc aucune obligation envers les plus démunis. Une politique de répartition est, en conséquence, injustifiée, inefficace, intolérable. Mieux, une répartition des revenus ne peut favoriser ni la prospérité, ni le développement. Le transfert des riches aux pauvres n'améliore pas le niveau de satisfaction global. De là à affirmer que la répartition accroît les souffrances de l'humanité, il n'y a qu'un pas. C'est probablement pour cela que la droite préconise : que l'individu soit moins assisté, qu'il y ait moins d'État. Pour elle, la pauvreté est une notion idéologique. Lorsque l'individu accède au marché du travail, tout est joué. Il n'a que ce qu'il mérite.

En réalité, les pauvres ne sont pas les non-inscrits de l'histoire, ils ont un point commun avec les riches, ils partagent dans la travail, dans la vie, la même situation de dépendance et d'incertitude.

La lutte pour une société plus humaine n'implique pas plus l'abolition de la libre entreprise que l'abolition de l'État. Elle exige de nouvelles formes de solidarité.

La société actuelle, dans laquelle la vie est la fois biologiquement mieux assurée et socialement plus incertaine, peut se transformer en une société plus humaine. Les mécanismes de l'économie ne se retournent contre les Hommes que si d'autres Hommes le veulent !

Pour l'Homme, la construction d'une société plus juste, plus humaine, est une tâche difficile et sans modèle. C'est un monde nouveau à créer, celui du socialisme, de la responsabilité et de la liberté, celui qui traduira l'espérance de l'humanité par la reconnaissance de nouveaux droits : les *Droits Socialistes de l'Homme*.

Guy MALANDAIN *

J'interviendrai sur la différence de conception qu'il peut y avoir entre la gauche et la droite, sur la donnée fondamentale des Droits de l'Homme. J'ai porté beaucoup d'attention et d'intérêt à ce qu'a dit M. Buttin, dans son intervention, mais elle me pose quelques questions que je vais essayer d'exprimer publiquement ici.

Il semble que le fond de l'exposé ait été basé sur le fait que la différence fondamentale entre la gauche et la droite serait, par rapport à sa conception, liberté-droit de propriété. C'était un peu l'axe de l'intervention. Autrement dit, nous pourrions avoir un cheminement commun — assez long d'ailleurs — avec la droite, sur le thème des libertés, et ceci depuis la *Déclaration des Droits de l'Homme* de 1789, mais nous aurions une opposition fondamentale en ce qui concerne le Droit de propriété. Je crois que c'est vrai et, en tout cas, personnellement, je ne ferai aucune critique à cet élément. Mais, je me demande s'il n'est pas un peu réducteur, dans la différence, et autant la gauche a raison, lorsqu'elle présente sa volonté de verser, dans le domaine public, un certain nombre de biens — c'est tout le problème de la propriété, on a parlé de nationalisations — autant elle a raison aussi lorsqu'elle présente

* Député des Yvelines.

ses résultats économiques, dans une situation difficile, autant elle a tort de ne pas mettre en valeur ce qui me paraît être d'autres points fondamentaux de la différence entre la gauche et la droite, concernant les Droits de l'Homme. Je les cite simplement :

— de ne pas mettre en valeur son œuvre de justice. Entre justice et Droits de l'Homme, il y a un point commun, il y a des recouvrements évidents, et lorsqu'on regarde le travail qu'a fait la gauche depuis trois ans, son cheminement continuel — tant dans la pratique que dans la théorie — il y a, par rapport à la justice, par rapport aux Droits des personnes, à l'annulation des tribunaux d'exception, une différence de conception fondamentale dans les Droits de l'Homme ;

— deuxième point qui nous différencie et qu'il ne faudrait pas écarter : c'est la propagation, la partage du savoir. Je crois qu'il n'y a pas d'exercice véritable, d'exercice profond des Droits de l'Homme — quelles que soient les lois, quelles que soient les protections qu'on peut mettre en place — s'il n'y a pas partage du savoir, s'il n'y a pas connaissance. Lorsqu'on n'a pas la possession du savoir, lorsqu'on n'a pas la possession de la connaissance, on est en dépendance et puisqu'il a été fait référence à Robespierre, il a dit aussi que — je ne pourrai pas faire une citation mot pour mot, car je n'ai pas le texte là — «toute personne et toute société qui n'étaient pas maîtresses d'elles-mêmes étaient vouées à l'esclavage et méritaient cet esclavage»;

— la gauche se différencie aussi par le partage du savoir et je ne prendrai qu'un exemple — même si les exemples sont toujours anecdotiques et, dans un débat de cette importance, ont, eux aussi, une image réductrice — il a fallu attendre le pouvoir de la gauche pour que la donnée informatique pénètre au niveau de la culture et au niveau des écoles. Pourtant, l'informatique n'est pas née en 1981, que je sache ;

— Autre élément qui nous sépare aussi, en ce qui concerne les Droits de l'Homme — et par rapport à la droite — le partage du Pouvoir. C'est vrai que l'idéologie de droite — j'en suis convaincu — est une idéologie de confiscation du Pouvoir. Il suffit de se rappeler ou d'écouter la mise en cause permanente de la légitimité de la gauche par la droite pour savoir que c'est profondément ancré dans sa réflexion, dans son idéologie, dans ses habitudes. Elle est propriétaire du Pouvoir et n'entend pas le partager.

D'ailleurs, on pourrait continuer la réflexion — mais je vais m'arrêter là, car je ne peux pas prolonger trop longtemps cette intervention — sur le rapport qu'il y a, dans le cadre des Droits de l'Homme, mais aussi dans le cadre de quelque chose qui fait toujours bondir, quand on le prononce : *la lutte des classes*. Quel est le rapport entre lutte des classes du système économique d'exploitation et besoin de pouvoir et besoin d'expression ? Il y aurait là toute une idée à développer. Personnellement, je suis persuadé que la lutte des classes, qui est une expression véritable, que l'on ne peut nier — c'est une réalité des luttes des différentes couches sociales — n'est pas seulement une lutte de classes basée sur les problèmes économiques, sur les problèmes de possession, sur les problèmes de propriété, mais c'est aussi une lutte des classes qui est basée sur des volontés de conquête du savoir et des volontés de conquête du pouvoir.

Breyten BREYTENBACH *

Monsieur le Président, je dois m'inscrire, en quelque sorte en faux. Disons que je suis en porte-à-faux avec le sujet qu'on m'avait prié d'aborder et qui était *Les Nouveaux Droit de l'Homme, Tiers monde idéologique*. En réfléchissant au sujet, je me suis rendu compte que je risque de me trouver, en partie tout au moins, sur le terrain circonscrit par un thème précédant le mien, à savoir : *des rapports Nord-Sud dans la stratégie d'extension des Droits de l'Homme.*

Peu importe, me suis-je alors dit. N'ayant sûrement pas grand-chose d'original à contribuer en matière de réflexion aux deux sujets ci-nommés et n'étant pas habilité à faire le bilan des Droits nouveaux dans le Tiers monde, je me suis alors décidé d'essayer d'attirer votre attention sur un phénomène que je trouve autrement inquiétant.

Bien sûr, j'aurais, moi aussi, quelques pensées à verser au dossier de *l'extension des Droits de l'Homme.* Je crains de devoir, dans ce cas, brosser un tableau assez sombre. Il est important, certes, de souligner un progrès véritable là où il a eu lieu ; il est non moins important de pouvoir placer le développement des Droits de l'Homme, et par là les changements survenus et survenant dans les rapports

* Artiste-Peintre et Ecrivain.

Sud-Nord, dans une perspective de déploiement historique inéluctable (comme le Président Senghor l'a fait hier). Mais il va falloir souligner qu'il y a des endroits où ce processus historique est renversé.

Pour illustrer les Droits nouveaux dans le Tiers monde, on nous a parlé hier, à juste titre, de la formidable période de décolonisation, d'accès à l'indépendance, surtout pour les pays africains. Laissons de côté, pour l'instant, la dure réalité : que la véritable décolonisation n'a eu lieu que rarement, qu'on a tout juste changé les couleurs des pays sur les cartes politiques dans les livres d'école, que dans la plupart des territoires on a procédé au remplacement des gouvernants coloniaux par des élites autochtones soudoyées, qu'on a renforcé l'exploitation et la dépendance économiques. A quoi bon être indépendant si l'on n'a pas les moyens de son indépendance ? Comment voulez-vous qu'une autorité africaine, par exemple, puisse subvenir aux aspirations de base de son peuple – Droit à une vie décente, Droit à la dignité humaine, à l'instruction, à l'expression, à la création – si elle n'a été conçue et traitée que comme courroie de transmission pour des intérêts capitalistes ou colonialistes ? Comment alors ne pas être déjugé par son peuple ? Comment ne pas tomber dans la corruption ? Pire – on assiste, dans certaines zones de ce dit «Tiers monde», à une ré-implantation d'ordre colonialiste. Les signatures des accords de Nkomati et Lusaka de l'année dernière, entre l'Afrique du Sud et l'Angola et le Mozambique respectivement, vont mener, il me semble, assez rapidement à la re-colonisation du Mozambique et au moins d'une partie de l'Angola. Et les menées de plus en plus pressantes des grandes puissances ailleurs en Afrique, au Moyen-Orient, en Amérique centrale et latine – n'ont-elles pas aussi des apanages commerciaux et des visées économiques ?

Le gouvernement blanc sud-africain se vante d'avoir répondu par la «réponse totale» à l'«assaut total» – à savoir, d'après eux, la conspiration mondiale d'inspiration soviétique dirigée contre ce dernier bastion de la démocratie sur le continent noir (C'est ainsi qu'on justifie la terreur étatique et la militarisation du pays). Ils sont fiers d'avoir pu effectuer, depuis 1978, un *roll-back* du communisme, en destabilisant la région. Il y a, à coup sûr, de bonnes raisons de croire que ce «renversement du déterminisme historique» s'inscrit dans une stratégie plus grande et que l'exemple du succès sud-africain se verra appliqué ailleurs également.

Ce *«roll-back* de l'avancée totalitaire» correspond à la résurgence ou la ré-affirmation de la Vieille Droite sous des formes nouvelles, ici en France aussi — je dirais même, surtout ici en France : ce qui m'amène petit à petit vers le centrage de mes quelques réflexions. On en arrive à des aberrations, colportées par les nouveaux philosophes, telles que Raison = Révolution Française = Bain de Sang = *Goulag.* Donc Raison = *Goulag.*

Je constate, pour ne mentionner que quelques exemples d'ordre disparate :

— Qu'il y a désaffection, une déception vis-à-vis du Tiers monde, notamment l'Afrique et le Sud-est asiatique, qui s'expriment d'une façon générale par l'indifférence aux malheurs, à la famine, aux guerres et, chez les intellectuels, par un repli européen accompagné d'une réévaluation de tout engagement internationaliste.

«l'intellectuel ... concernant le Tiers monde ne s'accuse d'avoir péché ni par lâcheté, ni par aveuglement, ni par ignorance (et pourtant son ignorance était le plus souvent abyssale). Il ne trouve à se reprocher qu'une excessive générosité, due à l'«idéalisme» qui est, comme on sait, l'apanage de la jeunesse». (Antenne no 4, janvier 1985).

— Qu'il y a désavouement du tiers mondisme, une réaction contre.

— Qu'on est en train, par film et téléfilm et livre, de revaloriser le passé colonialiste, d'en faire une épopée romantique.

— Qu'un des résultats concrets de ce «nouveau réalisme» est la dislocation de l'isolement politique et, en partie, diplomatique de l'Afrique du Sud, de la réadmission de ce pays en Europe et en Afrique.

— Qu'il semblerait y avoir de plus en plus d'acceptation de l'équation Anti-totalitarisme = Démocratie et Démocratie = Anti-communisme.

— Que la très ancienne Droite s'avance rejuvenée, masquée de «libéralisme pragmatique», de «stratégies scientifiques», de «revalorisation de l'Europe» — en cherchant à se déculpabiliser et de «démythifier» l'histoire.

— Que «*les pays ex-coloniaux n'ont aucune dette, ni morale ni, surtout, matérielle, à l'égard de leurs ex-colonies*». (**Antenne** no 4, Janvier 1985).

Comment en est-on arrivé là ? (Car c'est cet aspect que j'aimerais souligner. La dépolitisation des anciens soixante-huitards peut s'expliquer historiquement et culturellement et en termes d'analyse de classe — encore qu'il ne s'agisse pas d'une dépolitisation mais d'un glissement vers la Droite, sans se l'avouer et en gardant les attitudes apparemment contestataires et iconoclastes d'alors. Au niveau du langage !) Comment se fait-il que, pour tant d'anciens militants tiers mondistes «*la question à l'ordre du jour est devenue le maintien de l'État Français dans le peloton de tête des États impérialistes*» ? (**Antenne**, janvier 1985). Et puisque nous avons le souci de mieux tracer les véritables lignes de démarcation entre la Gauche et la Droite et justement parce que nous sommes préoccupés et concernés par l'extension des Droits de l'Homme dans les rapports Nord-Sud, quels sont les moyens utilisés par la Droite — nouvelle, pragmatique, affranchie de dogmes, libérale — pour s'attaquer au tiers mondisme, ou plutôt pour préparer et justifier ce renversement du processus historique ?

En revenant un peu en arrière, on pourra indiquer quelques ébauches de réponses à ces questions. Sans tomber dans le piège qui consiste en *l'abandon des excès et le retour à la modération*, il est certain que nous n'avons pas assez rigoureusement analysé les motifs et les effets de l'aide au développement, pour ne prendre qu'une notion, ou le contenu politique et les raisons historiques du tiers mondisme. L'aide n'est jamais, n'a jamais été désintéressée. C'est une façon d'essayer de sauvegarder un certain passé, fait de privilèges et de pouvoir, et d'acheter un avenir, soit politique (même et surtout à travers la culture), soit économique. Le Tiers monde est par ailleurs un terrain de conflit Est-Ouest ; l'aide au développement est une arme et une manifestation de cette lutte d'influence. Il est vrai, malheureusement, que la politique étrangère actuelle n'a en rien modifié la conception — je pourrais dire l'entente profonde — des intérêts français dans le Tiers monde. En ce qui concerne l'Afrique australe, je pense que le gouvernement socialiste, que ce soit par inattention ou manque de volonté politique, a laissé passer l'occasion de définir une politique et un rôle résolument anti-impérialisme sud-africain, anti-raciste — une politique indépendante, juste et socialiste qui l'aurait dissociée des politiques des autres grandes puissances occidentales. Et en France-même, nous avons, par manque de conscience et de mobilisation, laissé depuis trop longtemps le terrain libre aux meneurs de la Nouvelle Droite.

Les media il est vrai, à quelques exceptions près, n'ont pas aidé notre cause. Au nom de la liberté de l'information on verse dans le sensationnalisme. Peut-on s'étonner que les thèses implicites et non-avouées de la Droite, de notre supériorité ethnique par exemple, fassent leur chemin, quand on ne voit que le côté misérable de l'Afrique ? Comment ne pas accepter que le Tiers monde ne soit qu'un gouffre avalant notre aide, que ces gens-là sont incapables et peu enclins à s'occuper d'eux-mêmes ? Comment alors ne pas admettre qu'il faut passer par la charité, par le tapage médiatique qui donne bonne conscience, par les formes de secours ponctuels, et qu'on ait raison d'utiliser notre aide pour renforcer nos intérêts ? Comment ne pas, en plus, considérer les gens du Tiers monde chez nous comme inférieurs, superflus ?

La communication n'est jamais neutre. Elle peut être inconsciente, mais elle véhicule toujours un message ou un contenu défini, il est vrai, en partie, par le moyen ou la forme de communication utilisés.

Mais voyons d'un peu plus près ce qu'on reproche aux tiers mondistes. Parce qu'en regardant de près nous verrons mieux la stratégie de la Droite. Et elle marche, croyez-moi ! Là encore, nous sommes en train, par notre absence, de laisser se créer un climat et un cadre qui seront fatalement défavorables à nos idées.

Il y a un procédé qui consiste à mettre dans la bouche de son adversaire certains arguments pour mieux pouvoir les démonter. Quels sont les reproches adressés aux tiers mondistes (imaginaires ou réels) par les «nouveaux réalistes» ? Ou plutôt, quelles sont, d'après ces «pragmatistes», les thèses, décrites comme simplistes d'ailleurs avancées par les tiers mondistes ? (A noter au passage que les «nouveaux réalistes» remettent en cause le concept qui envisage, disent-ils, le Tiers monde comme une masse homogène de nations liées par leurs intérêts solidaires face aux pays nantis). *

Les tiers mondistes sont censés avoir, je cite :

- une vision «économiciste» du monde, qui attribue à chaque phénomène, à toute situation, une cause économique. Ainsi les pénuries alimentaires sont-elles une conséquence du système économique mondial, dominé par les puissances industrielles qui l'utilisent à leur seul profit. L'équation Marché = Multinationales = Famine se trouve d'emblée posée en ces termes ;

- un diagnostic marqué par le catastrophisme ... Ce dolorisme enferme les habitants du «Sud» dans un rôle éternel et unique de victimes, damnés de la Terre, dont tous les efforts pour se sortir d'une situation dramatique se heurtent à l'égoïsme et au cynisme des nantis du «Nord» ;

* J'utilise ici des documents préparés par la Fondation *Liberté Sans Frontières* et présentés lors de leur colloque sur *Le tiers mondisme en question* des 23 et 24 janvier 1985, au Sénat, à Paris.

— une analyse à sens unique des causes du sous-développement : pillage du Tiers monde par l'Occident, détérioration des termes de l'échange, toute-puissance des multinationales, échec de la révolution verte, développement des cultures d'exportation au détriment des cultures vivrières ...

Nous sommes alors avertis que ce système de représentation, imputé par les «nouveaux réalistes» aux tiers mondistes, où la misère des uns n'est que l'image en miroir de l'opulence des autres, est lourd de conséquences pour tous. Car de cette analyse, disent-ils, procèdent un certain nombre de solutions : nouvel ordre mondial de l'économie, de l'information, abandon de la dette extérieure, développement auto-centré, c'est-à-dire indépendant des échanges internationaux, introduction de technologies dites appropriées ...

Les tiers mondistes, on nous le dit, se trompent dans la lecture même du problème puisque non seulement ils ont choisi les démocraties occidentales comme cible privilégiée, mais encore ne voient-ils dans l'histoire de l'Occident et de son expansion que la dépossession, dans une démarche insidieusement paternaliste, des habitants du Tiers monde de toute responsabilité dans leur propre histoire.

Pour affiner leur discours, les «nouveaux réalistes» veulent nous mettre en garde. A les croire le décalage entre la réalité et la rhétorique des tiers mondistes utopistes risque de décourager tout élan de solidarité et de fraternité et d'alimenter la tentation du repli sur soi.

Jetons un autre regard dans ce miroir que les «nouveaux réalistes» ont créé, j'allais dire de toutes pièces, pour les tiers mondistes pour mieux s'attaquer à leur image. Les tiers mondistes, nous assure-t-on, exigent de la part des pays du Nord un transfert des ressources, une diminution de la consommation des produits en provenance du Tiers monde, une augmentation des aides publiques multilatérales, c'est-à-dire transitant par les instances internationales. Ces tiers mondistes exigeraient aussi, au-delà d'un développement auto-centré des pays du Sud, basé sur l'auto-suffisance alimentaire, et une introduction de technologies appropriées — un nouvel ordre international Nord-Sud qui comporterait :

- *Dans le domaine économique* : une régulation des cours des matières premières, fixation d'un juste prix pour les échanges, résorption de la dette extérieure ;

- *Dans le domaine de l'information* : suppression du monopole des agences de presse occidentales, mise en place d'une information au service du développement ;

- *Dans le domaine des Droits de l'Homme* : valorisation des Droits économiques et sociaux par rapport aux libertés dites formelles.

Car la bétise et l'aveuglement (ou la myopie et l'astigmatisme, selon certaines formules) des tiers mondistes ne sont guère moindres concernant les Droits de l'Homme, au moins si nous acceptons l'interprétation donnée par ces «nouveaux réalistes» des croyances et pratiques des tiers mondistes dans la matière. On y apprend que l'analyse tiers mondiste (d'origine marxiste, bien entendu) oppose les libertés réelles à conquérir, aux libertés formelles qui n'en sont qu'un préambule insuffisant, voire mystificateur. Et bien que cette évolution paraîtrait naturelle et liée à la marche de l'Histoire, il n'est pas évident qu'un tel cheminement représente l'image d'un réel progrès historique.

Les «nouveaux réalistes» affirment que, dans le domaine des Droits de l'Homme comme dans le domaine économique, les expériences pratiques sont loin d'avoir comblé les espoirs qu'avait suscité la théorie. Les tiers mondistes auraient, au nom de leurs convictions, préconisé des changements de régime qui ont entraîné, d'une part, la perte du peu de libertés formelles existantes (et l'on s'aperçoit alors qu'elles n'étaient peut-être pas seulement «formelles») et, d'autre part, une manifeste régression économique et sociale à l'exact opposé des aspirations aux libertés dites réelles.

Ici suivrait alors une assez longue liste de cafouillages tiers mondistes, du Cambodge des Khmers Rouges en passant par l'Éthiopie jusqu'aux Indiens Miskitos du Nicaragua. Et on nous opposera habilement d'autres exemples de régimes aussi répressifs mais opposés aux précédents qui, nous dit-on, ont au moins l'avantage d'être réversibles — Portugal, Espagne, Bolivie, le Nicaragua de Somoza, République Centrafricaine ...

Je pense qu'il n'est pas nécessaire de continuer l'exposé des théories des «nouveaux réalistes». Vous en connaissez sûrement la suite. Elle passe par la constatation que seuls quelques régimes démocratiques arrivent à concilier libertés formelles avec libertés réelles en conjugant une acceptation libérale des Droits de l'Homme à un degré élevé d'évolution économique, pour dire que nous sommes donc myopes, parce que nous pratiquons l'auto-accusation et le découragement à domicile et une indulgence résignée confinant au laxisme vis-à-vis des pires oppressions, et astigmatiques parce que nous préférons nous attaquer violemment à des tyrannies un peu molles — celles qui permettent un certain droit de regard — plutôt qu'à celles qui sont totalement inflexibles et imperméables.

Les personnes et les organisations constituant ces «nouveaux réalistes» nous font habituellement un topo de leurs objectifs dans lesquels les phrases et les idées-clefs qui reviennent sont le plus souvent : «débat dégagé des *a priori*», «recherches pragmatiques», «sans faire référence à l'idée d'un Tiers monde», «action», «travaux affranchis des conformismes et des idéologies», «stratégies».

Et nous verrons que ce sont ces personnes et organisations qui se mettent en avant comme étant les nouveaux, les véritables tiers mondistes. Ils préconiseront le remplacement des programmes d'aide actuels par des actions ponctuelles et beaucoup plus sélectives. Ils se disent libérés de tous sentiments de culpabilité. Ils veulent faire prévaloir les intérêts occidentaux. Ils s'occupent de préférence des Droits des minorités. Nous sommes loin de l'élan tiers mondiste qui valorisait les Droits des peuples, l'internationalisme, le soutien aux mouvements de libération. En somme, ces «nouveaux réalistes» reflètent, dans le domaine du tiers mondisme qui recouvre non seulement la politique mais aussi les sciences humaines, la culture, la médecine, l'économie, les media ..., assez fidèlement la pensée reaganiste, si j'ose dire.

Mais sous l'apparence d'un assainissement du tiers mondisme, il s'agit bel et bien d'une attaque soutenue et concertée contre les positions et les options de la Gauche, que ce soit la philosophie et les traditions qui inspirent ses actions, ou ses programmes mis en place. En comparant ceux qui ne peuvent pas être comparés, en démontrant notre naïveté — ô combien facile — en nous accusant même de complicité avec des régimes répressifs issus des luttes de libération, on tente en fait de discréditer et de limiter l'influence de la Gauche en France. Encore le *roll-back*. Du Marxisme qui était l'opium de certains intellectuels, surtout dans ses dérivés soviétistes et gauchistes, on est passé à la cocaïne du libéralisme. Ainsi, on accapare les formes de réflexion et les actions émanant de la générosité, la tolérance et la solidarité internationale, et on crée un vivier pour la Droite dite modérée, libérale et pragmatique.

Que pouvons-nous apprendre à travers ça ? Bien sûr qu'il s'agit d'une évacuation monstrueuse de l'Histoire, bien sûr que c'est méconnaître ou cacher ou ridiculiser les véritables inspirations et raisons de toute aide, bien sûr que leur discours, attirant par sa modération, son non-dogmatisme et ses reflets réalistes, camoufle à peine les attitudes autrement dures, racistes et xénophobes. Bien sûr qu'ils font une caricature de nos options tiers mondistes.

Mais il nous faut admettre qu'il y a une bonne part de vérité dans leurs critiques. Il est vrai que nous nous sommes occupés de ce qui ne nous regarde pas et que beaucoup d'entre nous avons projeté sur un ailleurs romantique et potentiellement révolutionnaire nos mythes et parfois notre impuissance et notre marginalisation locale. Il est vrai que notre tiers mondisme provient parfois de formes de pensée sclérosée. Il est vrai également que notre aide au développement est conçue et pratiquée (et justifiée, malheureusement !) en termes de zones d'influence, d'accès aux matières premières, de création de marchés. Il est vrai qu'on est paternaliste envers le Tiers monde, désabusés par nos déceptions (provoquées, elles, pour l'essentiel, par nos fausses lectures) et que nous manquons de rigueur dans nos exigences de justice dans le Tiers monde même.

Il n'est pas vrai pour autant qu'on puisse «désidéologiser» la réflexion politique. C'est un leurre, un aveuglement — en premier lieu nuisible pour soi-même. On peut et on doit, par contre, «dédoctriniser» le débat.

La justice n'est pas une exclusivité occidentale.

La force ne donne pas le Droit moral.

L'essentiel ne se passe pas ailleurs.

On ne refait pas l'Histoire.

Il ne faut pas tomber dans le piège de vouloir opposer les Droits publics ou encore Droits des peuples aux Droits individuels. Nous devons absolument penser les complexités de ces contradictions apparentes. Il ne peut y avoir une contradiction réelle entre liberté individuelle et liberté commune, car cela impliquerait la notion insupportable que la première s'accorde le Droit et le pouvoir de nuire à la deuxième.

Nous devons nous rappeler, comme Pierre Bérégovoy le disait hier, que la liberté n'existe pas à l'état pur. Elle s'invente, elle se réfléchit, elle se construit, elle s'arrache, elle se contrôle, elle se sauvegarde. Et surtout une liberté s'articule par un droit qui ne peut exister que s'il dispose de possibilité d'application, donc de moyens, et s'il est géré par la conscience de responsabilité.

Je concluerai, Monsieur le Président, par trois remarques :

- Il n'y a rien de tellement étrange au fait que nos options soient contestées et que nous nous posions des questions : n'oublions pas que notre fameuse crise — qui est plutôt une mutation sociale et politique — est essentiellement une crise d'humanisme.

- Le tiers mondisme, exprimé entre autres par l'aide au développement, sera toujours inspiré par un rapport de forces. C'est cela le cadre. Le contenu, en ce qui nous concerne, *est* et doit être l'élargissement de la conscience politique.

— Et pour terminer, je voudrais citer Boris Souvarine :

«Si la pratique bourgeoise, elle-même produit de contradictions historiques, a donné un sens particulier aux mots de liberté et de démocratie, ce n'est pas à nous de renoncer au contenu
qu'ils impliquent dans la société socialiste, en dépit de la gêne
que peut comporter l'emploi d'un vocabulaire non renouvelable
à volonté. L'opposition n'a pas su se faire l'interprète des aspirations démocratiques du prolétariat, tout en s'affirmant
démocratique dans une acception trop restrictive ... Nous
pensons, avec Rosa Luxembourg,que la dictature communiste
«*consiste dans la* **manière d'appliquer la démocratie**, *non dans
son* **abolition**».

(Boris Souvarine,
Écrits 1925-1939, p. 131
Éditions Denoël).

Claude CHEYSSON *

Vous me permettrez, d'abord, de dire combien je suis heureux d'être parmi vous, aujourd'hui, de retrouver *Droits Socialistes de l'Homme*. Je remercie M. Pierre Bercis de m'avoir convié à cette réunion.

Le thème en est important. L'existence de cette association, de cette organisation, la nôtre, ne l'est pas moins, et, pour celui qui a été responsable de la diplomatie française pendant trois ans et demi, je le répète, c'est un très grand plaisir, un très grand honneur, d'être parmi vous.

Nous sommes tous d'accord sur les valeurs fondamentales. Sans cela, nous ne serions pas ici. Nous sommes tous d'accord pour penser que l'Homme est la finalité de tous les efforts des sociétés, de toutes les politiques que les gouvernements peuvent proposer. Je n'y insisterai pas, c'est l'évidence. Comment, alors, la relation Nord-Sud conforte-t-elle notre conviction dans la défense des Droits de l'Homme, donne-t-elle l'occasion de l'exprimer, apporte-t-elle la nécessité de l'exprimer ?

C'est sur les Droits individuels que c'est le plus clair, le plus précis. Le Droit à l'intégrité du corps, le Droit à la dignité, le Droit au respect et nous savons bien qu'en défendant ces Droits, ailleurs, dans d'autres pays que le nôtre, c'est notre propre avenir, c'est notre propre conception de la société que nous défendons, que nous affirmons.

---

* Commissaire Européen. Ancien Ministre des Relations Extérieures.

j'ai eu, il y a quelques semaines, le très grand honneur d'être invité, par le Comité anti-apartheid des Nations Unies, à parler de l'apartheid et je me permettrai de reprendre — ce sera la seule fois — une phrase, que j'avais alors prononcée. Je disais : «si hier nous avions accepté que le Juif fût persécuté et éliminé totalement d'Europe, si aujourd'hui nous tolérons que le Bantou soit banni et privé des ses droits en Afrique du Sud, si demain nous laissons l'Arabe être pourchassé dans les pays européens où il travaille, c'est notre propre avenir, celui de nos enfants que nous condamnons». Chacun de nous ou de nos filles et fils peut être demain le Bantou, le Juif ou l'Arabe de quelque groupe, avide de conquérir ou de conserver le pouvoir. Dans cette défense des Droits individuels, nous savons donc — enfin, tous ceux qui sont ici — que c'est notre propre société que nous tentons de protéger.

Ceci doit être compris et accepté de tous. Ce n'est pas par sensiblerie que nous devons défendre les autres. C'est, je le répète, dans la sauvegarde de notre propre avenir. Que les noirs des États-Unis comprennent bien que, s'ils ne se mobilisent pas tous en face de l'apartheid, c'est la société américaine qui est menacée. Je suis heureux que, depuis quelques semaines, cela commence à se manifester. Que les faibles, partout, le sachent et l'expriment !

Je constate, d'ailleurs, que la réaction instinctive de nos peuples est significative sur ce plan. Quand nous constatons le soutien que reçoivent les individus de nos pays, les nombreuses organisations non gouvernementales qui sont engagées sur ce plan, nous nous rendons compte qu'il y a une capacité réelle de compréhension de la part de nos populations.

Ceci doit engager les gouvernements et les media. Je me contenterai de rappeler les moyens : c'est la consolidation de l'ordre juridique international par l'amélioration des Conventions qui peuvent être adoptées dans les organisations internationales ou sur le plan bilatéral. En insistant, naturellement, pour que l'individu ait le droit de recours à ces organisations, à ces institutions. Je suis fier d'avoir participé, une fois encore en plein accord

avec mon   collègue Robert Badinter, à ce que ce droit
de recours — qui avait été ignoré trop fréquemment, précédemment, par la droite — soit maintenant formellement
admis par la France. Et je me félicite des démarches, des
dénonciations, les unes discrètes, les autres publiques, toutes
cherchant à obtenir la libération, la diminution des souffrances des uns et des autres. Voyez-vous, sur les trois ans
et demi que j'ai passés au Quai d'Orsay, quand je repense
à l'action que j'ai pu mener, un des sujets qui — je ne dis pas
me satisfasse, beaucoup plus aurait pu être fait — mais qui
m'apporte un grand réconfort est de penser que, un par un,
nous avons sorti, pendant ces trois ans et demi, quelque six
cents ou sept cents Hommes et Femmes de camps de
concentration ou de prisons ! Un par un ... *(applaudis-
sements)*. C'est peu, beaucoup trop peu. Cela ne justifie pas
que d'autres, nombreux, soient restés en prison, mais je
crois qu'un gouvernement s'honore d'agir de la sorte. Le
service des Droits de l'Homme comporte l'action concrète.

Quand nous parlons d'extension des Droits de l'Homme,
il ne s'agit pas seulement de l'extension géographique,
de l'extension des Droits qui sont les moins discutés dans
le monde entier.

Abordons les sujets plus difficiles, c'est-à-dire l'extension
des Droits, la conception même des Droits de l'Homme.
Notre association s'appelle *Droits Socialistes de l'Homme*.
L'Homme, il ne s'agit pas seulement de le protéger dans
sa personne physique. Il faut lui donner la possibilité
de s'exprimer pleinement. Me permettrez-vous d'oser l'expression de Droit à l'épanouissement de l'Homme en lui-
même, dans son milieu, dans sa culture, dans le cercle qu'il
a choisi, qu'il a retenu ? Au niveau de l'État, déjà, nous
voyons qu'il faut aller bien au-delà du formalisme — et
Breyten Breytenbach l'a très bien dit, tout à l'heure, il était
bien de lutter pour l'indépendance formelle des peuples
colonisés — il s'agit maintenant de les aider à acquérir
la capacité de l'indépendance et de ne pas se contenter
de la reconnaissance juridique de cette indépendance.
La libération politique, la libération culturelle, comportent
le Droit au développement, le Droit à la Croissance.

Et ceci est vrai, encore plus vrai, au niveau de chaque Homme. Il ne s'agit pas seulement de libérer l'Homme de la menace policière et de la contrainte pénitentiaire, il faut le libérer de toutes les autres menaces : la faim, le chômage, le désespoir, le déshonneur de la dépendance.

Ce Droit au développement social, économique, culturel, nous commençons à l'affirmer chez nous, la gauche s'honore à l'affirmer solennellement : pensons bien qu'il doit être affirmé au niveau du monde. L'un et l'autre se complètent. J'affirme sans hésiter, ici, que la reconnaissance du Droit au développement dans le Tiers monde est, à l'heure actuelle, lié à notre propre accès aux Droits économiques et sociaux dans notre société.

De quoi s'agit-il, en effet ? Rappelons-nous le XIXè siècle où l'accès au pouvoir, le Droit au pouvoir, le Droit à la décision, étaient strictement réservés à ceux qui possédaient, à ceux qui savaient : c'est le triptyque dont parlait un orateur tout à l'heure. Nous avons dépassé cette notion, insuffisamment encore — les conservateurs le contestent — mais nous ne l'avons pas affirmé au niveau du monde. Au niveau du monde, des pays s'arrogent tous les Droits parce qu'ils possèdent, parce qu'ils savent. Il est essentiel que les nations prolétaires participent aussi au contrôle du pouvoir, à la définition de l'avenir. Les Droits de l'Homme comportent donc le Droit des nations prolétaires à participer à la vie du monde, à définir les priorités, à arrêter les options. Et ceci servira les pays industrialisés, particulièrement ceux qui sont — je n'oserai pas dire en voie de prolétarisation — en voie d'affaiblissement et de déclin. Il est déplaisant de dire — mais je n'hésite pas à le faire — que l'arrêt du déclin de l'Europe dépendra, en grande partie, de la possibilité, pour les pays du sud, d'atteindre la croissance, de participer au pouvoir. C'est une mission essentielle de nos pays que de l'affirmer sans cesse. Il est beau d'alléger le poids de la dette, encore faut-il que ceci s'accompagne d'un développement, d'un accès à la croissance, d'un espoir d'avenir.

Ceci est possible, j'en ai la conviction. Je me demande, par moments, si nous ne nous laissons pas abuser par le discours sans cesse répété — et plus volontiers répété par les nantis — que nous vivons dans la crise, que la crise est un état stable, durable en tout cas. Sommes-nous tellement sûrs que le monde soit dans la crise ? Les États-Unis le sont-ils ? Le Japon ? Une partie même du Tiers monde ? Le sud-est asiatique ? N'y a-t-il pas, à l'heure actuelle, une tendance à revenir, au niveau du monde, à ce que l'on a connu dans la seconde partie du XIXè siècle, c'est-à-dire à l'affirmation par ceux qui possédaient, ceux qui savaient, qu'il convenait de leur laisser la responsabilité de poursuivre le développement, l'enrichissement, et à affirmer que les autres ne pouvaient pas y avoir accès et devaient donc accepter les sacrifices correspondant à la croissance qu'assureraient ceux qui avaient la connaissance.

Dans l'affirmation des Droits économiques et sociaux dans le Tiers monde, nous ouvrons un débat fondamental, un débat sans lequel un pays comme la France − pour ne pas dire tous les pays d'Europe − risque de se trouver rapidement sur la pente du déclin, sur la pente de l'effacement, de devenir un pays en voie de sous-développement. Je ne dis pas que l'affirmation des Droits économiques et sociaux est fondée exclusivement sur notre propre intérêt ; je dis que les deux coïncident et qu'il est fort important que les opinions publiques en aient meilleure conscience.

J'affirme aussi, par l'expérience que j'ai eue pendant trois ans et demi, que ce discours est compréhensible à nos peuples. Comme Ministre des relations extérieures, j'ai trouvé une grande facilité à me faire entendre, dans des pays du Tiers monde, lorsque je rappelais les valeurs fondamentales et en affirmais les conséquences ; car, bien souvent, j'utilisais les arguments qu'ils ressentaient très profondément mais n'osaient pas exprimer.

Voici une évidence, pour nous tous ici − encore une fois, nous ne serions pas venus, sinon − il convient, quand on dit Droits de l'Homme, de parler de Droits économiques et sociaux. Et cette évidence vaut pour tous les Hommes, pour ceux du sud comme ceux du nord. Il y a là un thème de mobilisation pour la gauche, c'est-à-dire pour la force politique qui veut dépasser les situations acquises en matière de connaissances, en matière de propriété, en matière de pouvoir. Et cela lui donne une chance sérieuse de pouvoir être entendue.

Massoud RADJAVI *

Nous venons d'assister à de brillants exposés très instructifs sur les rapports nord-sud dans la stratégie d'extension des Droits de l'Homme, auxquels je souhaiterais apporter une contribution en tant que représentant de la résistance iranienne.

Afin d'apporter un élément concret au débat, permettez-moi de citer un exemple précis, unique dans son genre à notre époque, celui de la dictature religieuse de Khomeiny.

Un exemple qui a attiré l'attention de tous les combattants des Droits de l'Homme à travers le monde et mérite, à lui seul, un chapitre spécifique dans la stratégie de l'extension des Droits de l'Homme.

En effet, cette dictature religieuse et absolue, assortie de censure, de bellicisme et de l'exportation du terrorisme, constitue non seulement une menace contre les peuples d'Iran et du Moyen-Orient, mais son mépris pour les principes et les acquis universels des Droits de l'Homme constitue une insulte grave à l'humanité toute entière.

Ce choix n'est pas seulement motivé par le fait que je sois Iranien, mais aussi du fait de son exemplarité : dictature civile, dictature religieuse, dictature militaire, dictature de parti unique et, en même temps, dictature sans parti (puisque son parti au pouvoir ne correspond à la

* Chef des *Modjahedines* d'Iran.

définition d'aucun parti classique), dictature avec centralisation du pouvoir, et sans centralisation du pouvoir (car là encore il n'y a pas un régime au sens classique du terme) ; alors qu'en même temps, le pouvoir dictatorial imprègne tous ses organes.

Un récent colloque français sur le thème *Dictature et légitimité* vient de conclure qu' «*aujourd'hui, les dictatures gouvernent masquées*». Les recherches de cette assemblée ont montré que les dictatures avaient des traits communs : la centralisation du pouvoir, l'irrégularité de leur dévolution et l'anomalie de leur exercice. Mais la dictature de Khomeiny est difficile à cerner par ces critères. Car, en raison de ses multiples contradictions, elle échappe aux critères sociologiques habituels.

Par exemple, Khomeiny se proclame avec fierté représentant suprême de Dieu sur terre, ayant pour première tâche d'exporter sa révolution dans tous les pays musulmans. Il se considère le savant tuteur investi de la divine mission de diriger les peuples. Aussi sa constitution, basée sur la souveraineté cléricale et non populaire, stipule-t-elle explicitement la primauté de son opinion au suffrage universel.

Tout ceci, parce qu'il n'accepte et ne se soumet à aucune règle et aucun principe des Droits de l'Homme.

C'est ainsi que l'ambassadeur de Khomeiny, en réponse aux nombreuses questions concernant les violations des Droits de l'Homme en Iran, posées à l'Assemblée générale des Nations Unies, vient de déclarer : «*Nous demandons à nos critiques de ne pas nous ennuyer pour des choses que nous n'acceptons pas !*».

De cette conduite contre l'humanité et les Droits de l'Homme résultent plus de 40 000 exécutions en Iran au cours des 3 années et demie qui viennent de s'écouler — je dispose des noms et des caractéristiques de près de 11 000 d'entre eux — et 120 000 prisonniers politiques. Parmi les exécutés se trouvent aussi bien des fillettes de 13 ans que des mères de famille de 60 ans, des dizaines de femmes enceintes, des centaines de blessés que l'on achève et des cadres médicaux.

Certains commandements religieux de Khomeiny autorisent le prélèvement total du sang des condamnés à mort pour le transfuser aux blessés de la guerre irano-irakienne, de même que le viol des adolescents et des femmes qui semblent avoir résisté au *«représentant de Dieu sur terre»* et qui ne méritent plus aucun ménagement.

Pour Khomeiny, la transplantation et le massacre collectif des minorités ethniques, tels les Kurdes, est parfaitement licite. Les minorités religieuses qui ne suivent pas *«le représentant de Dieu sur terre»* dans leurs mœurs et coutumes, dans leur vie privée et dans l'éducation de leurs enfants, subissent aussi une lourde pression.

Sur le plan extérieur 1/2 million de tués, 1/2 million de blessés et handicapés, plus de 2 millions de sans-abri, et quelques centaines de milliards de dollars de dégâts matériels, sont les autres fruits de «l'exemple unique» qu'est Khomeiny et de son mépris de tous les principes humanitaires. Une guerre dont Khomeiny est essentiellement responsable de la poursuite depuis juin 1982, date à laquelle l'Irak s'est retiré du territoire iranien et s'est déclaré prêt à accepter la paix. Depuis, c'est Khomeiny qui refuse systématiquement toutes les propositions, toutes les médiations et tous les plans de paix. Une guerre qui est le meilleur moyen pour dissimuler les crises et la répression interne. Il s'agit, en réalité, d'une guerre externe pour cacher la guerre interne. En effet, le régime de Khomeiny emploie deux tiers de ses forces pour la répression interne contre un tiers pour la guerre sur les frontières alors que, paradoxalement, leur reflet dans les media du monde est inverse : la guerre irano-irakienne occupe plus de 2/3 de la place et les informations concernant les violations des Droits de l'Homme seulement 20 %.

Néanmoins et en dépit de toute sa sauvagerie et de tous ses crimes, le régime de Khomeiny n'est pas parvenu à éteindre une chose chez ceux qui vivent sur le sol iranien : la flamme de la résistance.

Cette flamme, cette ardeur, cet enthousiasme qui animent le cœur et l'esprit de tout Homme en quête des ses droits et épris de paix et de liberté ; des biens pour lesquels les peuples sont prêts à tout sacrifier.

C'est ainsi, que goutte à goutte, les Droits de l'Homme ont été élaborés et acquis et c'est pour cela qu'il y a, à l'intérieur de l'Iran, une juste et vaste résistance populaire qui ne cesse de croître.

Mais l'avancement de la stratégie de l'extention des Droits de l'Homme, qui est en réalité la stratégie de la paix et de la liberté dans une des régions les plus stratégiques du monde, se heurte également au nœud des relations nord-sud.

Là où, par exemple, les barils bon marché du pétrole prennent plus d'importance que la vie et les Droits de l'Homme ; ou lorsque, par exemple, plus de 20 pays, appartenant à des systèmes politiques et idéologiques différents, offrent des armes à un régime qui n'a aucune raison de continuer la guerre et qui affiche une hostilité flagrante à la paix et aux Droits de l'Homme, en s'enorgueillissant publiquement de l'exportation du terrorisme ; à telle enseigne qu'il n'hésite pas à diffuser les cris de détresse des passagers torturés de l'avion koweitien détourné, ni à utiliser les photos des victimes innocentes pour menacer et parvenir à ses fins terroristes.

Un autre exemple de nœud dans les relations nord-sud, qui freine la stratégie de l'extension des Droits de l'Homme devant un régime comme celui de Khomeiny, réside dans le problème de l'économie et du commerce. Parfois, on a l'impression que la recherche du profit économique devant le régime de Khomeiny est tout, et parfois aussi on dit le contraire, le commerce est le commerce et c'est tout. Mais en tout cas, pour Khomeiny, le commerce est la politique même, d'autant que cela lui permet de propager par-ci par-là la fausse théorie de la stabilité de son régime. Mais, en réalité, si l'on ne veut pas donner la priorité aux intérêts immédiats, au détriment des principes essentiels et des besoins stratégiques, alors que les Droits de l'Homme et la Démocratie pour l'Iran comportent beaucoup plus d'intérêts pour tous ceux qui s'intéressent à cette région sensible et stratégique ; une démocratie qui signifie le respect de la libre volonté du peuple iranien, pour sa participation démocratique au destin collectif de l'humanité, qui signifie que le dénouement du problème des rapports nord-sud et la progression de la stratégie de l'extension des Droits de l'Homme doivent s'effectuer également dans cette direction.

Alors, à la mémoire des milliers de victimes des Droits de l'Homme et de la liberté, des prisonniers et des torturés, évitons de soutenir directement ou indirectement un tel régime.

Léo MATARASSO *

Je voudrais présenter au colloque quelques observations sur ce qu'on a appelé les dimensions internationales des Droits de l'Homme.

I – Le caractère universel des Droits de l'Homme :

Le caractère universel des Droits de l'Homme ne se discute plus. Ils sont proclamés par la *Charte des Nations Unies*. Ils ont fait l'objet d'une Déclaration universelle en 1948. La seule adhésion aux Nations Unies implique l'acceptation, par chaque État, des principes fondamentaux ainsi proclamés.

En outre, deux Pactes sur les Droits de l'Homme ont été adoptés par les Nations Unies en 1966, l'un sur les Droits économiques, sociaux et culturels, l'autre sur les Droits civils et politiques. Ces Pactes ont obtenu, aujourd'hui, la ratification ou l'adhésion de la grande majorité des États.

Il résulte de l'ensemble de ces textes que la communauté internationale a, au moins, «un droit de regard» sur la situation des Droits de l'Homme dans chaque pays, malgré

* Avocat. Secrétaire Général de la *Ligue des Droits des Peuples*.

l'objection d'une prétendue ingérence dans les affaires intérieures. On ne peut pas à la fois souscrire aux principes des Nations Unies et même ratifier les Pactes détaillés de 1966 et invoquer, ensuite, la souveraineté nationale quand il est soutenu qu'il y a manquement à ces principes dans un pays donné.

Il ne faut pas omettre de faire figurer dans ce «corpus» de textes sur les Droits de l'Homme, les Conventions internationales sur le Droit humanitaire de la guerre et, notamment, les Conventions de Genève de 1949, ratifiées par la très grande majorité des États, et les Protocoles additionnels de 1977 dont la ratification est déjà assez avancée. C'est en cas de conflit armé, interne ou international, que les combattants et les populations civiles ont le plus besoin d'un minimum de protection en matière de Droits de l'Homme.

2 -- Droits de l'Homme et droits des Peuples :

Ces deux notions sont intimement liées. Elles ont la même origine, la même histoire. La Déclaration d'indépendance des États-Unis d'Amérique de 1776 proclame, à quelques lignes d'intervalle, le Droit d'un peuple de dissoudre les liens politiques qui l'ont attaché à un autre et les Droits inaliénables de l'Homme.

Si la *Déclaration des Droits de l'Homme et du Citoyen* de 1789 ne comporte aucune mention de la notion de peuple, les diverses Constitutions de la période révolutionnaire y font expressément référence. La *Sainte Alliance* condamnera les deux notions comme également «pernicieuses». Les Révolutions de 1848 se feront au nom, à la fois, des Droits de l'Homme et du principe des nationalités. Cent ans plus tard, la *Charte des Nations Unies* proclamera dans le même article 55 «*l'égalité des Droits des Peuples et leur Droit à disposer d'eux-mêmes*» et le «*respect universel et effectif des Droits de l'Homme et des libertés fondamentales pour tous, sans distinction de race, de sexe, de langue ou de religion*». Les deux Pactes de 1966 sur les Droits de l'Homme comportent l'un et l'autre un article liminaire commençant par ces mots : «*Tous les Peuples ont le Droit de disposer d'eux-mêmes*».

Certains ont soutenu que le Droit des Peuples à disposer d'eux-mêmes était un Droit de l'Homme. Nous pensons, quant à nous, que c'est une condition des Droits de l'Homme.

Il ne peut y avoir de Droits de l'Homme dans un pays soumis à une domination étrangère. L'affranchissement de cette domination est la condition nécessaire, mais malheureusement pas suffisante, permettant d'assurer le respect des Droits de l'Homme.

3 — Démocratie politique et Droits de l'Homme :

On a rappelé au cours du colloque que la démocratie politique était le «socle» sur lequel reposent les Droits de l'Homme et même la source des Droits de l'Homme.

C'est parfaitement exact au niveau interne.

Ce n'est malheureusement pas vrai au niveau international.

Malgré le caractère universel des Droits de l'Homme, les États européens ou d'origine européenne comme les États-Unis se sont parfaitement accommodés de l'esclavage, du colonialisme et même du génocide, sans parler de toutes formes de discrimination raciale. Encore faut-il ajouter que, même dans les pays européens, c'est à une époque très récente que sont apparus les textes affirmant l'égalité de l'Homme et de la Femme.

L'esclavage n'a été aboli que dans la seconde moitié du 19ème siècle. Encore a-t-il fallu aux États-Unis une guerre sanglante pour y parvenir.

Le 19ème siècle, le siècle des Droits de l'Homme et du principe des nationalités, a été l'âge d'or de la colonisation. Des millions d'Hommes ont été asservis par des puissances qui avaient inscrit dans leur constitution les beaux principes de 1789.

Même après l'adoption des termes pourtant catégoriques de la *Charte des Nations Unies* et de la *Déclaration Universelle des Droits de l'Homme*, des guerres coloniales ou néo-coloniales sanglantes ont été menées. C'est la France des Droits de l'Homme qui a conduit pendant quatre ans, contre le peuple algérien, une guerre cruelle qui a fait près d'un million de victimes. C'est au nom du monde libre que les États-Unis ont déversé sur le Viêt-nam plus de bombes qu'il n'en avait été jeté, dans le monde entier, pendant la deuxième guerre mondiale.

Comment oublier, d'autre part, que c'est au nom d'un socialisme qui se targue d'avoir enfin fourni aux travailleurs les moyens de jouir des Droits de l'Homme, jusque-là réservés à la minorité possédante, qu'ont été accomplis des coups de force contre les peuples à Budapest et à Prague, hier, à Kaboul aujourd'hui ?

Christian LANGE *

D'abord, je dois m'excuser de mon mauvais français. De plus, c'est la première fois que je me trouve en Sorbonne et cela me fait une très grosse impression. Le Président du Groupe Socialiste au Parlement européen, Rudi Arndt, vous transmet ses salutations fraternelles et amicales. Il regrette de ne pouvoir être parmi vous, aujourd'hui, et il m'a chargé de vous exposer, en quelques mots, la politique de notre Groupe dans la défense des Droits de l'Homme.

Nos efforts sont marqués de deux principes :

— Défense des Droits de l'Homme et du Citoyen à l'intérieur de la Communauté européenne ;

— Lutte pour les peuples, les minorités, les réfugiés, les Hommes et les Femmes dans les pays tiers dont les libertés et les Droits fondamentaux sont menacés ou supprimés. Ils ont besoin de notre solidarité politique et pratique. Le mépris continu et systématique du Droit et l'injustice sociale, en d'autres pays et continents, ont leur répercussion chez nous et constituent un sol fertile de guerres internationales et civiles.

* Représentant du *Sozialdemokratische Partei Deutschlands* (S.P.D.).

Le Groupe Socialiste du Parlement européen, étant donné qu'il est le seul organe qui s'appuie sur un suffrage direct, multinational et européen a, depuis toujours, tenu compte de ses responsabilités européennes, tout en rappelant aux institutions de la Communauté européenne et aux gouvernements des États membres les leurs.

Comme il sied mal d'aller prêcher les libertés ailleurs et de ne pas les développer chez nous, ou de ne pas veiller à leur respect, le Groupe Socialiste persiste à reconduire les organes de la Communauté européenne, la Commission, le Conseil et notamment, les gouvernements des États membres aux obligations qu'eux-mêmes ont fixé dans les traités communautaires, dans le droit secondaire en découlant, ainsi que dans la Convention européenne des Droits de l'Homme.

Dans cet esprit, nous nous voyons soutenus par la Cour de justice des Communautés européennes. La politique juridique traditionnelle de la Communauté a eu, pour principal objet, de favoriser l'intégration économique. Elle a partiellement réussi. Elle doit être poursuivie, mais elle doit dépasser ses orientations initiales, afin de transformer la Communauté économique en une Communauté de Citoyen. Elle doit transformer, dans le sens de leur épanouissement, la vie quotidienne des Femmes et Hommes en tant que citoyens, travailleurs, consommateurs, dans l'égalité des sexes et des races, dans la recherche d'une autonomie et d'une responsabilité accrues.

Dans la poursuite de l'objectif d'une citoyenneté communautaire, nous devons, dans nos législations et dans les pratiques administratives, dépasser le stade de la discrimination à l'égard des étrangers et aussi de ceux qui ne sont pas ressortissants d'un de nos États membres.

Nous devons insister, comme nous l'avons fait avec succès, depuis longtemps, pour que les autres institutions de la Communauté élaborent, avec le Parlement européen, des instruments pour protéger les libertés personnelles, notamment face aux nouvelles technologies, définir, étendre et consolider les Droits fondamentaux en matière sociale, inscrire dans le Droit communautaire le Droit au travail, de rassemblement et de grève – l'interdiction du *lock-out* – ainsi que la participation et accorder, à tout citoyen communautaire, le Droit de séjour dans tous les États membres sans condition préalable et discriminatoire, l'éligibilité et le Droit de vote, octroyé d'abord au plan municipal, le Droit d'accès aux emplois de la fonction publique, à commencer par le secteur de l'éducation.

Parmi ces travaux, au sein des institutions communautaires et avec le concours des Partis Socialistes et des gouvernements amis, le Groupe Socialiste continue à ouvrir la voie à une construction juridique communautaire qui soit la base de vie pour tous les citoyens dans la Communauté européenne.

Jacques HUNTZINGER *

Je tenais beaucoup à pouvoir exprimer — je crois que d'autres l'ont fait avant moi, hier, en tous cas je tiens à le faire - l'intérêt que portent les responsables du Parti socialiste aux travaux et aux conclusions de ce Colloque. Non seulement eu égard aux liens qui existent entre certains de ses animateurs et le Parti socialiste mais eu égard aux thèmes mêmes de discussion du Colloque.

Pour ma part, Pierre Bercis m'avait suggéré d'intervenir sur le thème des rapports nord-sud dans la stratégie des Droits de l'Homme et c'est sur ce thème que je voudrais faire deux réflexions.

La première porte sur la notion ou le principe du Droit au développement. Ce principe a été l'une des grandes conquêtes de ces vingt dernières années, conquête obtenue à l'Assemblée générale des Nations Unies par une bataille sans relâche menée par les pays du Tiers monde. Elle a permis d'affirmer avec l'accord de tous les groupes d'État que non seulement au nom de la solidarité internationale, non seulement au nom de la justice internationale, mais au nom même de la stabilité des rapports internationaux, le Droit des pays sous-développés d'être aidés dans leur développement devait être affirmé comme un nouveau

* Secrétaire National aux Relations internationales du Parti Socialiste. Membre du Conseil Économique et Social.

principe fondamental. A mon sens, le Droit au développement fait partie, aujourd'hui, de la génération des Droits
collectifs qui est devenue, au sein de la société internationale, aussi importante que le Droit à la sécurité ou le
Droit à la liberté pour les peuples. Alors, encore faut-il, bien
sûr prendre en compte les engagements que contient ce
droit au développement.

Je prendrai trois de ces aspects : l'aide publique au
développement, la transformation des rapports commerciaux internationaux et le lien entre la sécurité et le développement. Voilà trois aspects qui ont été affirmés
depuis plusieurs années, qui ont donné lieu à des engagement politiques et juridiques internationaux, et qui,
aujourd'hui, sont tous les trois en crise profonde.

Quels sont les États qui, aujourd'hui, remplissent une
partie de l'engagement du 0,7 % par rapport à leur PNB ?
Quels sont ceux qui y tendent dans le monde développé ?
Vous le savez, une infime minorité. La France de 81 est
l'un de ces rares pays qui, malgré la crise, dans une conjonc-
ture difficile, s'efforce d'y arriver. La progression depuis
81 est tout à fait significative. Il y a là un débat à relancer
au sein de la communauté, au sein des économies développées. Nous ne devons pas le laisser abandonner et, en
tout cas, pour ce qui nous concerne en France, nous devons, d'ici 1986 et les années qui suivront, arriver le plus près
possible de ce chiffre. Nous savons que c'est difficile mais,
pour nous, c'est un impératif politique majeur.

Quand à la réforme des circuits commerciaux et des
relations commerciales, là aussi le blocage est quasiment
total, étant donné la position rigide de la philosophie
reaganienne en la matière.

Allons-nous baisser les bras sur les négociations globales ?
Allons-nous laisser tomber l'enceinte de la CNUCED ?
Je crois que, là aussi, il serait bon que les forces progressistes attachées au Droit au développement se ressaisissent
et c'est peut-être là un des aspects salutaires du débat
sur le tiers mondisme actuel, remettre sur le chantier la
stratégie d'aide au développement fixée à l'époque de la
croissance et qui mériterait, certainement, d'être réexa-
minée aujourd'hui.

Quand au lien entre développement et sécurité, il est double. Il s'agit du Droit à la sécurité pour les États du Tiers monde comme pour les autres et il s'agit du lien entre le désarmement et le développement. Là aussi, je ne ferai que mentionner cette proposition qui est d'origine française depuis 55 et qui a été reprise par François Mitterrand et actuellement débattue aux Nations Unies : l'établissement de ce lien entre le désarmement et le développement.

Je crois qu'il est tout à fait opportun, aujourd'hui, non pas seulement de se contenter de critiquer un tiers mondisme qui serait ringard, mais de réfléchir à ce que doit être le tiers mondisme des années 90, compte tenu des réalités économiques. En tous les cas, il est important d'affirmer que la séparation existe entre ceux qui affirment ce Droit au développement et qui veulent que ce Droit soit garanti par un certain nombre de moyens, et ceux qui se contentent de dire que le libre échange et la simple croissance résoudront automatiquement les problèmes de développement. Cela revient à affirmer qu'il y a encore une séparation entre libéraux et progressistes dans le domaine du Tiers monde, il est bon de la réaffirmer de temps à autre.

Ma seconde observation porte sur les Droits dans le Tiers monde, le thème de la liberté dans le Tiers monde et de la démocratie dans le Tiers monde : il n'y a pas de développement sans démocratie. Je crois que c'est effectivement une leçon que nous pouvons tirer de l'observation de toutes les grandes expériences menées par les pays du Tiers monde ces 20 dernières années. Il n'y a pas de développement sans démocratie. Le plus bel exemple est celui des dictatures latino-américaines, qui s'étaient lancées dans des expériences économiques ultra-libérales et qui s'effondrent, aujourd'hui, en liaison avec les dépenses monétaires, la hausse du taux d'intérêt et les considérables emprunts effectués par ces grands pays latino américains du temps des dictateurs et des colonels. Bien sûr, la crise mondiale a sa part de responsabilité dans les problèmes économiques et sociaux de ces pays mais, pour l'essentiel, ce sont les choix économiques faits alors par les militaires brésiliens, chiliens, argentins ... qui sont la cause de l'accroissement des difficultés de ces pays. Et aujourd'hui, les régimes démocratiques qui prennent le relais, en partie du fait du retrait des militaires conscients de leurs impasses, sont amenés à devoir concevoir sur le tas des politiques économiques qui permettent de concilier le retour aux grands équilibres et les problèmes dramatiques issus de la politique menée antérieurement par les militaires. Et là, il y a un grand espoir, en tout cas une grande attention à porter, vers l'Amérique latine d'aujourd'hui et de demain, dans le domaine économique et politique. En tous les cas, la dictature en Amérique latine a demontré son inefficacité, non seulement − et bien sûr − dans le domaine des libertés mais, avant tout, dans le domaine du développement. Mais de l'autre côté, les expériences d'économie d'État et d'administration étatique n'ont pas, non plus, donné des résultats extrêmement brillants.

Les expériences africaines ou asiatiques montrent que le modèle communiste ou des expériences issues du modèle communiste, parce qu'elles n'ont pas pris en compte les besoins réels des populations, parce qu'elles ont conduit à la création de couches parasitaires, à des développements industriels artificiels et non pas à développer les campagnes et les classes paysannes, ont échoué. Là aussi il y a un certain constat d'échec ; et une partie de l'échec du développement dans ces économies étatiques du Tiers monde est fondamentalement liée à cette absence de démocratie, à cette absence de prise en compte des besoins, à ce refus de vouloir accepter la délibération, la libre discussion, bref, les éléments fondamentaux de la démocratie.

Je crois qu'effectivement, aujourd'hui, l'un des principaux débats que nous devons avoir entre ceux qui restent convaincus que le Tiers monde et l'Europe doivent nouer entre eux des liens privilégiés, est de réfléchir à ce lien entre la démocratie et le développement. Ceci était en filigrane dans les débats qui ont entouré la préparation de Lomé 3 : le thème de la conditionnalité − Mais derrière ce thème de la conditionnalité, des discussions fort intéressantes ont eu lieu entre partenaires sur les finalités du développement et sur les conditions du développement. Je crois que les progressistes — et en tous cas ceux qui s'attachent aux *Droits Socialistes de l'Homme* — doivent aujourd'hui réfléchir là-dessus, quant à ce lien entre démocratie et développement. Réfléchir sur le Droit au développement, son actualité, ses exigences, réfléchir à la démocratie dans le développement dans le Tiers monde m'apparaissent aujourd'hui deux voies qui s'offrent à nous et qui, je crois, ont le mérite de pouvoir être présentes dans le débat aujourd'hui ouvert par Pierre Bercis et tous ceux qui l'entourent dans ce colloque.

René DUMONT *

Il faut, évidemment, repenser notre stratégie d'aides et concilier le développement avec la libération, la démocratie, mais pas seulement la démocratie formelle parce qu'il y a, dans le Tiers monde, une classe opprimée.

Il ne suffit pas de déclarer le Droit au développement, il faut l'appliquer réellement et c'est une tâche infiniment plus difficile. Quel est le principal obstacle au développement du Tiers monde ? C'est que, pendant longtemps, on a négligé l'agriculture, on a négligé les Droits des paysans et des paysannes. Et il faut, évidemment, s'attacher à ces Droits des plus démunis que sont les paysannes du Tiers monde, plus démunies encore que les paysans du Tiers monde.

Ils n'ont pas de Droits politiques. Ils n'ont pas de force politique. Pas plus — évidemment, pas dans les pays près des communistes mais même dans tous les pays que l'on dit relativement libéraux et même dans les pays qui se disent démocratiques, comme la Tunisie ou le Sénégal pour citer les deux exemples où il y a relativement plus de libertés — donc, n'ayant pas de libertés, pas plus, quand ces pays ne donnent pas de libertés à leurs propres sujets, ils sont plus mal placés pour aller protester, ensuite, contre

* Universitaire - Agronome.

l'absence des libertés en Afrique du Sud. Les Africains
d'Afrique au sud du Sahara seraient plus forts, dans leurs
revendications contre l'Apartheid, s'ils donnaient plus
de Droits à leurs propres sujets et plus spécialement à
leurs propres pays.

Ces paysans n'ont pas le Droit au savoir. Il faut savoir
qu'il y a un échec total du système d'éducation et d'enseignement en Afrique tropicale, au sud du Sahara. L'école
ne touche qu'une fraction de la population, entre 20 et
40 %, à l'échelle nationale, mais elle ne touche qu'une
fraction beaucoup plus faible dans les ruraux : 5 à 20 %
de la population rurale va à l'école ! Et où conduit l'école ?
L'école actuelle conduit au mépris, sinon à la haine, du travail manuel et spécialement du travail agricole. L'école
est une pépinière de fonctionnaires, une machine qui
tourne maintenant à vide, parce qu'il n'y a plus de places
dans la fonction publique. Huit cents titulaires de maîtrise, au Sénégal, à qui on offre de vendre du pain, sur
la place publique, dans des petites échoppes. Voilà la
fonction que l'on offre actuellement ...

Donc, Droit au savoir refusé aux paysans. Droits politiques refusés aux paysans. Droits économiques refusés
aux paysans. Et c'est là un drame. L'Afrique est en train
de se désertifier. On a oublié les lois de la révolution agricole, la première révolution agricole d'Europe, c'est le
fourrage et le fumier, l'incorporation de matières organi-
ques au sol. La seconde révolution, c'est le tracteur et
l'engrais. On a introduit la seconde révolution avant la
première et on est en train de désertifier toute l'Afrique,
on est en train de déboiser toute l'Afrique, parce que les
paysans sont exploités, non pas seulement par le système
économique dominant, non pas seulement par nous ici
présents, — moi inclus, naturellement — mais par leur
minorité privilégiée urbaine.

Alors, comment reprendre cela ? Eh bien ! il faut reprendre point par point ! Et je pense qu'il faut commencer d'abord par supprimer l'exploitation. Tout à l'heure,
on a dit que l'aide publique au développement, en France,
avait augmenté. Oui ! mais la part excessive des DOM-

TOM, où on crée une économie d'assistés, fait que les autres pays n'ont pas toute la part qu'elle, la France, s'est engagée de donner. J'espère qu'on y arrivera, mais attention à cette distinction entre ce qu'on donne aux DOM-TOM, où on crée une société d'assistés — qui n'est pas une société développée — attention à ce qui se passe actuellement en Nouvelle-Calédonie qui est la conséquence, en partie, d'une telle politique ... donc, Droits économiques, aux paysans, pour permettre une rémunération normale de leurs produits à l'échelle mondiale. On les discute, aux Nations Unies — hélas, on les discute ... combien de rapports, combien de fonctionnaires, combien de bureaucrates, combien de ... pour des résultats tout à fait insuffisants — mais aussi dans les États eux-mêmes. C'est à dire que les villes cessent d'exploiter les campagnes comme elles le font.

Le Droit au savoir. Alors là, il faut tout de même, en Sorbonne, dire : échec total de notre enseignement en Afrique ! Il faut, en Sorbonne, dire que le système d'enseignement a totalement échoué ! Il faut, en Sorbonne, dire que la seule solution démocratique est l'alphabétisation fonctionnelle généralisée en langue nationale qui devait être réalisée, dans toute l'Afrique, en quelques années ! Et qui est la base de la libération des paysans, qui est la base de la libération économique de ces pays. En huit semaines, on arrive à alphabétiser un paysan — ou une paysanne, parce que, à ces cours, trop peu nombreux, il n'y a presque pas de paysannes — en huit semaines, non seulement on alphabétise — on lui donne l'accès à l'alphabétisation fonctionnelle qui lui permet de jouer un rôle économique — mais en huit semaines, les meilleurs alphabétisés sont des alphabétiseurs potentiels qui peuvent le faire dans des conditions qui ne soient pas des scandales, parce que l'école primaire, dans les villages d'Afrique, ce sont des scandales ! Mon père gagnait deux cents kilos de blé en salaire mensuel, en 1884, un fonctionnaire, un instituteur sénégalais gagne mille kilos de céréales dans un Sénégal de 1985, plus pauvre que la France de 1884.

Mais l'obstacle essentiel à cette réforme de l'enseignement, ce sont les syndicats d'enseignants en Afrique tropicale, obstacle essentiel au développement. Je suis enseignant en retraite, je m'excuse de le rappeler quand même ...

Alors, sur ces deux bases de Droit au Savoir enfin acquis, de Droits économiques enfin acquis, les paysans pourront acquérir des Droits politiques. Ils pourront devenir un contre-pouvoir aux forces politiques dominantes urbaines — fonctionnaires et commerçants — qui les exploitent et qui sont les freins essentiels au développement.

En 1980, le Président Abdou Diouf m'avait demandé une étude du développement rural du Sénégal. Je lui ai remis mon rapport et il m'a dit : «*Monsieur le Professeur, vous avez raison, il nous faudrait renverser le rapport entre les villes et les campagnes, augmenter les revenus des paysans au détriment des minorités privilégiées abusives au Sénégal*». Et il a fait une loi sur l'enregistrement et les déficits, mais on oublie d'appliquer la loi, en ce moment, au Sénégal. Et il m'a dit : «*Oui, vous avez raison, mais je ne peux pas le réaliser parce que je n'ai pas, derrière moi, les forces politiques rurales qui permettraient de faire un contre-poids aux minorités privilégiées urbaines*».

Alors, voyez-vous, ceci est, pour moi, le principal enseignement de la situation actuelle. Mais je vous précise quand même que, pendant deux jours, j'étais au Sénat, dans un milieu, — je ne sais pas si vous avez lu *Libération* de ce matin — dans un milieu totalement hostile à toutes des formes de développement et que c'était, pour moi, un grand plaisir de parler, ici, dans une ambiance nettement différente de celle qui a régné pendant deux jours au Sénat.

Shlomo REICH *

J'avoue que, effectivement, se trouver à la Sorbonne, dans un grand amphithéâtre et quand on doit prendre la parole, il y a de quoi avoir des émotions ... Vous m'excuserez si je ne m'exprime pas bien mais je crois que, néanmoins, j'ai des choses à vous dire et justement parce que je viens de Jérusalem, j'ai certains droits. Vous savez très bien que nul n'est prophète en son pays ; donc, je suis un peu prophète à Paris et à la Sorbonne, les week-ends libres ... La prochaine fois, je vous promets que j'irai naître à Angoulème, peut-être serais-je plus convaincant (1) ...

Mais parce que je vis, depuis un quart de siècle à Jérusalem, j'ai une expérience certaine et une mémoire collective, une mémoire qui m'oblige à vous rapporter certaines choses, aujourd'hui-même.

Je commencerai, peut-être, par un petit souvenir que j'allais rappeler à M. Senghor qui, malheureusement, n'est pas présent cet après-midi. Pendant les années soixante-dix, quand il était Président du Sénégal et quand existaient encore des relations diplomatiques entre Israël et les pays d'Afrique, cinq sages – constitués en Comité – sont venus

* Poète.

(1) allusion à la capitale de la Bande Dessinée et, peut-être, les mêmes initiales que le Bon Dieu.

pour essayer de trouver une solution susceptible d'éviter les prochains conflits. Malheureusement, rien n'a été puisque, peu de temps après, ce fut la guerre du *Kippour* (1973), une des guerres les plus cruelles dans l'histoire du Moyen-Orient ... Je souhaite longue vie à M. Senghor et à tous les Présidents qui étaient du voyage mais, malheureusement, je ne peux que constater que si la sagesse a été enterrée, les sages, heureusement, vivent encore.

Aujourd'hui donc, je suis surtout venu pour nous interroger — et quand je dis «nous», nous tous — sur ce que nous pouvons faire pour, éventuellement, éviter les futurs drames qui nous attendent, qui sont inscrits, évidemment, dans des calendriers et des logiques qu'il ne faudrait plus jamais suivre.

Je suis content de prendre la parole après M. Radjavi et après le représentant de l'Allemagne Fédérale pour vous dire que, d'après la comptabilité chrétienne, bien sûr, nous nous trouvons en 1985, le 26 janvier, mais que — évidemment —cela n'a aucune importance sur un plan historique parce que, avec les iraniens de jadis, le peuple juif a pu vivre très bien, en harmonie quasi parfaite, et créer une partie de civilisation. Par contre, dans le monde actuel des *ayatollahs* et *ayatorahs*, on se trouve placés devant les fanatismes les plus exacerbés et exaspérants. Quant aux deux faces de la *«grande civilisation»* allemande, avant et après les guerres, je préfère ne pas me prononcer aujourd'hui ...

Alors disons que je suis venu, pendant les quelques minutes dont je dispose, pour vous poser — et, encore une fois, pour nous poser — des questions : que pouvons nous faire pour vraiment empêcher, cette fois-ci, l'explosion de la troisième guerre mondiale qui est en train de se préparer sous nos yeux, sous notre regard nonchalant ? Et ce danger pourrait, hélas, venir de Jérusalem, endroit où, jadis, Dieu et ses prophètes préconisaient, pourtant, qu'elle devrait être la ville de la paix, comme son nom l'indique.

Nous le savons tous : les armes sont prêtes et luisantes. Le moment de l'explosion risque d'être pour demain. En conséquence, à nous d'intervenir dès maintenant, par tous les moyens possibles et inimaginables.

Ce colloque même peut-être un de ces instants privilégiés et son importance en serait d'autant plus grande.

Parce que, en ce jour, je me trouve en France, je souhaite le dire à haute voix, aux français et au monde entier, il faut œuvrer pour qu'Israël et Ismaël puissent vivre sur la terre de nos ancêtres, l'un à côté de l'autre.

Israël et *Ismaël*, séparés par une seule lettre, mais qui risque d'être la lettre d'adieu expédiée à l'univers entier.

Patrice CORBIN *

Je vais essayer d'être bref et mon propos va, nécessairement, être moins passionné, car le thème qui m'est imparti est celui de la philosophie des Droits de l'Homme à l'Ouest et à l'Est.

Je voudrais centrer mon propos autour de deux idées simples. La première de ces idées, c'est qu'il est un peu abusif de parler de la philosophie des Droits de l'Homme à l'Ouest comme un système clos, complet, fermé sur lui-même.

En fait, à l'Ouest, depuis quatre siècles, un certain nombre de courants de pensée ont déposé des strates philosophiques. Les Droits de l'Homme, en 1985, y apparaissent plus comme une sorte de lieu géométrique que comme une philosophie close et fermée sur elle-même. Si, en quelques instants, on devait essayer de décrire cette évolution historique, on pourrait dire qu'elle se résume dans l'émergence de l'autonomie de l'individu. Et en pointant, simplement, quelques-uns des courants philosophiques qui ont contribué à cette évolution, en prenant appui les uns sur les autres, je citerais quatre de ces principaux courants :

— un courant auquel nous pensons immédiatement, en France en tout cas, qui a eu une grande influence,

* Secrétaire Général de l'Assistance Publique.

c'est tout le courant rationnel, le courant d'émergence des Droits politiques, à la fin du dix-huitième siècle, le courant des lumières, le courant encyclopédiste, qui marque la naissance du citoyen, qui culmine ou qui aboutit au texte «*princeps*» qui est celui de la *Déclaration des Droits de l'Homme* ;

— autre courant, le courant libéral, au sens économique du terme, qui lui aussi prend sa source, au dix-huitième siècle, en France et en Angleterre, que l'on va retrouver tout au long du dix-neuvième siècle, qui marque la naissance de l'individu — agent économique de l'entrepreneur — faisant éclater, par exemple, le cadre ancien des corporations — et sera, de ce fait, un courant important dans l'histoire des Droits de l'Homme ;

— troisième courant, celui auquel explicitement se réfère ce Colloque, le courant socialiste, qui est le cri de populations entières déracinées par la révolution industrielle et qui peut s'analyser comme une lutte, toujours recommencée, pour faire reconnaître les Droits de la personne humaine dans la sphère de l'économie. C'est le courant de **Fourier**, **Proudhon**, bien sûr, et puis c'est la critique, extrêmement forte et extrêmement utile, en 1848, de **Marx**, la critique des libertés formelles, mais qu'il est indispensable de resituer dans son contexte historique et qui a été, dans la dynamique des Droits de l'Homme, un élément important ;

— enfin, quatrième courant, le courant religieux, le courant du christianisme. Le courant de la réforme et du libre examen, au début du seizième siècle, ou celui des grandes encycliques sociales de la fin du dix-neuvième, voire celui des philosophes chrétiens du début du vingtième ou celui des recherches théologiques qui se manifestent actuellement, par exemple, dans la théologie de la libération et qui, tous, mettent en œuvre une réflexion sur l'aspect sacré de la personne humaine.

Donc, personne n'est propriétaire des Droits de l'Homme, mais c'est une sorte de lieu géométrique philosophique.

J'ai presque envie de dire que c'est une éthique, à laquelle chacun peut puiser.

Alors, l'Est par rapport à cela ? L'Est, officiellement, c'est une seule référence philosophique, celle du marxisme. Mais je dirais d'un marxisme travesti et d'un marxisme mis entre parenthèses.

Marxisme traversti parce que, au fond, nous sommes en présence — encore une fois en termes de référence philosophique — d'une volonté d'arrêter l'histoire. C'est-à-dire que, quand Marx fait sa célèbre distinction des libertés théoriques et des libertés concrètes c'est, à l'époque, une impulsion, une dynamique. Or, les évènements politiques qui se sont produits, notamment en Russie, et la philosophie officielle aboutissent, au contraire, à interdire toute évolution dans ce domaine, en s'appuyant sur l'équation perverse : liberté réelle = appropriation collective des moyens de production. Nous savons bien que la réalité des choses contredit, tous les jours, cette équation.

Marxisme mis entre parenthèses parce que, en termes toujours philosophiques, la production à la fois politique, historique, mais également philosophique de **Lénine**, a consisté à mettre entre parenthèses ces éléments dynamiques, au regard des Droits de l'Homme, que représentait l'œuvre de Marx. Et ce, au nom d'une dictature du prolétariat qui devait être un moment transitoire et qui est devenue un mode de gouvernement avec, là aussi, cette autre équation perverse de parti = prolétariat.

Mais, au fond, on réalise très vite — et c'est la deuxième idée simple de mon propos — que la philosophie ou que les références philosophiques ou idéologiques sont incapables de rendre compte, à elles seules, de la réalité des Droits de l'Homme, telles qu'elles sont concrètement pratiquées. Et l'auditoire sait, mieux que quiconque, que les Droits de l'Homme ne valent que par les procédures, par les moyens concrets qui sont mis en œuvre, pour les faire respecter. De même, nous voyons très clairement, en examinant la situation des Droits de l'Homme à l'Ouest, que les différents Droits — qu'il s'agisse des Droits de la première génération, pour reprendre les expressions em-

ployées hier matin, ou des Droits de la deuxième génération — ne sont pas, au regard des références philosophiques,
au même niveau. Certains Droits font l'objet d'un consensus
assez complet, sont gravés en lettres de marbre dans nos
frontons, sont précisés par des préambules et par des textes
de premier niveau dans la hiérarchie des textes juridiques,
d'autres sont simplement ou font encore l'objet d'un débat,
d'un conflit. Je vais prendre simplement deux exemples :

Tout ce qui concerne la non-ségrégation en fonction de
la religion ou du sexe. Autant ce qui a trait à la religion
fait maintenant partie d'un acquis, d'un consensus de la
société civile, autant la lutte contre la ségrégation selon
le sexe est un combat permanent, qui a reçu récemment
le renfort de textes juridiques, mais qui ne peut se passer
d'une pression constante.

De même le domaine des relations du travail est à la
fois lieu de mise en œuvre d'un droit spécifique (souvent
controversé), mais le respect de l'esprit des textes (voire
souvent de la lettre) passe par la présence d'organisations
syndicales dynamiques.

Tout cela, donc, aboutit à savoir que les Droits de l'Homme, en même temps qu'ils sont une philosophie et une éthique, sont également une *praxis*, une *praxis* collective, une
action collective, et sont aussi une résultante entre, d'un
côté, un certain nombre de forces qui sont l'histoire des
idées, les forces politiques et sociales, l'état de développement économique, bref ce qu'on pourrait appeler la société
civile et, d'autre part, l'appareil d'État. L'état des Droits
de l'Homme, à un moment donné, dans un pays donné,
traduit le point d'équilibre qui s'établit entre ces deux
éléments. A contrario, ce qu'on peut constater, à l'Est,
c'est que la société civile d'un certain nombre de pays
n'a jamais connu le dynamisme lui permettant d'être un
acteur dans le développement et dans la défense des Droits
de l'Homme. Il suffit de prendre l'exemple de la société
russe où son retard dans le développement économique,
la faiblesse des traditions intellectuelles de lutte en matière
des Droits de l'Homme et le passage, au fond brutal, du
tsarisme à l'État bolchévique, tout cela a contribué à

ce que l'État bolchévique, avec toute sa puissance, se soit simplement coulé dans le moule, dans les creux, dans les vides de la société civile russe. Bien entendu, cette description n'est pas exacte pour certains autres pays de l'Est, je pense à la Tchécoslovaquie ou à l'Allemagne de l'Est qui, eux, avaient une tradition de luttes extrêmement vivace.

A partir de ces deux idées simples qui sont : les Droits de l'Homme ne sont pas une philosophie mais une éthique et les Droits de l'Homme sont, avant tout, une *praxis* collective, je dirais pour conclure qu'on peut tirer trois types d'enseignement, un à usage interne et deux à usage des relations internationales.

Le premier, à usage interne, c'est que le débat sur le plus d'État ou moins d'État qui anime la vie politique française, actuellement, est également un débat central pour les Droits de l'Homme. L'État, propos classique, peut être à la fois oppresseur mais il est également celui qui édicte des règles, celui qui protège. Le moins d'État a l'air de renvoyer automatiquement à plus de Droits de l'Homme. De même, il serait grave de se bercer de l'illusion que la transcription, dans un texte juridique, d'un Droit nouveau est, en soi, un gage de pérennité. Les Droits de l'Homme n'existent que dans la mesure où la conscience collective est prête à se mobiliser pour les défendre.

Et puis, les deux autres enseignements sont à usage externe, à usage des relations internationales. Le premier, c'est que les Droits de l'Homme, d'une manière générale, dans le débat international, ne peuvent évoluer que dans un contexte de Droit International, dans un contexte de relations internationales codifiées. Tout ce qui contribue à faire pénétrer le Droit, le dialogue, l'équilibre, dans les relations internationales est, peu ou prou, favorable au développement des Droits de l'Homme.

Le second de ces enseignements, à usage externe, est que les Droits de l'Homme sont également une *praxis* collective dans le domaine international. Toute action menée, même dans le cadre d'un seul pays, a nécessairement des retombées internationales. Rien n'est vain dans le combat pour les Droits de l'Homme.

Ivo FLEISCHMANN *

La nostalgie étant toujours ce qu'elle a été, j'ai ressenti un pincement au cœur en rentrant dans l'amphithéâtre Richelieu de la Sorbonne. En effet, je suis venu ici pour la première fois il y a fort longtemps, en 1946, pour rendre hommage à Paul Langevin. J'étais à l'époque un tout jeune attaché culturel ; la Sorbonne, par contre, était fort vieille déjà. Avant d'entrer, j'ai dû parcourir le passage Gerson.

Or Jean Charlier dit Gerson, chancelier de la Sorbonne, fut jadis le grand animateur du Concile de Constance, celui où avait été condamné à être brûlé le plus grand intellectuel du pays d'où je viens, le recteur Jan Hus.

J'estime que, bien que l'énoncé du sujet à traiter semble évident — «Philosophie des Droits de l'Homme à l'Ouest et à l'Est» — et bien que la polémique à son propos soit quasiment quotidienne depuis des décennies et en particulier depuis l'avènement d'un État organisé selon la conception bolchévique des soviets du peuple, le fond du problème demeure toujours en retrait par rapport à une certaine clarté bien nécessaire.

Hier, dans cet amphithéâtre, j'ai assisté à un débat concernant les mass-media et j'ai appris beaucoup de choses.

* Ancien Attaché Culturel à l'Ambassade de Tchécoslovaquie en France.

En particulier, j'ai retenu un tas d'informations concernant les énormes masses d'énergies que ces moyens de communication nécessitent. Aussi ai-je appris comment les utiliser pour les rendre efficaces. Le débat tournait ainsi autour de la matérialité et de la façon de l'utiliser.

Je suis, je le confesse, resté sur une faim certaine : l'Homme que je suis s'intéresse essentiellement non à la technologie mais à l'information — et à la désinformation aussi — que la technique véhicule. A l'idée — l'idée pouvant devenir, certes, par la suite, une nouvelle force matérielle — mais à l'idée, avant tout, au service de la valeur qu'elle peut et doit procurer : la garantie des Droits de l'Homme.

J'aurais pu, aujourd'hui, à la différence d'hier, présenter à notre assemblée la nombreuse documentation fournie par le VOUNS — le Comité pour la défense des Droits civiques tchèques — ou par le Comité de la *Charte 77*, illustrant les nombreux empiétements du régime, sévissant actuellement en Tchécoslovaquie, sur les Droits de l'Homme. Mais cette documentation est accessible et les intéressés peuvent se la procurer. L'énumération, ici, serait fastidieuse.

Ainsi, je préfère ne signaler que deux cas qui, par simple hasard, m'ont procuré hier le sentiment que je ne me trouve pas dans l'amphithéâtre Richelieu en tant que simple spectateur. En effet, deux lettres avaient été lues par le président de séance : l'une émanant de mon ami Jiri Hàjek, ancien ministre de l'Éducation nationale puis ministre des Affaires étrangères et, finalement, un des initiateurs principaux de la *Charte 77* ; l'autre écrite par l'ingénieur Slànsky, le fils de Rudolf Slànsky, jadis secrétaire général du CC du PC tchécoslovaque et, par la suite, victime de la sanglante purge organisée, par les services soviétiques, au sein des services de leurs aides dévoués qu'étaient les communistes tchécoslovaques.

Hiri Hàjek s'adressait à notre réunion désirant qu'on intervienne pour aider son fils qui, du seul fait qu'il soit le fils de son père, est interdit de l'Université de son propre pays et ceci en dépit de ses capacités intellectuelles, attestées au cours de plusieurs concours d'admission passés avec brio. Jiri Hàjek désire qu'une possibilité soit offerte à son fils de poursuivre, en France, des études qui lui sont refusées dans son pays. Il suggère aussi que ce soit l'UNESCO qui lui offre une bourse, une des nombreuses dont cet organisme dispose. Hàjek le sait parfaitement, ayant été également pendant bien longtemps le représentant de la Tchécoslovaquie à l'ONU.

Or Madame Ahrweiler, la Présidente des lieux qui nous abritent ici, et qui était physiquement présente hier — a rendu récemment une visite à l'Université Charles IV de Prague où elle a été reçue, avec tous les honneurs, par ceux qui refusent l'accès au savoir au fils du savant Hàjek, dont le crime majeur consiste dans le fait qu'il avait été un ministre du gouvernement Dubcek.

Madame Ahrweiler pourrait-elle insister auprès de ses hôtes d'hier, au nom des Droits de l'Homme, pour qu'une injustice, une seule parmi les nombreuses, soit écartée ? Je pense qu'ils pourraient se sentir gênés de lui opposer un refus, surtout quand ils désirent que les liens universitaires franco-tchécoslovaques s'améliorent — ce que Madame Ahrweiler, selon le *Rudé Pràvo*, désire également.

Hàjek suggère, ai-je dit, que l'UNESCO-même vienne éventuellement en aide à son fils. Or, le *Rudé Pravo* de cette semaine publie (le 21 janvier 1985), en première page, avec ostentation, une dépêche citant les propos de Madame Baudrier, chef de la délégation française auprès de l'UNESCO, réfutant avec vigueur l'argumentation anglo-américaine explicitant le retrait de ces deux pays de l'UNESCO.

Madame Baudrier est donc bien vue par le *Rudé Pravo*, organe officiel du régime praguois, ce qui est une position peu commune à l'immense majorité d'officiels français, fussent-ils socialistes ou pas.

Madame Baudrier ne pourrait-elle pas profiter de cette aubaine ?

La lettre du fils de Rudolf Slansky donne l'occasion de méditer des Droits de l'Homme d'une manière un peu autre. Il écrit qu'il ne peut participer à notre colloque et il s'en excuse. En effet, l'invitation lui est parvenue mais hélas inutilement. Les autorités de son pays lui refusent un passeport et, sans passeport, il est évidemment impossible de franchir les frontières, aussi bien tchécoslovaques que françaises ou ouest-allemandes. Et voyez-vous, jadis, son père était une personnalité dont le moindre geste suffisait à ce que n'importe qui possède un ou même plusieurs passeports.

J'ai vu Rudolf Slansky pour la dernière fois à Paris au moment où il dirigeait la délégation tchécoslovaque qui avait proposé, à la séance plénière de l'ONU, la reconnaissance de la création de l'État d'Israël ; le chef de la délégation tchécoslovaque épaulait, en cette matière, le chef de la délégation soviétique M. Vjacesslav Molotov, ami personnel de Staline, qui avait suggéré personnellement que l'État d'Israël soit reconnu une fois pour toutes. Peu de temps après, Slansky devait être inculpé comme agent de ce même Israël, considéré du jour au lendemain comme puissance maléfique de par son hostilité à Staline, et exécuté.

Je me suis attardé sur ces deux exemples bien que, je l'avais déjà dit, je pourrais en énumérer d'autres et aussi personnels : ma sœur n'a pas le droit de me rendre visite ; sa visite auprès de moi n'est pas dans l'intérêt de l'État tchécoslovaque lui avait-on dit, à Prague. A quoi cette femme énergique avait rétorqué qu'elle ne désirait pas se rendre à Paris dans l'intérêt de l'État mais pour voir, peut-être pour la dernière fois vu son âge, son seul frère.

Ainsi, il semble bien que les Droits de l'Homme, à l'Ouest comme à l'Est, prennent un aspect toujours inquiétant, tout en indiquant qu'il est bien hasardeux de les laisser passer plutôt souvent au compte des pertes et profits simplement immédiats.

Immédiats, dis-je, estimant que les Droits de l'Homme devraient représenter, à nos yeux, une valeur stable et indépendante des fluctuations historiques − et qui dit historiques pense évidemment politiques aussi − une valeur unique et non pas double, triple, etc...

Je m'explique : l'Homme, de nos jours, semble effectivement toujours dépendre de critères qui ne lui sont pas intrinsèquement propres et les Droits de l'Homme constamment en proie à quelques compléments, certes

compréhensibles, mais surtout extraordinairement dangereux.

Tantôt risque-t-il de se voir couper la main, pour un
simple larcin, ou d'être lapidé, à mort, pour un simple
adultère, pratique tellement courante en notre Occident.
Tantôt peut-il être pendu jusqu'à ce que mort s'ensuive
pour avoir failli, au moins selon l'avis de quelques usurpa-
teurs momentanés, au Droit socialiste. Les adjectifs portent,
en matière des Droits de l'Homme au moins, bien souvent
malheur à ceux qui y croient.

Les circonstances, toujours pareilles aux sables mouvants,
jurent avec l'immensité du temps, celui en tous les cas
du monde des Hommes.

Jacques LEBAS *

Nous parlons aujourd'hui des Droits de l'Homme sur un continent qui a connu, il y a à peine quarante ans, le plus grand génocide de l'histoire, l'extermination de six millions de juifs.

Nous parlons, entre nous, des Droits de l'Homme dans un pays où, il y a quarante ans, ceux-ci étaient foulés aux pieds, où une grande partie de la population assistait au défoulement, au déferlement du racisme et de l'antisémitisme dans le silence (voire la complicité) ; où la démocratie s'est mise à genoux ; où seule une minorité a résisté.

Nous parlons ici, en Sorbonne, des *Droits Socialistes de l'Homme* sur un continent dont l'hémicorps gauche est en cage, privé de liberté, paralysé au nom même du «socialisme». L'Europe est coupée en deux. Une moitié ne connaît pas les Droits élémentaires de l'individu, l'autre moité en prend acte et fait le plus souvent l'autruche.

Et nous parlons pourtant des Droits de l'Homme sur ce sol où a jailli la *Déclaration des Droits de l'Homme et du Citoyen*, il y a bientôt deux siècles. Nous savons donc ce que les Droits de l'Homme ont de fragile, parfois d'éphémère, de précieux toujours. Dans cette Europe démocratique, en paix, libre et bien nourrie, la notion fait au-

* Vice-Président de *Médecins du Monde*.

jourd'hui consensus. C'est le cas, en particulier en France, d'une écrasante majorité de la population, des canaux d'information, des partis politiques, qu'ils soient de droite ou de gauche, bien entendu. Je ne crois pas que ce soit éternel. Ce n'est jamais un acquis, ni un but. Cela se gagne, cela se mérite. Nous sommes ici, en Europe − et en particulier en France − en âge de le savoir.

Ces Droits de l'Homme qui nous paraissent aussi évidents − à notre génération en tout cas − que le Droit de circuler en voiture à travers Paris, n'existent que pour une minorité de pays, donc une minorité d'individus à travers le monde. On comptabilise, en gros, à peine cinquante-six pays démocratiques, et encore faudrait-il s'entendre sur ce que l'on appelle «pays démocratiques».

Donc, c'est le Droit d'une minorité d'individus à travers le monde. C'est une évidence, c'est un truisme même. Et pourtant cette question des Droits de l'Homme fait actuellement polémique, fait l'objet de débats ; il y en a qui voudraient les étendre et on parle de Droit au travail, de Droit à la santé, de Droit de vivre au pays ... On essaie de faire des Droits de l'Homme un étendard politique, de gauche ou de droite, et on assiste, actuellement, à une offensive de tous les partis politiques pour faire de ce thème unificateur l'estampille d'eux-mêmes. Bref, la guerre des Droits de l'Homme est déclarée. C'est une guerre qui, ici, ne fait pas de victimes : personne n'est torturé pour cela. On a pourtant du mal à parler, à partir de points de vue différents, de cette chose ensemble. Depuis quelques temps, cette idée qui faisait consensus est l'objet de débats, de conflits, d'oppositions, alors que je ne vois pas pourquoi, aujourd'hui, en France et en Europe démocratique, elle n'est pas, au contraire, facteur d'unification.

Je voudrais insister sur les points évoqués d'extension des Droits de l'Homme. Le Droit au travail, par exemple. Il est évident que si, dans la nouvelle constitution des Droits de l'Homme, le Droit au travail est inscrit sur le même plan que le Droit à ne pas être torturé, la France d'après 1981 va figurer en bonne place dans les rapports d'*Amnesty International*, avec ses 2,3 millions de chômeurs.

Que le Droit de vivre au pays soit considéré, maintenant, comme un Droit imprescriptible de l'individu pose le problème, aujourd'hui, de la flexibilité, qui n'est pas seulement une idée de droite. La flexibilité, c'est le contraire du Droit de vivre au pays puisque c'est le mouvement et non pas le repli.

Et puis le Droit à la santé, qui me préoccupe un peu plus spécialement. J'ai toujours trouvé cette phrase complètement vide de sens. On n'a pas le Droit à la santé ou, alors, quelle santé ? On a le Droit à être soigné quand on ne va pas bien ou le Droit à avoir accès aux soins ... mais le Droit à la santé, c'est comme le Droit à ne pas vieillir, à ne pas mourir. Évidemment, je suis pour, mais enfin ...

Bref, j'ai l'impression que dans cette volonté d'approfondissement, d'extension — qui impose aussi, vraiment, une réflexion — il y a plutôt une volonté de marquage, de se diviser sur ce qui unit, à un moment donné, les Français ou les Européens. Je crois que c'est une étonnante faculté des Français : mettre des clôtures autour d'idées communes, pour mieux marquer les limites de ce que chaque camp, chaque collectif, chaque groupe, considère comme sa propriété. Les Droits de l'Homme seraient la propriété de la gauche, parce qu'elle y aurait pensé la première ; les Droits de l'Homme seraient la propriété de la droite, parce que la gauche aurait péché par complaisance envers le communisme et le *goulag*.

La préoccupation des Droits de l'Homme gagne la France, tant mieux ! Les colloques se multiplient, tant mieux ! On ne peut que s'en réjouir. Ce n'était pas vrai il y a quinze ans. Ce n'était pas une idée à la mode du tout. Les actions se multiplient sur le terrain : organisations non gouvernementales, organisations médicales humanitaires, *Amnesty International*, nos gouvernants mêmes. M. Claude Cheysson tirait le bilan de son action concrète en faveur des Droits de l'Homme, individu par individu, et c'était marquant : six cents personnes tirées des prisons pendant l'exercice de ses fonctions, c'est quelque chose d'important ! Mais alors, pourquoi cette tendance à vouloir découper en tranches et affaiblir cette force dont on a besoin ? Peut-être ici, en France, pour gagner des électeurs. Mais dans le monde ? Et quand on voyage un peu — comme c'est le cas, à *Médecins du Monde* — il est évident que les Droits de l'Homme sont loin d'être conquis dans les faits, la notion même est loin d'être admise partout.

Nous pensons que les Droits de l'Homme constituent une série de limites incontournables, intangibles, valables pour chacun, sans distinction de race, de confession ou d'idéologie : C'est d'abord le Droit à la vie. Cela paraît une évidence, mais quand on voit le cortège des enfants Éthiopiens ou du Sahel venant mourir au bord des routes poussiéreuses, après une courte vie — deux ou trois ans — il est évident que ce Droit à la vie est loin d'être conquis. Pourtant, il y a la possibilité de nourrir, aujourd'hui, dans le monde, tout individu.

C'est le Droit de chacun à ne pas être torturé, ni par un militaire chilien, ni par un *mollah* iranien, ni par des psychiatres soviétiques.

C'est le Droit d'être soigné pour chacun, non pas guéri mais soigné, tant l'enfant salvadorien qui vit dans les zones de guérilla — après tout, il n'a pas choisi de naître là, il n'a pas choisi le combat — que l'enfant afghan, otage des troupes soviétiques — qui, lui encore, n'a pas choisi ses oppresseurs, ses alliés ou ses chefs. C'est ce Droit que nous essayons d'imposer, comme organisation médicale humanitaire, en allant, à travers le monde, soigner les gens qui sont interdits de secours par leurs gouvernants, la guerre, la famine.

Ces Droits nous permettent, aujourd'hui, de parler ensemble sans forcément partager les mêmes opinions. C'est un combat incessant et difficile pour les obtenir.

Je voudrais prendre deux exemples, dont on ne parle plus tellement : l'Argentine et le Viêt-nam.

Vous savez que, grâce à l'action hebdomadaire, tenace, en particulier de *Droits Socialistes de l'Homme*, les argentins, sous la dictature militaire, ont eu le sentiment et la certitude de ne pas avoir été complètement oubliés, dans nos cœurs, pendant cette période difficile de leur vie. C'est important. Aujourd'hui que la démocratie est là, on oublie ce problème comme si, coup de baguette magique, la démocratie arrive et le problème est réglé. Je le souhaiterais. Je pense qu'il n'y a pas de Droits de l'Homme établis sans un système démocratique. Je reviens d'une mission en Argentine où j'ai retrouvé un pays totalement déchiré par les cauchemars qui, maintenant, s'expriment par le fait que chaque survivant se sent coupable de silence, de complicité, de ne pas avoir été assassiné par les monstres. *«On ne savait rien, mais on n'ignorait rien non plus»* répètent-ils. Ils n'ignoraient rien de quoi ? Des disparitions, des tortures, des ventes d'enfants ... Ils attendent beaucoup, maintenant, de l'expérience européenne, l'expérience la plus douloureuse qu'on ait eue. Pour les aider à franchir ces années où la vérité éclate, où on sait que ce qui est arrivé est encore pire que ce qu'on pensait, que ce qu'on imaginait, où la douleur est encore présente, où les institutions sont encore fragiles et où les assassins, les tortureurs, *«vivent encore parmi nous»* comme disent les argentins. A ce moment-là, n'oublions pas cette souffrance argentine. L'heure n'est plus aux manifestations, il ne s'agit plus de faire des pétitions pour libérer tel ou tel, ni même pour le mettre en prison. Après tout, c'est leur problème. Ils sont en démocratie, ils peuvent s'exprimer et peser sur les décisions du gouvernement. Mais c'est le moment d'une réflexion commune, de se parler ensemble, d'expérience à expérience.

Le Viêt-nam. Vous n'êtes pas sans vous souvenir des images des *Boat People*. Souvent, les tragédies passent, pour nous, par les images. Ils fuyaient, par milliers, le régime communiste d'Hanoï. C'était il y a cinq ans. C'étaient les retrouvailles d'Aron et de Sartre autour de Giscard d'Estaing ... Et puis plus rien ... ou presque ... On a fait trois bateaux depuis cinq ans. Ceux-ci ont sauvé des gens qui se noyaient. On considère que la moitié des gens qui partent du Viêt-nam se noient ou disparaissent en mer de Chine. Et cela continue ... Ce n'est pas parce que la télévision, les cinéastes, les marchands d'images et d'informations n'y vont plus que cela n'existe plus. Et lorsque, l'autre jour, il y a eu le procès et la condamnation à mort de ces vietnamiens, cela a soulevé un émoi tout à fait normal en France — d'ailleurs, on s'est surtout préoccupé du Français, en la circonstance — mais ce problème des *Boat People*, il n'est absolument pas ressorti. J'en suis aussi responsable que vous, je n'ai rien fait pour ... Il y a cette faculté d'oubli, cette faculté d'indignation au rythme soit des sensibilités, soit des images, soit des actions qu'on est capable d'entreprendre ...

L'heure n'est pas de découper en tranches les Droits de l'Homme. L'heure est au combat solitaire et solidaire. Ne nous contentons pas de nous regarder dans la glace et de fermer les fenêtres. Ouvrons les portes de l'Europe, parlons à l'autre au lieu de le tuer, parlons-nous un peu, avant de mourir.

Jeanne BRUNSCHWIG *

Nous sommes tous plus ou moins conditionnés par nos intérêts et activités et lorsque j'ai vu, dans le programme de ce Colloque *«Philosophie des Droits de l'Homme à l'Est à l'Ouest»* — c'était l'Est qui attirait mon attention — j'ai pensé, tout naturellement, à la philosophie des défenseurs des Droits de l'Homme. Puis, j'ai parlé, çà et là, et je me suis rendu compte que la philosophie des Droits de l'Homme à l'Est, pour certains, cela pouvait aussi vouloir dire comment les comprennent les dirigeants, les officiels des pays de l'Est.

La meilleure façon de traiter cela, c'est de se référer à leurs textes, comme l'a fait précédemment et avec autorité Maître Matarasso. Dans l'article 39 de la Constitution de 1977 de l'U.R.S.S., quatrième du nom, nous lisons ceci, à la fin : *«Les citoyens ne peuvent jouir de leurs droits et libertés que si ce n'est pas au détriment des intérêts de la société ou de l'État»*. De même, dans l'article 62, nous trouvons : *«Les citoyens de l'U.R.S.S. sont tenus de préserver les intérêts de l'État soviétique et d'en renforcer la puissance et le prestige»*.

Ce serait une erreur de voir là un simple tour de passe-passe : donner puis escamoter. Il y a plus. Il y a le double

---

* Secrétaire Nationale du *Parti Socialiste Unifié* (P.S.U.).

langage qui parcourt toute la vie soviétique et qu'a très bien décrit Alexandre Zinoviev. Ce langage exprime le mythe — très soigneusement entretenu bien que ne représentant plus une nécessité. fondamentale — et la réalité, qu'il faut bien aussi exprimer et formuler. C'est pourquoi tout se fait à deux niveaux — l'être humain lui-même vit à plusieurs niveaux — et c'est ce qui conduit Zinoviev à faire ainsi la description de l'*Homo Sovieticus*, baptisé *Homocus* :

> «Mon attitude envers cet être est double. Je l'aime et dans le même temps, je le hais ; je le respecte, tout en le méprisant ; il m'enthousiasme, tout autant qu'il m'effraie ; je suis moi-même un *Homocus* ...».

Ainsi, la Constitution, elle, nous dit très clairement : «*Le citoyen soviétique est libre, à condition de ne pas l'être* ...». Et le code civil précise, dans le détail, comment il faut ne pas l'être. Ce sont les célèbres articles 70 et 72 du code criminel visant les crimes contre l'État et, plus connu encore et redouté, l'article 190/1, concernant la mise en circulation d'informations diffamant l'Union Soviétique. En vertu de cet article, on a pu arrêter et juger des gens pour des textes trouvés chez eux et dont il étaient, eux-mêmes, les auteurs.

Il serait intéressant de chercher comment ce dédoublement de la personnalité sociale du citoyen soviétique a pu faciliter l'usage de la psychiatrie à des fins répressives. Mais ce n'est pas, ici, notre objet et ce serait une étude difficile ...

Il est du reste probable que c'est principalement par l'étude du roman — et non par celle d'ouvrages juridiques, sociologiques ou philosophiques — qu'il est possible de cerner de plus près la véritable philosophie des Droits — ou du non-droit — dans la société soviétique. Elle est indissolublement liée aux structures mêmes de la société et, pour la bien comprendre, c'est un livre comme la *Faculté de l'Inutile* de Dombrowski — paru en 1977, mais écrit dans les années soixante — qu'il faut lire. Cette Faculté, qui donne son nom au roman, c'est tout simplement la Faculté de Droit, celle où les juristes font leurs études ...

Il y a, dans ce pays, des choses plus importantes que le Droit — ou les Droits — et, cela, il faut bien le comprendre. L'article 190/1 a été appliqué dans les cas les plus divers. On dit, ici, à des «*dissidents*». C'est un terme malheureux que récusent, d'ailleurs, la plupart des intéressés. Il peut s'agir de travailleurs qui essaient de faire valoir ce que nous appellerions leurs revendications. Mais généralement il s'agit plutôt d'une situation considérée comme injuste et où justice est tentée d'être obtenue par les voies et canaux habituels, «normaux» ; c'est-à-dire par les diverses instances du parti, ce qui suppose bon nombre de tracasseries et dangers, au fur et à mesure que les échelons sont gravis. Attention au pas de trop !

Les mouvements de révolte restent exceptionnels, soudains et très brefs, parce que l'État exerce son contrôle à la source même, dans l'atelier.

Les résistances des intellectuels sont mieux organisées et plus durables bien que, par l'exil et la répression, l'État soviétique finisse par avoir plus ou moins raison, au moins temporairement.

Les opposants sont amenés à se battre non pour leurs opinions, leurs conceptions politiques, philosophiques, syndicales ou même économiques, mais pour le Droit, la possibilité d'en avoir. Si bien que la lutte pour les Droits de l'Homme devient une lutte politique fondamentale, qui conditionne toutes les autres.

S'il existe une philosophie des Droits de l'Homme dans les pays du socialisme réellement existant, c'est-à-dire une réflexion sur les Droits de l'Homme, leur importance dans la société, les problèmes qu'il posent ... c'est, en vérité, aux Hommes, et non au système d'État, qu'il faut se référer.

Je voudrais terminer par cette information. En Tchécoslovaquie et en R.D.A., les défenseurs des Droits de l'Homme, dans ces pays, ont découvert un Droit qui était plus important que tous les autres : celui de vivre. Autrement dit, ils se sont intéressés aux questions de paix et de guerre. Une déclaration commune a été publiée. C'est un évènement.

Tout comme il est bon de souligner cette lutte menée, en Tchécoslovaquie, pour la moralisation de la vie sociale et politique. Cela vaut, en tenant compte du contexte, que l'on y réfléchisse aussi ici.

Amadou-Mahtar M'BOW *

C'est avec un grand plaisir que je participe, aujourd'hui, à votre colloque international sur le thème d'une société nouvelle : défense, adaptation et extension des Droits de l'Homme. Ce thème, qui présente aujourd'hui un intérêt majeur pour tout citoyen conscient, à quelque pays qu'il appartienne, relève de l'une des principales missions confiées à l'UNESCO par la communauté internationale. C'est pourquoi, au cours des dernières décennies, la notion des Droits de l'Homme a fait, au sein de l'UNESCO, l'objet de débats intenses et de travaux de grande qualité.

Parmi ces travaux, j'aimerais citer la publication d'une anthologie sous le titre *Le Droit d'être un Homme*. Cet ouvrage rassemble des proverbes, des poèmes, des fragments de textes philosophiques ou religieux, des Déclaration solennelles, émanant de toutes les sociétés et de toutes les époques, qui font ressortir la frappante convergence des aspirations qui se sont exprimées tout au long de l'histoire humaine, vers plus de liberté, plus de tolérance, plus de justice et plus de solidarité.

Ainsi découvrons-nous, jusque dans les sociétés les plus anciennes, des textes faisant état du souci de protéger la personne humaine, de préserver certaines de ses libertés, de garantir telle ou telle de ses prérogatives. Ainsi

* Directeur général de l'*Organisation des Nations Unies pour l'Éducation, la Science et la Culture* (UNESCO).

retrouvons-nous, dans les sociétés orales et de droit coutumier, de nombreuses pratiques destinées à assurer à l'individu sa marge d'initiative et de responsabilité au sein de sa communauté.

Le XVIIIe siècle a certes marqué une étape essentielle, en posant les principes d'inaliénabilité et d'indivisibilité des Droits de l'Homme. Rousseau écrira :

«Renoncer à sa liberté, c'est renoncer à sa qualité d'Homme, aux Droits de l'humanité, même à ses devoirs. Il n'y a nul dédommagement possible pour quiconque renonce à tout. Une telle renonciation est incompatible avec la nature de l'Homme, et c'est ôter toute moralité à ses actions que d'ôter toute liberté à sa volonté».

(J.J. Rousseau,
Du contrat social ou principes du droit politique (1762).
I, 1 et 6 ; chapitre IV : «*de l'esclavage*»)

Et Kant soulignera :

«Le problème le plus important qui se pose à l'espèce humaine et que la nature contraint l'Homme à résoudre, c'est de créer une société civile appliquant le Droit de façon universelle ... C'est-à-dire, une constitution civile parfaitement équitable ...».

(E. Kant,
in «Oeuvres complètes».
Livre 6 - Leipzig 1983).

La *Déclaration d'Indépendance* américaine de 1776 et la *Déclaration des Droits de l'Homme et du Citoyen* de 1789, inspirées par les processus révolutionnaires qu'elles reflètent, apporteront une cohérence, une clarté, une vigueur nouvelles à l'édifice des Droits de l'Homme. A ce titre, elles apparaissent comme des références historiques essentielles et éclairent le combat de nombreux peuples, au cours des deux siècles suivants.

Il importe cependant de souligner que, si la notion des Droits de l'Homme gagne du terrain dans la conscience des peuples, si même son principe est de plus en plus souvent revendiqué, l'histoire abonde en exemples de promesses non tenues, de malentendus tragiques et de conflits nés d'idéaux invoqués et de pratiques contraires.

Là-même où ils sont le plus solennellement proclamés, les Droits de l'Homme sont violés, bafoués ou même totalement ignorés, pour ce qui concerne certaines couches sociales ou catégories ethniques.

Ainsi l'esclavage prévaut-il longtemps aux États-Unis après la Déclaration d'Indépendance − de même que les pratiques discriminatoires à l'égard des Indiens. Ainsi faut-il attendre longtemps après la Déclaration de 1789 pour voir supprimé l'esclavage dans les colonies françaises.

Il en est ainsi en plein Siècle des Lumières − comme le font apparaître certaines études récentes. Et ceux qui proclament le respect du Droit des individus paraissent exclure de la jouissance de ces Droits des communautés entières.

L'histoire démontre d'ailleurs que, dans la réalité des faits, les Droits de l'Homme ne peuvent être protégés dans une société où une communauté est dominée par une autre. Et que le respect des Droits des individus est indissociable du respect des Droits de la collectivité à laquelle ces individus appartiennent.

C'est à la fin du XVIIIè siècle et au cours du XIXe siècle que s'affirment avec le plus de force, en Europe et en Amérique latine, le lien dialectique entre Droits de l'Homme et Droits des Peuples.

C'est quand ils acquièrent la conviction qu'il n'y aura de liberté pour eux que dans l'indépendance, que les esclaves noirs de Saint Domingue lanceront le mot d'ordre : *la liberté ou la mort*. Ainsi naît en 1804 la République d'Haïti. Et l'exemple sera suivi dans beaucoup d'autres pays d'Amérique latine.

Le XIXe siècle a été marqué en Europe, comme on le sait, par le grand mouvement à travers lequel les peuples dominés ont entrepris la conquête de leur souveraineté et les peuples séparés la lutte pour unifier leurs destins. Dans l'un et l'autre cas, il s'agit d'affirmer le Droit d'un Peuple à une existence indépendante afin que, dans ce cadre, chaque individu puisse assurer la plénitude de ses Droits particuliers.

Mais le XIXe siècle n'échappe pas au paradoxe de l'histoire. Les théories sur le fondement de l'inégalité des races vont servir de support à l'idéologie coloniale au nom de laquelle les puissances européennes, réunies à Berlin en 1885, se partagent l'Afrique et introduisent au sein de ses peuples des divisions dont les tragiques conséquences peuvent encore être observées de nos jours.

Ce n'est qu'au milieu de notre siècle, dans la résistance au fléau nazi et dans l'union pour mettre fin à la terrible guerre qu'il a déclenchée, que la communauté internationale va trouver l'élan nécessaire pour donner une vigueur, une cohérence et une extension nouvelles à l'édifice des Droits de l'Homme. De sa volonté politique et éthique va naître la *Déclaration universelle des Droits de l'Homme*, adoptée en Décembre 1948 par l'Assemblée générale des Nations Unies.

Certes, cette Déclaration est proclamée dans un contexte bien particulier : elle est le fait de représentants de quelques dizaines d'États seulement dont certains conservent encore, à l'époque, des empires coloniaux, et en l'absence de plus de cent nations qui n'ont pas encore accédé à l'indépendance et qui, de ce fait, sont exclues des délibérations et des discussions.

Il n'en reste pas moins que la Déclaration, qui a été rédigée par des humanistes de l'envergure de René Cassin et d'Eleonore Roosevelt, comporte d'importants aspects novateurs et qu'elle est susceptible d'enrichissements ultérieurs.

Pour la première fois, l'humanité est en possession d'un document qui a l'ambition de s'étendre, tout à la fois à l'ensemble des peuples du monde et à l'ensemble de leurs Droits. En effet, la Déclaration allie la protection des libertés fondamentales et des Droits civils et politiques aux garanties par l'État de Droits nouvellement reconnus — les Droits économiques, sociaux et culturels. Et loin de les juxtaposer, le texte en expose le caractère indissociable et les articulations nécessaires.

Par ailleurs, l'un des aspects les plus novateurs de la Déclaration réside dans son ouverture à d'autres développements : dans l'extensibilité et la progressivité qu'elle donne à la notion de Droits de l'Homme. René Cassin écrit à ce propos :

«L'extension progressive du nombre des Droits de l'Homme reconnus dignes de protection est un phénomène capital ... «L'histoire de la reconnaissance des Droits de l'Homme (...) est celle d'une expansion de progressivité croissante tant en ce qui concerne les territoires gagnés et les êtres humains concernés, que les Droits proclamés et les garanties organisées»

(**R. Cassin**,
La tradition libérale occidentale des Droits de l'Homme,
pour la «*Table ronde sur les Droits de l'Homme*»,
Oxford, 11-19 novembre 1965).

La Déclaration est suivie de deux Pactes internationaux relatifs aux Droits civils et politiques d'une part et aux Droits économiques, sociaux et culturels d'autre part, ainsi que par un Protocole facultatif. Par ailleurs, presque chaque article de la Déclaration donne lieu à une Convention ou à une Recommandation qui le prolonge et l'enrichit.

Mais aujourd'hui les rapports de force sont tels, à l'échelle de la planète, que de nombreux peuples se trouvent dans l'incapacité d'exercer effectivement leurs Droits à l'auto-détermination, que de nombreuses communautés se voient refuser le Droit à l'identité, que le régime de *l'apartheid* continue de sévir en Afrique du Sud, institutionnalisant le racisme et niant ainsi, par son existence même, le principe fondamental sur lequel reposent les Droits de l'Homme — leur indivisibilité.

Les libertés individuelles ne sont pas elles-mêmes respectées partout. Beaucoup de pouvoirs limitent les libertés politiques et d'association, d'autres répriment les mouvements d'opposition. Dans certains cas, c'est par la loi elle-même que se multiplient les atteintes aux Droits de l'Homme : lois rétroactives ou répressives, institutionnalisation des mesures d'exception. Par ailleurs, même lorsque la législation l'interdit, la torture est pratiquée dans certains États.

Le combat pour le respect des Droits de l'Homme et des Droits des Peuples est donc plus que jamais actuel. Malheureusement, la dénonciation des violations des Droits de l'Homme n'échappe pas aux clivages politiques et idéologiques du monde. Ceux-là mêmes qui s'indignent des violations de ces Droits dans certains cas, ont tendance à minimiser d'autres violations, pourtant aussi graves, parce que les régimes qui les pratiquent partagent leur vision du monde ou servent leurs intérêts. Une telle attitude conduit à instaurer une complaisance des consciences. Il est nécessaire de lui opposer l'exigence inconditionnelle du respect des Droits de l'Homme, partout et en toute circonstance.

Plus que jamais, il est essentiel de protéger ces Droits, sans discrimination ou exclusive ; et de les adapter à la complexité croissante de la vie — à condition de toujours les étendre et les enrichir, de ne jamais les trahir ou les appauvrir. D'où l'importance d'une réflexion qui ne doit, à aucun prix, servir de caution à une entreprise visant à s'écarter des principes de la Déclaration Universelle, mais qui ne peut, non plus, être freinée ou interdite, sous prétexte que tout aurait été dit dans cette Déclaration.

L'UNESCO apporte, depuis sa création, une contribution essentielle à la promotion des Droits de l'Homme dans tous les domaines relevant de sa compétence — et ce, sur un triple plan éthique, intellectuel et normatif.

Elle s'efforce en particulier d'approfondir l'analyse des causes des violations des Droits de l'Homme, des libertés fondamentales et des Droits des Peuples, dans le cadre d'une démarche interdisciplinaire faisant appel au concours des différentes sciences sociales et humaines. Elle œuvre aussi pour favoriser la réalisation effective des Droits culturels, du Droit à l'éducation, de la liberté d'opinion et d'expression et du Droit à la communication et pour ancrer ces Droits dans la conscience de tous. L'UNESCO donne ainsi une importance particulière à l'éducation relative aux Droits de l'Homme dans l'enseignement, afin que ces Droits s'enracinent dans les esprits depuis l'enfance.

Son action vise enfin à renforcer la protection des Droits de l'Homme dans les domaines de compétence de l'Organisation. Et je voudrais citer à cet égard le rôle du Comité sur les Conventions et Recommandations, qui examine les violations alléguées des Droits de l'Homme en ces domaines et s'efforce de rechercher, à l'amiable, des solutions humaines. Ce Comité peut désigner un membre du Conseil exécutif pour négocier avec l'Etat concerné et même me demander d'intervenir. De nombreux cas ont ainsi trouvé leur solution dans le cadre, il est vrai, de la plus grande discrétion.

La notion de Droits de l'Homme constitue sans doute l'une des plus précieuses conquêtes de l'esprit humain. Elle en a, à la fois, la grandeur et la fragilité. Il nous faut constamment veiller à la préserver, à la renforcer et à l'étendre. C'est dire combien je me félicite du débat que vous avez ici instauré. Et combien je lui souhaite un large retentissement.

Virgil TANASE *

Mesdames, Messieurs, incapable d'un discours abstrait, avec tous les avantages qui en découlent pour l'esprit et pour le bon déroulement d'une festivité généreuse, qu'il me soit permis de faire recours aux instruments qui sont les miens et imaginer, à votre intention et au profit des Droits de l'Homme, imaginer la façon dont réagirait, s'il se trouvait parmi nous, un de ces personnages qui dirigent les pays de l'Est — et pour lesquels, inutile de le dire, je nourris une franche admiration, car s'il est déjà difficile d'obtenir les suffrages d'un panier de crabes, vous conviendrez aisément qu'il faut des qualités exceptionnelles pour faire carrière dans les conditions d'un froid dit sibérien qui excite, en premier lieu, les loups, les renards argentés et les ours blancs, dont chacun sait qu'ils sont particulièrement féroces.

S'il se trouvait parmi nous et à supposer que, par miracle, il aurait le don de la parole, ce monsieur — car les femmes sont très rares dans ce climat impitoyable — ce monsieur, sincèrement affligé de tout ce qu'il entend, s'il réussissait à dépasser un certain mépris que les Hommes d'action ont toujours pour ce qui se passe dans un amphithéâtre, ce monsieur, sinon poli, très comme il faut, style Zagladine, ce monsieur vous dira :

* Écrivain roumain.

«Écoutez, sincèrement, moi, je ne comprends pas où vous voulez en venir ! Voyez-vous», continuera-t-il *«lorsque l'on pense une chose, elle est peut-être vraie, elle est peut-être fausse. Il faut vérifier cela dans la pratique.*

«Pour reprendre une phrase de Lénine : «il faut aller de la pratique à la pensée abstraite pour revenir à la pratique», au réel. *C'est le fondement d'une démarche scientifique qui, lorsqu'on l'applique à l'histoire et à la société, nous permet de croire que c'est la pratique sociale qui donne raison à une classe, à un groupe, à une personne ; la pratique sociale, je veux dire le pouvoir. Tout comme il ne suffit pas de vouloir voler pour se jeter du 4ème étage de l'Université Lomonossof sans s'écraser sur le parvis, toutes nos idées sur la société sont nulles et non avenues, si elles ne sont pas politiquement efficaces et ne vous conduisent pas au pouvoir. Celui qui a le pouvoir est celui — dans votre système vous raisonnez exactement de la même manière — celui qui a le pouvoir est celui qui est le plus près du réel, celui qui a le mieux compris les mécanismes du réel qu'il emploie au mieux. Et ne venez pas me dire que c'est la raison du plus fort ; sur une longue période et pour des millions d'individus, les chances s'annulent et seule reste la tendance fondamentale : le plus fort est le plus fort parce qu'il ... comment vous dire ? parce qu'il est le plus exact dans sa pratique, parce qu'il est porté par le réel. Et maintenant allez, dites-moi quelle est la force politique et quelles sont les personnalités qui, chez vous, peuvent se vanter d'avoir été aussi longtemps et d'une manière aussi absolue confirmés par la pratique politique qui fait que notre parti et nos dirigeants — sauf cas exceptionnels — ne sont évincés que par la mort. Depuis la Révolution française, dont vous êtes si fiers, vous avez voulu une société rationnelle, matérialiste, scientifique ; c'est ça la raison, c'est ça la logique scientifique : 2 et 2 font 4, 4 et 4 font 8, il n'y a pas place pour les Droits de l'Homme là-dedans. Les lois de la nature sont implacables pour l'Homme et, lorsqu'il y a un tremblement de terre, les Droits des personnes ne sont nullement respectés. Nous poussons jusqu'au bout la logique de cette Révolution française, la logique d'une société qui se veut maté-*

*rialiste, scientifique, la logique de votre société. Chez
nous, l'Homme est libre mais attention, tout comme il
ne peut pas se jeter par la fenêtre et voler, il ne peut pas
ignorer certaines contraintes qui viennent de la réalité
des faits et de la réalité du pouvoir. Nous disons, nous,
que la liberté est la nécessité consentie, ce que vous appelez
ici «organiser le liberté» bref, celui qui comprend la réalité
sociale il se sentira libre dans notre pays, dans nos pays de
Est. Nous sommes pour un Homme réel, pour un Homme
vrai, pour un Homme matériel et scientifique».*

Certes, mesdames, messieurs — maintenant c'est moi
qui parle — certes, beaucoup d'entre vous trouveront des
arguments subtils contre cette profession de foi et je leur
laisse cette tâche d'autant plus volontiers que lorsque,
probablement à cause d'une excessive jeunesse, j'ai voulu
contester cette logique réaliste, j'ai été contraint de quitter
mon pays afin de comprendre, par une démonstration
exemplaire, à qui la pratique politique donnait raison.
Je me garderai donc bien d'intervenir dans ce débat qui a
lieu nettement au-dessus de mes possibilités intellectuelles,
étant entendu que je ne suis ni un esprit scientifique, ni
un Homme doué d'un sens pratique trop développé. Tout
au plus, je pourrais imaginer un autre, un deuxième personnage qui, sans prendre la parole, Dieu l'en garde, caché
dans un coin de cette salle qui fût, on nous l'a dit hier,
longtemps un foyer d'obscurantisme, un personnage donc
qui, en ruminant tout cela et au vu des réalités de l'Est
sauvage, se poserait peut-être quelques questions presque
honteuses, voire obscurantistes : est-ce que le monde est
réel ? Est-ce qu'un raisonnement aussi carré convient
à un réel qui semble plutôt rond ? Et alors, est-ce que
ces fameux Droits de l'Homme ne seraient-ils pas exactement cette distance, certains diraient distorsion, entre
le cercle et le carré, entre notre façon de raisonner et
notre façon de vivre ? Et puis, lorsque l'on sait que, dans
ce monde, toute chose a un point de pourriture — cette
pourriture qui permet à une graine de devenir une plante —
lorsque l'on sait que toute société a en elle un germe dont
le développement va produire sa destruction, en offrant

les fondements d'une nouvelle société à venir, et puisqu'une même logique issue des lumières, une même logique matérialiste et scientifique, domine l'Est et l'Ouest, deux étapes d'un même processus, le monde soviétique engendré par un occident qui le regarde fasciné comme un père qui reconnaît dans son fils ses tares amplifiées jusqu'à la monstruosité, alors se dira peut-être mon deuxième personnage, alors peut-être que les Droits de l'Homme, qui se refusent à la logique matérialiste et scientifique, sont ce rose talon d'Achille, sont ce point où la chair de notre société s'amollit et s'effiloche pour nous permettre de prendre un autre langage, de chercher une autre logique, de passer de cette critique du capitalisme que sont les pays de l'Est vers un autre monde dont les constituants puissent accepter, sans se détruire, l'idée que l'Homme n'est ni matériel, ni scientifique et c'est pour cela qu'il a des Droits, là où le reste de la nature n'a que des lois.

Paul-Henry CHOMBART de LAWE *

Droits de l'Homme, Droits des Peuples.Que veulent dire ces expressions, aujourd'hui ? Entre les mots usés et les querelles idéologiques, il devient difficile de se faire une idée claire. S'il a existé une sorte d'idéologie tiers mondiste, mettant en avant l'aide, le secours, la mauvaise conscience, cette idéologie est aujourd'hui en voie de disparition. En revanche, il existe une idéologie anti-tiers mondiste, de plus en plus solide, celle qui, sous prétexte de défendre la liberté d'entreprise, le libéralisme économique, conduit à abandonner pratiquement certains pays, parce que leur économie n'est pas rentable, ou à considérer le monde comme un terrain de conquêtes et d'expériences, pour les pays dominants et pour les multinationales. Ceux qui veulent défendre la liberté, dans les pays les plus pauvres, feraient bien de réfléchir à l'utilisation qui est faite de leurs bonnes intentions et des pièges qui leur sont tendus.

Avant de parler des Droits des Hommes et des Peuples, il est nécessaire de réfléchir sur la notion d'aide au Tiers monde et sur celle de développement.

1. Les équivoques du Tiers monde — Si l'expression Tiers monde a été utile, pendant un certain temps, pour attirer

---

* Directeur d'Études à l'*Ecole des Hautes Études en Science Sociale*.

l'attention sur une crise mondiale, encore mal connue, nous savons, depuis bien longtemps, qu'elle ne correspond nullement à un ensemble de pays ayant des caractéristiques communes. La vérité est qu'il existe des pays en voie de développement, des pays moins avancés — les P.V.D. et les P.M.A. — qu'il existe surtout des riches et des pauvres, qu'il existe des pays plus industrialisés et des pays moins industrialisés, qu'il existe des pays ou des hommes meurent de faim et que, à l'intérieur même d'un pays, les oppositions entre les riches et les pauvres ne font que s'accentuer. Les pays européens ont découvert, récemment, qu'il y avait toujours des pauvres chez eux et nous savons que certains pays, qui avaient été étiquetés pays du Tiers monde, sont parmi les pays très riches et, dans certains domaines, scientifiquement très développés. La vérité est qu'il existe des questions politiques et économiques qui y sont mêlées. L'Europe et l'Afrique ont, sur beaucoup de plans, un destin commun ; il ne suffit pas de savoir si l'un peut aider l'autre, il s'agit de comprendre que l'un ne peut pas vivre sans l'autre, que les européens ont autant besoin de l'Afrique que l'Afrique de l'Europe.

2. Quel développement ?

Le mot développement est aussi mal utilisé que le mot Tiers monde. Ici encore, les idéologies s'affrontent. En fait, de quel développement s'agit-il lorsque l'on parle, d'un côté, du Brésil, de l'Inde, de l'Algérie, du Mexique et, d'un autre côté, du Mali, de l'Angola, du Pérou ou de la Bolivie ?

Dans les rapports entre pays riches et pays pauvres, lorsqu'il est question de famine, de sous-alimentation, il est évidemment nécessaire de distinguer deux catégories de famines. D'une part, des famines accidentelles, brutales, qui peuvent se produire, à un moment donné, comme en Éthiopie aujourd'hui. Dans ce cas, la seule solution possible est une aide massive pour remédier au pire. D'autre part, les famines quasi-permanentes, dans certaines régions défavorisées, demandent une intervention très soigneusement étudiée pour éviter que, l'aide temporaire cessant, elle ne provoque un déséquilibre pire qu'avant et que la forme même de l'aide n'accentue la désorganisation sociale et la destabilisation des comportements. Les pays pauvres commencent à réagir, veulent prendre en charge leur propre développement et trouver eux-mêmes les moyens de lutter d'une manière adéquate contre les périodes de famine.

Dans la défense du libéralisme, il est de bon ton de critiquer l'auto-développement. Je crois, au contraire, que c'est la seule formule qui soit valable aujourd'hui, mais elle demande un effort qui est loin d'être poursuivi dans de bonnes conditions. Prenons l'exemple des transferts de technologies que nous avons étudiés, à diverses reprises, avec l'UNESCO. Nous avons demandé que le livre publié sur ces questions soit intitulé : *Domination ou Partage*, car les transferts de technologies peuvent s'effectuer avec un transfert de modèles de comportement, de modèles culturels qui provoquent des déséquilibres au moins aussi grands que ceux dont nous avons parlé au niveau de l'alimentation. Transporter une usine clés en main signifie que, du jour au lendemain, les méthodes de travail, l'organisation du temps, les rapports sociaux dans le travail vont être bousculés. Le rendement n'est pas du tout ce qu'on attend. Actuellement, des pays qui ont pratiqué ces transferts préfèrent revenir à la création d'industries plus légères, permettant un meilleur développement sur un plus grand nombre d'emplacements pour l'ensemble du territoire. En matière de développement agricole, je discutais, avant d'arriver à cette réunion, avec des amis maliens avec lesquels nous sommes en rapport pour faciliter certaines démarches de travailleurs migrants, qui se sont réinstallés pour créer des coopératives d'un type nouveau. J'ai été frappé par la façon claire et précise qu'ils avaient de définir leurs besoins, en tenant compte de la réalité locale et des possibilités offertes par les transferts. Il s'agit, avec nos camarades africains ou sud-américains, d'un travail en commun, sur un pied d'égalité, qui est nécessaire à tous les niveaux, qu'il s'agisse du micro développement en milieu rural ou du développement en milieu urbain, du développement économique au niveau national ou au niveau international.

3. Droits des Hommes et Droits des Peuples.

Dans ce contexte économique, d'autres questions se
posent sur la définition même des Droits de l'Homme et
des Droits des Peuples. Dans la civilisation industrielle
occidentale, nous avons défini des Droits de l'Homme qui
sont de plus en plus précis, de plus en plus étendus et cela
est certainement un des acquis de cette civilisation. Mais,
aujourd'hui, nous nous posons la question : Cette conception des Droits est-elle la même dans tous les pays, à tous les
moments ? Oui, certainement, il y a des Droits universels.
Mais peut-on accéder à ces Droits de la même manière, par
les mêmes voies, dans des pays de tradition aussi différentes,
dans des pays où la situation économique entre riches et
pauvres, entre castes ou classes sociales, est aussi diverse ?
Les pays de cultures très différentes de celles de l'Europe
suivent-ils les mêmes étapes que nous ou prennent-ils d'autres voies, pour définir leurs Droits et pour réaliser leurs
idéaux ?

Il importe de distinguer les Droits matériels : Droit à la
vie, Droit à l'alimentation, Droit au travail et le Droit essentiel que j'appellerai le «Droit à l'expression». Il n'est pas
possible de s'exprimer totalement, de définir sa propre
orientation, de définir sa propre identité, de poser ses revendications en fonction de ses aspirations, tant qu'un certain
nombre de conditions matérielles ne sont pas réalisées. Mais,
à ce moment, il est nécessaire de parler du «Droit à l'expression», du «Droit à l'autonomie», du «Droit à l'identité». Je
dis bien «Droit à l'identité» vu de l'intérieur, car certains
représentants de pays en développement sont heurtés par le
fait qu'on leur attribue une identité de l'extérieur, alors que
la question est de savoir comment ils peuvent, eux, définir,
par l'intérieur, leur propre identité. Cette revendication
n'est pas sans liaison avec les problèmes de transfert de
technologies, de transfert de connaissances, de transfert des
modèles culturels que nous avons examinés plus haut.

4. Changements d'attitudes et de systèmes de valeurs.

Comment procéder aujourd'hui et quels sont les obstacles ? La principale difficulté vient, à mon avis, de l'attitude

de ceux qui sont en position de dominance et de ceux qui sont en position de dominés, que ce soit entre pays ou à l'intérieur d'un même pays. Il est nécessaire de sortir des querelles idéologiques et de chercher un dialogue. Mais comment réaliser ce dialogue ? Comment lutter contre ce développement inégal qui a été si souvent dénoncé ? Ce sont les responsables qu'il est nécessaire de former d'une autre façon, qu'il s'agisse des pays les plus industrialisés ou les moins industrialisés. A ce point de vue, il est vrai qu'il ne faut pas toujours rejeter les fautes sur les mêmes. Partout, ce sont ceux qui ont les postes de décision qui ont à réfléchir sur leur propre action. La formation dans les Grandes Écoles et les Universités et la formation aux niveaux primaire et secondaire sont donc les clefs du problème pour l'avenir. Et si nous voulons trouver une voie acceptable pour les pays les moins industrialisés et les plus industrialisés, il ne s'agit ni de se replier sur les traditions, ni d'accepter sans discussion les modèles imposés par les technologies nouvelles, mais il s'agit partout de défendre, en même temps que les Droits élémentaires, les «Droits à l'expression» et à la construction d'une identité nouvelle qui permettra, à chaque pays et à chaque groupe humain, de prendre sa place dans le développement à l'échelle mondiale.

Edmond JOUVE *

On a déjà tout dit sur la conception classique des Droits de l'Homme. On a mentionné la Déclaration d'indépendance des États-Unis du 4 juillet 1776, dont les auteurs tenaient *«pour évidentes par elles-mêmes les vérités suivantes : tous les Hommes sont créés égaux ; ils sont doués par le Créateur de certains Droits inaliénables ; parmi ces Droits se trouvent la vie, la liberté et la recherche du bonheur»*.

On a fait état, bien sûr, de la *Déclaration des Droits de l'Homme et du Citoyen* du 26 août 1789, dans laquelle les représentants du peuple français osaient proclamer : *«l'ignorance, l'oubli ou le mépris des Droits de l'Homme sont les seules causes des malheurs publics et de la corruption des gouvernements»*.

Ces Droits ont longtemps constitué l'un des fondements des pays occidentaux — ceux du premier monde — tout à la fois leur *credo* et leurs tables de la loi.

Puis un deuxième monde est né qui — en tournant le dos à la vieille Europe et aux pays qu'elle avait fait naître — inventa d'autres Droits.

A cet égard, la *Déclaration des Droits du Peuple travailleur et exploité*, du 4 janvier 1918, entend sonner l'halali d'une conception individualiste des Droits de l'Homme.

* Universitaire.

On proclama alors l'abolition complète de la division de la société en classes et l'instauration d'une organisation socialiste de la société. Le chapitre III de ce texte proclame l'*«inébranlable décision»* du IIIe congrès des *Soviets «d'arracher l'humanité des griffes du capital financier et de l'impérialisme qui ont inondé la terre de sang pendant cette guerre* (la première guerre mondiale), *la plus criminelle de toutes»*.

L'URSS fera siens ces principes, dans la constitution qu'elle se donnera. Comme l'avaient fait les États bourgeois, elle importera elle-même son modèle dans les démocraties dites populaires.

Le second monde se donnait ainsi des raisons de vivre et d'espérer.

Mais, il fallut vite se rendre à l'évidence et déchanter. Les libertés bourgeoises étaient des libertés de riches. Et, à l'est, les Droits de l'Homme s'accordaient mal avec la liberté de l'individu.

Qu'à cela ne tienne disent certains. Inventons de nouveaux Droits répondant aux aspirations socialistes de l'Homme et des Peuples.

C'est ce que Pierre Bercis appelle *«le Tiers monde idéologique»*. C'est ce que Max Gallo nomme *«la troisième alliance»*. C'est ce que d'autres — et non des moindres — appelèrent *«la troisième voie»*.

En fait, des pas ont déjà été faits dans cette direction. Ce qui nous conduira à faire observer qu'on peut parler aujourd'hui d'une extension récente ou souhaitée des Droits des individus et des Droits des Peuples, celle-ci s'accompagnant d'une protection nouvelle de ces Droits.

I. Une extention récente ou souhaitée des droits des individus et des peuples.

En réalité, ces Droits nouveaux — pour lesquels certains militent aujourd'hui — ont des racines qui plongent dans le terreau révolutionnaire français.

Dans son article 21, la Constitution montagnarde du 24 juin 1793 proclamait déjà que *«les secours publics sont une dette sacrée»* et que *«la société doit la subsistance aux citoyens malheureux, soit en leur procurant du travail, soit en assurant les moyens d'exister à ceux qui sont hors d'état de travailler».*

Quelques mois auparavant – dans un rapport présenté devant la Convention, le 14 février 1793 – Carnot définissait ainsi les Droits des Peuples :

> «Droit de chaque Peuple de se donner le gouvernement qui lui plaît ... droit invariable de chaque nation de vivre isolée, s'il lui plaît, ou de s'unir à d'autres si elles le veulent ... Tout Peuple, quelle que soit l'exiguïté du pays qu'il habite, est absolument maître chez lui ... Il est égal au plus grand et nul ne peut légitimement attenter à son indépendance».

Ces deux textes – qui connaîtront une belle postérité dans des moments cruciaux de notre histoire : 1848, la Commune de Paris, 1946, 1981 ... – suggèrent une double évolution.

Elle conduirait à passer des Droits libéraux aux Droits Socialistes de l'Homme et des Droits Socialistes de l'Homme aux Droits des Peuples.

La première mutation est suggérée avec beaucoup de force par Pierre Bercis.

Dans un article du *Monde* (15 mars 1984) il adjurait Jaurès de se réveiller. Il demandait à ceux qui nous gouvernent de donner aux Français *«la part du rêve, la part de l'espoir»* qui leur fait défaut.

Il s'agirait d'abord de reconnaître aux individus des Droits politiques nouveaux conduisant, notamment, à *«un contrôle sévère des fonds électoraux»* et une extension de l'initiative populaire en matière électorale.

Il s'agirait, ensuite, d'institutionnaliser l'autogestion – en matière économique – et d'élargir le champ des Droits sociaux pour tenter de fournir au moins le nécessaire aux plus pauvres.

Des Droits culturels et des Droits nouveaux à la justice devraient s'ajouter aux précédents, de manière à ce que soit brisé, en fait, *«le monopole d'une classe sur les connaissances scientifiques, techniques, littéraires et artistiques».*

Enfin, le projet de *Déclaration des Droits Socialistes de l'Homme* proclame «*le Droit à la qualité de l'environnement*». Avec l'énoncé de ce dernier Droit on est passé insensiblement des Droits Socialistes aux Droits des peuples.

Or, voici que notre époque milite aussi en faveur de ces Droits. Un texte en est le symbole : *La Déclaration universelle des Droits des Peuples* adoptée à Alger — ce n'est pas un hasard — le 4 juillet 1976, à l'initiative de Lélio Basso.

Certains des pères de cette Déclaration sont dans cette salle (Léo Matarosso, Armando Uribe). Dans le préambule de ce texte — manifeste, ils se disent «*persuadés que le respect effectif des Droits de l'Homme implique le respect des Droits des Peuples*».

Droits des Peuples, c'est-à-dire : Droit à l'existence, Droit à l'autodétermination politique, Droits économiques des peuples, Droit à la culture et — aussi — Droits à l'environnement et aux ressources communes.

En réalité, les pères de la Déclaration d'Alger n'innovaient guère. Ils rassemblaient, dans un texte unique, des dispositions figurant de manière éparse dans les textes de l'ONU.

Déjà, dans une résolution de 1952, celle-ci considérant que le Droit des Peuples à disposer d'eux-mêmes est «*une condition préalable de la jouissance de tous les Droits fondamentaux de l'Homme*».

L'innovation sera ailleurs : dans l'organisation d'une protection accrue des Droits des individus et des Peuples.

II. Une protection renouvelée des Droits des individus et des Peuples.

«*L'opinion*» disait Pascal «*est comme la reine du monde*». Nous en avons, dans ce domaine, une nouvelle illustration.

En effet, c'est l'opinion publique qui est à l'origine d'une meilleure prise en compte des Droits de l'Homme et des Peuples. Pour atteindre cet objectif, elle a inventé des institutions inédites qu'on appelle aujourd'hui des tribunaux d'opinion.

Le Tribunal Russell sur les crimes de guerre est dans toutes les mémoires. Il se prolonge aujourd'hui dans le tribunal permanent des peuples, né à Bologne en 1979. Il a tenu déjà de nombreuses sessions, dont deux dans cette salle : sur l'Afghanistan, en décembre 1982, et sur le génocide des Arméniens, en avril 1984.

En fin de compte, c'est aux Hommes et aux Femmes de cette terre que le message est transmis en réponse à l'appel que Julio Cotazar adressait aux membres de ce Tribunal. *«Inventons des ponts»* disait-il *«inventons des chemins vers ceux qui de très loin écouteront notre voix et en feront un jour cette clameur qui abattra les barrières qui les séparent aujourd'hui de la justice, de la souveraineté et de la dignité» (1).*

Il n'est pas certain que cette voix ait déjà atteint les peuples. En revanche, elle a parfois été entendue par les États.

Les États, en effet – certains d'entre eux – ont crié bien haut que les Droits des Peuples devaient être respectés. A cet égard, l'écho du discours prononcé à Pnom Penh, par le Général de Gaulle, le 1er septembre 1966, se prolonge et s'amplifie dans les déclarations tiers mondistes du Président François Mitterrand. Nous n'avons pas oublié son message inspiré du 20 octobre 1981 :

«A tous les combattants de la liberté, la France lance son message d'espoir ... Salut aux humiliés, aux émigrés, aux exilés sur leur propre terre, qui veulent vivre, et vivre libres ... Salut à celles et à ceux qu'on bâillonne, qu'on persécute et qu'on torture ... Salut aux séquestrés, aux disparus et aux assassinés ... Salut aux prêtres brutalisés, aux syndicalistes emprisonnés, aux chômeurs qui vendent leur sang pour survivre, aux Indiens pourchassés dans leurs forêts, aux travailleurs sans Droits, aux paysans sans terre, aux résistants sans armes ...».

Ainsi, les États ne sont pas toujours insensibles aux appels de la conscience universelle.

(1) Edmond Jouve, *Un tribunal pour les peuples.* Paris, Éditions Berger-Levrault, 1983, p. 12.

Il leur arrive même de répondre collectivement à ses appels. Un exemple en a été donné récemment sur le continent africain. L'OUA, en effet, a adopté, le 27 juin 1981, une Charte africaine des Droits de l'Homme et des Peuples qui, sur le modèle de la Déclaration d'Alger, reconnaît aux Africains un faisceau de Droits nouveaux dont les États qui ont ratifié. le texte ont le devoir d'assurer l'exercice (1).

Dès lors, *«le tiers mondisme idéologique»* n'est pas simplement une formule. Pour les plus déshérités et les plus démunis, elle est un signe précaire d'espoir. Elle s'identifie à *«la foule de ceux qui refusent que le destin de l'Homme soit définitivement marqué par la fatalité de sa naissance et que le destin des peuples soit décidé par les rapports de force des superpuissances et les frontières des zones d'influence»* (2).

25 Janvier 1985.

---

(1) Edmond Jouve, *L'organisation de l'Unité Africaine*. Paris, PUF, 1984, p. 219 et s., p. 232 et s.

(2) *Un tribunal pour les peuples*, op. cit., p. 4 (couverture).

Jacques CHONCHOL *

J'aurais voulu faire une intervention un peu plus longue mais je vois que, malheureusement, il se fait tard. Je vais essayer tout simplement, de résumer quelques idées qu'il me semble important de signaler dans ce débat sur les Droits de l'Homme, non seulement sur les Droits individuels, mais sur ceux qui me paraissent fondamentaux et importants : les Droits sociaux.

Ce qui frappe, en ce moment, ceux qui comme moi sont du Tiers monde — et c'est un débat qui a tendance à se reproduire aussi bien aux États-Unis qu'en Europe — c'est une certaine justification des politiques qui sont menées par les grandes puissances, d'une part, et, d'autre part, comme on le voit ces jours-ci, une critique de ce que l'on appelle le tiers mondisme qui, au fond, est une critique envers l'attitude d'un certain nombre de personnes des pays développés qui ont essayé de comprendre — avec beaucoup de générosité — la situation actuelle des pays en développement et de voir ce qu'ils pouvaient faire, du point de vue de leur solidarité individuelle ou collective.

On ne fait pas assez attention à un certain nombre de phénomènes qui sont en train de se produire. Malgré la crise — qui est une crise économique évidente et qui se

* Ancien Ministre de l'Agriculture du Gouvernement de l'*Unité Populaire* du Chili. Directeur de l'*Institut des Hautes Études d'Amérique latine.*

produit depuis un certain nombre d'années — les écarts
et les différences entre les pays du Tiers monde et ceux
qu'on appelle développés, sont en train de s'agrandir.

Si on regarde l'évolution économique mondiale, depuis
les années cinquante jusqu'aux années soixante-dix, que
voit-on ? La production économique globale a été mul-
tipliée par trois, la quantité de biens et de services de
l'humanité a doublé — même en tenant compte de l'augmentation de la population — et, simultanément, la distance entre la situation des pays que l'on appelle développés ou avancés et les pays dits les plus démunis, s'aggrave
de plus en plus. Selon les chiffres que nous donnent les
Nations Unies — et il faut les prendre en compte car ce
sont les seuls qui existent — en 1976, les pays de l'O.C.D.E.,
les 25 pays les plus riches du monde avec une population de moins de 20 % de la population mondiale, disposaient des deux-tiers de la production mondiale. Les
pays les plus démunis, avec 40 % de la population mondiale, disposaient d'à peine 4 % de la production mondiale ! Les distances, qui étaient de trente à un dans les
années soixante sont, malgré la crise, aujourd'hui, de quarante ou de cinquante à un.

Alors, on se pose la question : comment expliquer,
après les mille réunions, les mille déclarations sur les Droits
de l'Homme, sur la solidarité, sur l'interdépendance des
États ... cette différence entre, d'un côté, la richesse qui
augmente — moins vite, mais elle continue à augmenter —
et, d'autre part, la pauvreté qui s'accroît ? C'est une question importante qui doit être examinée.

Nous venons, par exemple, de célébrer, en novembre
1984, le dixième anniversaire de la fameuse conférence
alimentaire mondiale de Rome où tous les gouvernements
de tous les pays du monde, à leur plus haut niveau, se
sont engagés à ce que la faim disparaisse de la surface
de la terre en dix ans. Eh bien ! non seulement elle n'a
pas disparu, mais nous avons aujourd'hui deux ou trois
fois plus de gens qui meurent de faim ! Et ce, bien que
M. Kissinger et les représentants des plus grandes puissances se soient engagés, formellement et solennellement,
pour en terminer avec ce véritable scandale de l'humanité.

Je pense que là, il faut aller plus loin. Il me semble que l'une des choses que *Droits Socialistes de l'Homme* peut faire, c'est de commencer à revoir un certain nombre d'idées fixes qui n'ont pas été inventées dans le Tiers monde mais dans les pays occidentaux, dans les pays développés, et qui ont, à mon avis, énormément contribué à aggraver, aujourd'hui, ce problème de la pauvreté dans les pays du Tiers monde.

La première de ces idées, c'est le mythe que la croissance économique, par elle-même, va résoudre le problème de la pauvreté. On nous rebat les oreilles − il suffit de lire toutes les grandes études économiques − qu'il faut augmenter la production, qu'il faut augmenter la productivité, qu'il faut développer les économies ... On organise la coopération, on organise l'aide pour développer les économies, et que voyons-nous ? Qu'il y a de plus en plus de secteurs sociaux marginalisés, qui restent dans la pauvreté ; ce qui veut dire qu'il n'y a pas un lien direct entre croissance, d'une part, et développement, amélioration des conditions de vie, d'autre part. Le plus souvent, il y a des contradictions.

Aujourd'hui, on parle des merveilles de M. Reagan. Toute la presse européenne évoque le miracle américain : 7 % de croissance. Pourtant, les mêmes statistiques américaines nous disent qu'il y a, actuellement, 35 millions de personnes, aux États-Unis, qui n'arrivent pas à avoir un budget suffisant pour satisfaire leurs besoins essentiels et qui sont obligés de recevoir des bons de l'État − qu'on veut encore leur supprimer − afin de pouvoir manger ! Alors, qu'est-ce-que ce miracle économique qui pousse à la croissance, qui pousse au développement et qui, simultanément, condamne à la misère dans le pays le plus riche du monde, ceux qui ne sont pas embarqués dans les avantages des classes moyennes supérieures et des bourgeoisies industrielles qui ont le pouvoir ?

Ce mythe a été transféré au Tiers monde et, malheureusement, beaucoup de gens continuent à y croire. Je ne dis pas que la croissance n'est pas nécessaire, mais c'est certainement un rapport beaucoup plus complexe qui existe entre croissance et dépassement de la misère. Cette idée-force, inventée en Occident, doit être revue si on veut, véritablement, résoudre le problème de la pauvreté dans le Tiers monde.

Un autre mal : croire que, pour se moderniser, pour se transformer, il faut copier le modèle économique et social qu'un certain nombre de pays industriels, plus avancés que les autres, ont réalisé chez eux. On nous dit alors : «si vous adoptez ces technologies, si vous faites les investissements, si vous faites comme nous avons fait, vous vous développerez et vous résoudrez ainsi la plupart de vos problèmes». Au total, que voit-on ? Que ces modèles sont en train d'aggraver les différences, à l'intérieur des pays du Tiers monde, entre une minorité privilégiée – qui est incorporée à ce modèle ou qui peut être incorporée – et l'immense majorité qui, elle, est marginalisée.

Si vous prenez, par exemple, les chiffres que vous donne le Bureau International du Travail pour les pays du Tiers monde à économie capitaliste, il y avait, en 1975, 700 millions de travailleurs. Or, parmi ceux-ci, 40 % étaient au chômage ou sous-employés. Étant donné le rythme de croissance de la population d'ici à la fin du siècle, ces travailleurs vont doubler ! Alors, ce n'est pas avec des technologies de pointe, ce n'est pas en développant certains secteurs économiques spécifiques qu'on va résoudre le problème de l'emploi, qui implique le problème de revenu, qui implique le problème de survie d'une partie très importante de ces gens.

Je ne veux pas m'étendre, car le temps m'est compté. En conclusion, simplement, je dirai qu'en même temps qu'il y a des gens qui, aujourd'hui, essaient de critiquer un certain tiers mondisme, il serait bon qu'il y ait des personnes qui commencent à critiquer, d'une façon approfondie, un certain nombre de mythes sur la croissance, sur le développement, sur la solidarité internationale, qui ne sont pas nés dans le Tiers monde mais dans les pays développés, et qui sont aujourd'hui le principal obstacle à la création d'un monde plus solidaire où, vraiment, les conditions de vie des plus pauvres pourront être aménagées.

Jean-Michel ROSENFELD *

Monsieur le Président, Mesdames, Messieurs, Chers Amis, les obligations du Ministre l'ont empêché d'être parmi vous — il est actuellement à Lille — en cette fin d'après-midi, et croyez bien qu'il le regrette.

Je profite, néanmoins, de cette occasion pour souligner le prix que **Michel Delebarre**, Ministre du Travail, de l'Emploi et de la Formation Professionnelle, attache à votre action.

Depuis ses origines, l'histoire du socialisme français se confond avec le combat pour les Droits de l'Homme. Dans la lutte pour la démocratie et contre la dictature, à l'intérieur comme à l'extérieur des frontières, dans l'action quotidienne contre toutes les formes d'arbitraire et d'intolérance, on a toujours vu s'engager des socialistes français.

Car le socialisme, tel que nous le définissons, c'est d'abord l'attachement irrévocable à la démocratie et aux libertés. Quels meilleurs témoignages en apporter, aujourd'hui, que la réforme de la décentralisation — si longtemps différée et enfin entreprise, voici plus de trois ans — l'abo-

---

* Attaché Parlementaire. Chargé des Relations avec la presse du Ministre du Travail, de l'Emploi et de la Formation Professionnelle.

lition d'une légalisation qui, sous couvert de sécurité, restreignait l'usage des libertés fondamentales, et l'extension des Droits des Femmes, enfin ?

Mais à la démocratie sociale tout autant car, pour les socialistes, les travailleurs doivent se voir reconnaître dans l'entreprise — et c'est là, justement, un souci de ce Ministère — leur qualité de citoyen. C'est pourquoi, depuis trois ans, leurs Droits à la liberté d'expression et de représentation ont été étendus, au sein des entreprises, ainsi que la participation à la gestion, afin de ne plus être seulement des robots. Également, les garanties qui les protègent ont été consolidées.

Les libertés démocratiques forment un tout. Leur exercice ne peut être contenu, ni limité.

Nous ne pouvons pas davantage assister, sans réagir, aux atteintes et aux menaces qui se développent, dans le monde, à l'encontre des Droits de l'Homme. Cette préoccupation constante anime les interventions humanitaires du gouvernement. Elle doit continuer à inspirer notre action à venir. En matière de liberté, rien n'est jamais acquis. La démocratie et les Droits des travailleurs sont des conquêtes qu'il faut sans cesse préserver et sur lesquelles il faut veiller avec vigilance. Cette vigilance qui anime les militants que nous sommes doit animer, aussi, tous ceux qui se réclament du mouvement socialiste, dans le combat d'aujourd'hui et dans le combat de demain.

Ruben BAREIRO SAGUIER *

En 1983, un petit commentaire, dans un journal latino-américain quelconque, rapportait la nouvelle de la mort de la «*Grand-Mère Rosa*», dernière survivante d'une ethnie amérindienne du Sud du Chili, les *yagana*, communauté autrefois assez importante. Plus dramatique fut l'extinction des *ona* de la Terre de Feu, dont on a pu suivre le recensement dégressif : ils étaient 3. 600 en 1850 ; 800 en 1905 ; 70 en 1925. Le dernier *ona* est mort en 1974. Dans les deux cas, il s'agit de la disparition de la lueur d'une culture, de l'extinction d'une langue, d'une vision du monde sur le continent américain. Et on connaît ces deux cas grâce à la diffusion des moyens modernes de communication. Mais, combien de cas semblables, combien de langues et de cultures amérindiennes sont-elles disparues, depuis que le conquistador, le colonisateur, l'évangélisateur ont mis les pieds sur le Nouveau Monde, depuis bientôt cinq siècles ? Voilà une question qui nous laisse rêveurs, au sens du frisson cauchemardesque. Bien sûr, on pourra soutenir − et même démontrer − que ces disparitions sont le résultat d'une «mort naturelle», l'accomplissement − peut-être − d'un cycle vital. Mais on sait bien que les causes de ces morts ne sont pas aussi banalement «naturelles» ; que derrière ces disparitions culturelles existent toujours

* Ethnolinguiste Amérindien. Chercheur au *Centre National de la Recherche Scientifique* (CNRS).

— ou presque — un facteur de compulsion, un rapport inégal de forces, cachés sous le principe de «progrès technique», de la «civilisation» (agressive) opposée au «retard des sauvages». Il y a, toujours, le manque de compréhension de la vision de l'autre, une non-acceptation de la différence. Au sentiment d'intolérance, il faut ajouter l'avidité envers les terres communautaires, le territoire ancestral, échappant au régime de la sacro-sainte propriété privée. Eh bien ! C'est de ce danger que je viens vous parler ici, car il y a encore, à l'heure actuelle, la menace qui pèse sur le sort d'innombrables communautés ; la menace de faire taire, de réduire au silence ces peuples, victimes de l'incompréhension et de la convoitise des groupes les plus puissants, avec lesquels ils gardent un rapport forcé et négatif de domination, si ce n'est d'exploitation. Et tout cela masqué, bien sûr, sous un discours de progrès, de civilisation et, parfois, de besoin de communication, d'ouverture sur le monde.

Mais comment préserver ces cultures menacées, dans un rapport semblable ? Je crois fermement qu'une des façons les plus efficaces est de préserver leur langue, réceptacle de leurs mythes et de leurs croyances, engrais de la continuité communautaire, ferment de la vie quotidienne, semence de la pérennité de la mémoire collective. Raison d'être, en somme, de la survie du groupe. Et c'est ici que se pose la question concernant le *Droit à la langue*, un Droit vieux comme le monde, mais qui a été, qui est toujours oublié dans les Déclarations des Droits fondamentaux et qui, de ce fait, acquiert une actualité cuisante : il faut l'intégrer en tant que Droit prioritaire aux «nouveaux» Droits de l'Homme, si on veut maintenir l'esprit de justice collective qui doit présider à leur formulation. Et, lorsque je parle de Droit à la langue, je me réfère de façon privilégiée au Droit d'être alphabétisé dans *sa langue maternelle*.

Je ne veux pas parler en l'air ; je préfère me référer à un exemple que je connais bien, celui de mon pays. Au Paraguay, la langue des ancêtres *Guarani* a survécu comme langue générale, celle de la communauté nationale, cas unique en Amérique latine. En effet, 95 % de la popu-

lation la parle et 50 % est guaraniphone, monolingue ;
45 % est bilingue − dans un processus dysglossique − et
seulement 5 % des habitants du pays est monolingue en espagnol. Malgré cette situation, la langue majoritaire a le
statut de celle du groupe dominé, par rapport à la langue
de l'ancien colonisateur.

Déjà la Constitution Nationale consacre cette situation
d'inégalité. En effet, l'Article 5 établit que les langues
nationales sont le *guarani* et l'espagnol. Après un point,
il ajoute : «La langue *officielle* est le castillan». Je pourrais
apporter longuement les preuves de cette situation de colonisation interne, légalisée par le texte constitutionnel.
Mais je me limiterai à montrer un aspect du problème,
celui que je considère le plus grave : on n'alphabétise pas
en *guarani*, dans la langue majoritaire. C'est cela que je
considère une aberration, un viol de conscience, car la
science démontre bien les effets pernicieux, l'inefficacité
de l'alphabétisation dans une autre langue que la langue
maternelle, ainsi que les avantages naturels du contraire.
En effet, les recherches dans le domaine biophysiologique
autant que neuropsychologique démontrent que l'enfant
en âge de scolarisation filtre les sons et l'appréhension
du monde à partir et à travers sa langue maternelle. Si
on apprend à lire et à écrire dans une langue étrangère,
on bouleverse totalement l'ordre naturel de cette entrée
dans la vie consciente, avec tout ce que cela signifie comme risque de dénaturer le comportement de l'enfant, de
perturber profondément sa vision du monde, de détour-
ner le sens profond de son être.

La situation évoquée d'alphabétisation dans une langue
inconnue ou peu connue par l'enfant, donne un premier
résultat négatif : le bas rendement, l'abandon scolaire,
par défaut dans la base même de l'édifice de l'apprentissage. Ainsi, au Paraguay, contrairement à ce que prônent
les statistiques truquées de la dictature, il ne s'agit pas
de 23 % d'anaphabètes, mais le taux est de 75 % d'anal-
phabètes fonctionnels, réels, d'après des études sérieuses.
J'ai cité l'Article 5 de la Constitution. Je ne peux pas
m'empêcher de me référer au Décret No 38454, promul-
gué en mars 1983 par le dictateur A. Stroessner, au pouvoir

depuis 1954, et qui se réclame d'un patriotisme borné,
à la limite du chauvinisme. Eh bien ! ce Décret établit
les bases de l'éducation primaire et commence avec une
série de considérations nationalistes exubérantes, certainement pour cacher le vrai sens de la disposition réglementaire. En effet, l'Article 2 exprime :

> «L'éducation primaire se propose d'obtenir que l'enfant, en
> fonction de ses différences individuelles, mette en valeur et com-
> munique en toute confiance dans les deux langues nationales.
> En même temps, qu'il puisse développer la possibilité d'enten-
> dre, de parler, de lire et d'écrire en espagnol ; d'entendre et de
> parler en langue *guarani*».

C'est-à-dire que sont supprimés *lire* et *écrire* dans la
langue indigène. Un meilleur exemple de perversité légale,
d'hypocrisie démagogique serait difficile à trouver. Le but
du Décret en question apparaît clairement : maintenir
l'état d'injustice, d'inégalité, qui découle de la colonisation interne, afin qu'un petit groupe continue à dominer
la majorité de la population.

Comme on n'alphabétise pas en *guarani*, il n'y a presque
pas de littérature en *guarani*. Celle-ci est réduite à une
oralité précaire : les paroles de chansons, un théâtre assez
réprimé et d'autres manifestations plus ou moins marginales. Nous, auteurs paraguayens, nous sommes des écrivains colonisés ayant intériorisé la condition de tels. Nous
n'écrivons pas en *guarani*, bien qu'il existe un alphabet
depuis le 16ème siècle, parce qu'on a provoqué en nous
l'amnésie culturelle, depuis l'enfance, en ce qui concerne
l'écriture dans la langue indienne. Cette langue que nous
parlons pourtant couramment dans la vie quotidienne.
Voilà la situation que je voulais exposer à travers un exemple ; situation qui n'est pas unique et qui n'est même pas
exclusive au Tiers monde. Dans le monde développé existent aussi des situations semblables, même si elles sont
plus sournoisement dissimulées.

Au nom d'une situation aussi généralisée qu'aberrante,
je viens, dans cette réunion penchée sur «*l'affirmation,
l'adaptation et l'extension des Droits de l'Homme*», je
viens réclamer l'incorporation prioritaire, dans la Décla-

ration des «nouveaux» Droits de l'Homme, de ce Droit immémorial, le Droit inaliénable à la langue, le Droit essentiel à être alphabétisé dans sa propre langue, dans la langue maternelle. Du respect de ce Droit élémentaire dépend l'existence du Droit à la différence culturelle, le Droit à la préservation de son identité profonde. Sans cela, l'Homme n'est qu'une ombre incorporelle, n'est qu'un corps vidé de son souffle vital.

CHAPITRE V

QUELQUES ASPECTS SPECIFIQUES ...

INTRODUCTION

Certaines luttes spécialisées, avec leurs militants et leurs organisations spécifiques, ne se réclament pas du grand combat pour les Droits de l'Homme. Et pourtant, qui pourrait nier, en y regardant de plus près, qu'elles en soient l'un des rameaux ?

Il en va ainsi, par exemple, de la laïcité, qui a ses forces particulières qui ne se mobilisent, parfois, que sur ce thème avec conviction, voire vigueur. Or, qui en fait un thème de Droits de l'Homme, alors que les Droits de l'Enfant sont bel et bien en cause ? Peu de responsables. En tout cas, pas suffisamment. De sorte que la laïcité reste un combat d'arrière-garde, une querelle politique, alors qu'elle est un problème éthique important.

Même phénomène pour le féminisme ou pour l'environnement. On détache ces formes avant-gardistes du combat général pour les Droits de l'Homme, alors qu'elles en sont partie intégrante. L'un parce que la Déclaration de 1789 prévoit, en son article 1, que nous naissons tous libres et égaux. L'autre parce que, sans environnement sain, la survie de l'espèce humaine, elle-même, est en cause : N'est-ce pas là un Droit aussi fondamental que celui de manger pour vivre ?

Notons enfin, parmi ces variétés de formes que prend le service des libertés, la légitime défense nationale sans laquelle la tentation serait trop forte, pour un voisin, de régler ses différends autrement que par des moyens pacifiques. La défense nationale est le premier rempart de nos libertés contre tous ceux qui voudraient menacer nos choix démocratiques. Pour l'avoir oublié, à diverses périodes de leur histoire, des peuples libres se sont retrouvés soumis. Néanmoins, la cohésion et la discipline que cela implique ne justifient pas le caporalisme ou les brimades, revers de la médaille quand on aborde la délicate question de l'Armée.

Finalement, les Droits de l'Homme, on le voit, loin d'être un domaine réservé, hors la vie, sorte de monde éthéré et angélique pour personnes a-sexuées, sont de plain-pied dans la réalité quotidienne du monde moderne de Bhopal, où l'on tue pour faire du profit, à Kaboul, où l'on résiste à l'occupant, du problème des Femmes âgées, divorcées, sans sécurité sociale, au problème de la faim en Ethiopie.

Predrag MATVEJEVITCH *

Chers amis, je serai très bref. Je n'ai pas préparé un texte suivi mais, en arrivant à Paris, un de mes collègues —un ancien résistant yougoslave et l'ami de cette association— m'a demandé de venir le remplacer pour vous saluer, de la part des amis yougoslaves, et pour vous dire, très brièvement, quelques expériences que nous avons dans le domaine des Droits de l'Homme. Ceci pour vous donner une idée des réflexions que nous avons eues, jusqu'à présent, et qui sont assez proches des vôtres et assez analogues.

Le groupement auquel j'appartiens, en Yougoslavie, pour vous donner une référence, c'est la revue Praxis, une revue de gauche extrêmement critique qui s'est proposée, d'abord, d'évaluer tout ce qui reste comme trace d'une déformation stalinienne dans l'expérience yougoslave même. Nous avons eu souvent des difficultés et, en 1974, la revue n'a pas été interdite, mais elle a été suspendue.

Nous continuons de nous revoir. Nous restons fidèles au projet socialiste. Nous restons toujours critiques à l'égard du socialisme, de toutes les formes du socialisme, tout en faisant en sorte de promouvoir le projet.

Juste un mot, donc, pour vous situer, pour vous dire où se situe le groupe auquel j'appartiens et au nom duquel je voudrais prononcer ces quelques paroles.

* Ecrivain. Professeur à l'Université de Zagreb.

Nous avons quelques sections, si je puis dire, qui réfléchissent à la fois à Zagreb, où je suis professeur à l'université, à Belgrade et à Ljubljana notamment. Nous nous réunissons, de temps en temps, principalement le groupe des sociologues de Zagreb, qui a une possibilité matérielle de réunion, et c'est là que nous débattons des problèmes, de manière très critique.

On se contente, hélas, de constater, la plupart du temps en se servant de termes trop généraux, que les Droits de l'Homme sont bafoués sur d'immenses étendues de notre planète, jusque dans les pays qui se réfèrent aux formes les moins compromises de l'humanisme et de la démocratie. Les catalogues que l'on dresse, quotidiennement, de ces violations nous habituent, en quelque sorte, à la réalité atroce qu'ils recouvrent. Un certain discours, à force d'être répétitif, émousse notre sensibilité, obnubile notre conscience. Il s'agit donc de trouver d'autres manières de s'exprimer et d'agir, plus aptes à percer à jour et à dénoncer le scandale dont nous sommes témoins. Je peux voir que vous avez eu le même jugement, à ce Colloque, et m'en félicite.

Les grandes déclarations faites à l'aube de l'époque moderne se doivent, aujourd'hui, pour être réellement appliquées et pour s'enrichir véritablement, d'aller au-delà du simple refus ou de la condamnation banale et facile. Nous nous devons de bâtir une théorie et une pratique nouvelles, de renouveler la théorie en vue d'une pratique plus exigeante et rigoureuse, qui n'exclue ni les risques ni même les défis. Il s'agit de redéfinir constamment les critères appropriés à notre temps, à la fois particuliers et universels, de les réactualiser en toutes circonstances, sans tenir compte des alibis toujours faciles à trouver dans un passé pénible, un présent menacé ou un avenir radieux.

Nous avons pu constater qu'une telle théorie n'a pas été développée. Nous avons protesté, à l'occasion d'un procès qui se tient actuellement à Belgrade, qui nous semble non seulement inutile —je n'aime pas le mot «inutile», que veut dire l'utilité en la matière ?— mais absolument stupide, absolument inacceptable, et c'est là que nous avons agi, c'est là que nous avons défendu un certain nombre de nos collègues, qui ont eu des difficultés, et donc c'est là que nous avons essayé de déployer, de développer une problématique.

Parmi beaucoup d'autres questions qui ont été, jusqu'à présent, traitées : certaines déformations de la démocratie, de l'idée de démocratie, certaines assimilations fausses, inacceptables, à la démocratie bourgeoise et ainsi de suite ... Ces derniers temps, j'ai moi-même été chargé de développer une problématique de la réhabilitation. Pour vous, peut-être le mot ne veut pas dire grand chose, mais, dans les pays de l'Est —la Yougoslavie n'en est pas un mais elle a été quelques temps dans ce bloc— cette problématique est tout à fait essentielle.

Nos collègues qui ont été jugés et condamnés pour des raisons absolument inacceptables, où les Droits de l'Homme ont été bafoués, violés, il s'agit de les réhabiliter non seulement d'une manière formelle, de dire : «Ils n'ont pas été coupables, cela a été une petite erreur, on nous a transmis de mauvais renseignements, c'est je ne sais quelle police qui nous a communiqué ces renseignements ...» mais nous souhaitons que la réhabilitation soit totale, que ces gens-là recouvrent leur dignité, toute leur dignité.

Ainsi, tout récemment, il y a eu deux évènements sur lesquels j'attire votre attention. Je ne sais dans quelle mesure la presse a pu les retransmettre.

Un groupe de nos camarades, qui ont été internés dans le camp de concentration de Dachau —parmi lesquels il y avait bon nombre d'anciens participants à la Révolution espagnole— a été condamné, en 1948. Dix camarades ont été fusillés. C'était un procès parfaitement stalinien. L'entreprise a été difficile à mener, mais ils ont tous été réhabilités. L'un des condamnés a publié un grand roman, que nous avons salué, dans lequel il a décrit toute cette expérience.

C'est peut-être l'un des cas rares, presque unique, dans le monde de l'Est.

Une autre question, en 1948, pour nous défendre contre les mesures répressives de Staline. Sur nos frontières se trouvaient les tanks et la chose qui aurait pu arriver, à ce moment-là, en Yougoslavie, c'est ce que l'on a vu plus tard, en 1956, à Budapest, et en 1968, à Prague. Dans cette situation difficile, il y a eu aussi des violations des Droits de l'Homme. On a interné un certain nombre d'anciens résistants qui se sont prononcés pour la fameuse résolution de Staline contre Tito. L'internement a eu lieu sur une île appelée l'île nue. Et nous avons lutté, ces derniers temps, pour publier toute la vérité sur l'île nue, parce que nous avons jugé cette mesure nécessaire. Des ouvrages essentiels ont pu être publiés qui ont porté, à l'opinion publique yougoslave, la réalité sur cette île.

C'est justement dans ce cadre que nous avons développé une réflexion sur la réhabilitation, au sein de notre groupe.

Je voulais vous dire simplement, au nom de mes amis, combien nous sommes heureux de travailler avec vous. Mais nous sommes aussi malheureux de voir que, depuis que les socialistes français sont au pouvoir —nous avons salué leur victoire comme un évènement majeur de notre histoire -les rapports se passent entre les ministères, entre les fonctionnaires, et non pas entre les hommes de la culture, entre les penseurs critiques de la culture, et je crois que cette démarche qui est la vôtre, à *Droits Socialistes de l'Homme* qui nous est si proche, permettra de développer une autre forme de dialogue. Je vous assure qu'il y a beaucoup d'intellectuels, en Yougoslavie, qui sont prêts à participer à ce dialogue et à collaborer avec vous.

Je regrette d'être empêché par mon état de santé de prendre part, à vos côtés, à ce colloque portant sur des sujets aussi importants, impliquant la recherche d'une stratégie unitaire du développement dans le monde, de la justice sociale, de la paix.

Aujourd'hui et demain sont faits d'hier, d'où l'importance de se rappeler les enseignements du passé, afin de ne pas retomber dans les errements, les faiblesses, les fautes qui ont conduit l'humanité aux horreurs de la IIè guerre mondiale, qui fit plus de cinquante millions de victimes et où s'affrontaient deux conceptions du monde et de l'Homme.

1985 est l'année du quarantième anniversaire de la victoire conjointe des Armées alliées et des résistants de tous les pays sur les armées nazies et leurs complices qui, pendant des années noires, portèrent à son zénith la violation des Droits de l'Homme.

Ce quarantième anniversaire est aussi celui de la libération des camps de concentration et d'extermination nazis qui s'étendaient, comme une toile d'araignée, sur l'Allemagne et les pays occupés. Le monde avait appris alors, avec horreur, le destin tragique de millions de Femmes, d'Hommes déportés pour des raisons politiques ou raciales, transformés en esclaves du grand Reich, exploités jusqu'à leur dernier souffle (très peu d'entre eux sont revenus vivants).

* Ancien Ministre. Écrivain. (Message lu par Lise London).

Appris aussi comment Hitler avait décidé et appliqué la solution finale pour les Juifs, dont les cendres et les ossements de plus de six millions d'entre eux —Hommes, Femmes, Enfants, Vieillards— se mêlent aux terres où s'élevaient les camps de Maidanek, Auschwitz, Treblinka, Mauthausen et tant d'autres encore ... Comment, toujours au nom de la suprématie de la race «aryenne», les nazis ont exterminé d'autres groupes humains tels que les Tziganes et des populations slaves entières.

N'oublions pas, et que cela serve de leçon à tous les démocrates, que la force des uns est faite de la faiblesse des autres, qu'Hitler, Mussolini et leurs alliés, soutenus par les puissances économiques et politiques les plus réactionnaires, ont puisé le carburant de leur politique criminelle et guerrière dans la cécité politique, les concessions, les capitulations et les trahisons successives à la parole donnée, dont se rendirent coupables les gouvernements démocratiques.

Avant de leur sacrifier la jeune République espagnole à laquelle on refusait, au nom de la non-intervention, l'aide et l'assistance auxquelles elle avait droit, on avait laissé impunie l'invasion de l'Ethiopie par Mussolini et l'annexion de l'Autriche par Hitler. Pour en finir, les représentants des gouvernements français et anglais avaient signé, avec Hitler et Mussolini, les honteux accords de Munich permettant, aux armées nazies, d'annexer les Sudètes et ensuite d'envahir· la Tchécoslovaquie, en dépit du Traité d'alliance qui la liait à la France et à l'Angleterre. C'est ainsi qu'une politique menée soi-disant pour préserver la paix, a irrémédiablement conduit l'Humanité à plonger dans la plus effroyable des guerres.

La paix revenue, tous les peuples aspiraient à une vie plus digne et plus humaine, à la liberté, à la fraternité, à l'indépendance de leurs nations. Répondant à ces espoirs, les pays alliés adoptaient, en 1945, la Charte des Nations Unies puis, en 1948, la Déclaration universelle des Droits de l'Homme reconnue et signée par tous les Etats membres. Hélas ! nous assistons à de nombreuses violations de ces Droits un peu partout dans le monde.

Le développement des media· , la force des images de la télévision, nous font vivre à domicile les tragédies qui en découlent. Combien longue est la liste de toutes les agressions contre les Droits de l'Homme et le Droit des Peuples à disposer d'eux-mêmes, des odieuses discriminations raciales et des crimes innombrables commis au nom de la loi du plus fort, d'une foi reposant sur le fanatisme, l'intolérance, les méthodes inquisitoriales pour arracher des «aveux» publics.

En réponse, et c'est là une des caractéristiques de notre époque, des millions d'Hommes et de Femmes de par le monde, prenant en compte les Droits de l'Homme dans toutes leurs dimensions, combattent pour les conquérir, les défendre ou les élargir. Ce combat est indivisible et ne doit pas connaître de frontière. Il requiert une vigilance et une solidarité de tous les instants, une réponse immédiate à chaque violation des Droits de l'Homme, partout où elle se produit.

Les manifestations organisées pendant plus de cinq ans, chaque jeudi, devant l'Ambassade d'Argentine à Paris, par le Club des Droits Socialistes de l'Homme, pour dénoncer la dictature militaire et soutenir le combat des «folles de la Place de Mai», comme les avaient surnommées par dérision les assassins de leurs disparus, est dans ce sens exemplaire.

Il est réjouissant de constater qu'au cours des dernières années de nombreux peuples d'Amérique latine ont réussi à imposer, après des années de luttes sanglantes, des gouvernements démocratiques. Nous leur avons démontré notre solidarité dans le passé et continuerons à leur prêter toute notre aide pour la consolidation de leurs acquis.

Ce serait une erreur, au nom des batailles menées dans les pays du Tiers monde contre l'impérialisme et dans les pays capitalistes pour la conquête d'un espace de libertés et de conquêtes sociales et économiques plus large, de reléguer à l'arrière-plan, d'atténuer ou de refuser de voir, les violations des Droits de l'Homme dans les pays dits du «socialisme réel». Tous ceux qui partagent les idéaux d'un socialisme authentique savent qu'il ne peut comporter de restrictions aux libertés, qu'il se doit de faire jouer les règles de la démocratie, de permettre la libre circulation des idées et des citoyens dans l'Etat et entre les Etats.

En conclusion, je voudrais dire combien il serait faux de penser que les combats que nous menons, depuis des années, sont restés sans effet. Aujourd'hui, il y a dans le monde davantage de pays démocratiques qu'il y a dix ans. L'Europe occidentale a été débarrassée, et il est permis de penser définitivement, de ses dernières dictatures. Dans les pays se réclamant du socialisme réel, certains acceptent de reconnaître certaines libertés fondamentales, comme la Chine par exemple. Nulle part on a réussi à mater la volonté d'accéder aux libertés fondamentales. En Pologne, l'extraordinaire mouvement syndical, né en 1980, n'a pu être détruit. Plus généralement, la conscience de l'indissolubilité du socialisme et de la liberté triomphe dans les esprits. Nous ne pouvons que nous en sentir encouragés et persévérer dans ce bon combat.

Karel BARTOSEK *

J'ai longtemps hésité à prendre la parole, mais les voix de Prague, qui nous sont arrivées et que j'ai lues, hier soir, ont mis fin à mes hésitations.

Plusieurs amis — parfois intimes — ont répondu, par écrit, à l'invitation des organisateurs de ce colloque. Vous venez d'entendre leurs messages. Je voudrais, d'abord, ajouter quelques mots — qui en disent long sur l'état de la société tchécoslovaque — à propos de chaque personne citée :

— **Rudolf Slansky** est le fils du secrétaire général du parti communiste tchécoslovaque pendu en 1952, un homme de 50 ans, engagé dès le début dans la *Charte 77*, harcelé de temps à autre par la police ;

— **Jiri Hajek** est l'ancien ministre des Affaires Étrangères de 1968, l'un des trois premiers porte-paroles de la *Charte 77*, un Homme très courageux, de 72 ans, qui s'engage toujours pour le respect des Droits de l'Homme et qui passe, de temps en temps, ses nuits dans les cellules de prison, à Prague. Il excuse aussi, dans sa lettre, l'un des autres porte-paroles de la Charte, invité également, **Jiri Ruml**, ancien journaliste ayant déjà passé treize mois en prison pour ses opinions ;

* Historien.

— **Vaclav Havel**, dramaturge, que vous connaissez probablement. Il a, derrière lui, derrière le message que vous venez d'entendre, l'expérience de quatre ans et un mois de prison et a été — avec **Jiri Hajek** donc et **Jan Patocka** — l'un des trois premiers porte-paroles de la Charte 77 ;

— **Jiri Muller**, ancien   dirigeant du mouvement d'étudiants en 1968, vit en Moravie, à Brno. C'est un Homme qui se déclare socialiste indépendant et qui est, depuis longtemps, dans le mouvement d'opposition démocratique. Il a été emprisonné durant cinq ans et demi. Il est proche d'un autre socialiste indépendant, **Rudolf Battek**, qui est en train de vivre sa neuvième année d'incarcération. Vous entendez bien : neuvième année de prison ! ...

Je ne vais pas faire de commentaires sur le destin de ces êtres et de leurs camarades, qui luttent pour le respect des Droits de l'Homme en Tchécoslovaquie. Les faits, eux-mêmes, sont assez parlants ...

Je voudrais, pourtant, ajouter quelques mots.

Je suis en France depuis deux ans. J'ai quitté Prague le cœur très gros. Je dois dire, tout d'abord, que la France est vraiment une terre d'asile pour les exilés politiques venant de l'Europe Centrale. Je ne vais pas insister là-dessus. Et pourtant, je suis — et je vais être sincère — quelquefois assez étonné de certains comportements — et je ne parle pas du comportement de la droite — vis-à-vis de mon pays, de mon espace. Ce n'est pas dévoiler un secret d'État que de déclarer que les Droits de l'Homme, «à l'Est» — comme on aime dire — sont souvent ici sujet de malaises et d'embarras. Pourquoi ? Parce que, me semble-t-il, on ne comprend pas quelques vérités très simples — ou on ne veut pas les comprendre.

La première incompréhension tient à la nature du système du «socialisme réel». Si, dans tel pays, le parti communiste est interdit, on parle immédiatement de dictature. Si, dans tel autre, tous les courants socialistes, sociaux-démocrates, socialistes indépendants, trotskistes, chrétiens démocrates etc ... sont interdits et persécutés, le bilan peut-il y être globalement positif ?

La deuxième incompréhension est celle de la nature du mouvement d'opposition — je préfère ce terme à celui de dissidence — dans ces pays. C'est un mouvement qui, selon le vocabulaire politique français, est en général de gauche. Ses revendications prônent l'épanouissement et la restauration de la démocratie et des libertés ; ses idéologies sont anti-racistes, anti-fascistes, anti-totalitaires ; ses méthodes d'intervention dans la vie de la société sont démocratiques ; il condamne le terrorisme et la violence, le pétitions sont son arme préférée ... Comme dit un analyste, c'est «*l'opposition de la machine à écrire*».

La troisième incompréhension est celle de la revendication essentielle de ces mouvements qui est souvent sous-jacente, vu le danger de persécution, mais toujours présente : revendication du noble Droit, né au 19ème siècle, des Peuples à disposer d'eux-mêmes, du Droit à l'auto-détermination des nations, Droit essentiel violé et pas seulement en Tchécoslovaquie. Je répète souvent cela, en France : «Que diraient les démocrates français si, une certaine nuit d'août, leur pays était occupé par 2,5 millions de soldats étrangers ? (en France, il faudrait mettre quatre à cinq fois plus de forces armées que dans la petite Tchécoslovaquie, où il y a quinze millions d'habitants) «Que diraient-ils si 500 000 soldats étrangers restaient en France seize ans après cette invasion d'une nuit d'été ?» (Il y en a 100 000 environ dans la Tchécoslovaquie d'aujourd'hui).

Je conclus. Je ressens souvent, ici, ce que j'appelle la solidarité-charité. Je ne voudrais pas mettre en cause des sentiments nobles et généreux. Mais je pense qu'il y a beaucoup trop souvent de soi-disant diplomatie, de manipulations politiciennes, vis-à-vis du mouvement d'opposition, du mouvement pour le respect des Droits de l'Homme, dans mon ancienne patrie et dans les autres pays du bloc soviétique européen.

Je pense — et je ne suis pas le seul — que l'évolution de ces pays représente un laboratoire social extraordinaire pour vous, pour nous tous. La présence, dans les préoccupations de toute la gauche véritable, de ce laboratoire social, des aspirations de ces peuples, de cet espace où se joue aussi — et certains disent surtout — l'avenir de l'Europe, devrait être quotidienne, systématique, et non occasionnelle. Ce n'est pas un monde «ailleurs», une «autre Europe», c'est notre monde et notre Europe à vous tous, à nous tous.

Yvette ROUDY *

Il semble, à première vue, paradoxal de militer pour que les Droits de la Femme soient partie intégrante du combat pour les Droits de l'Homme. C'est que l'ambiguïté de notre langue rend cette précision nécessaire : il ne viendrait jamais à l'idée d'une femme, vous l'avouerez avec moi, d'affirmer qu'elle «est un homme», même si elle entend parler de l'espèce humaine. L'expression Droits de l'Homme recouvre une limite sexuée qu'évitent les autres langues : l'anglais, mais aussi l'espagnol, les deux langues les plus parlées du globe, qui emploient «Droits Humains», ou encore comme au Québec «les Droits de la Personne».

En matière de droit, il est assez clair que les femmes, sous-catégorie en l'espèce, n'acquièrent leurs droits civiques que très lentement. Il leur faut attendre 1946 pour avoir en France le droit de vote, 1974 le droit à disposer de leur corps, 1983 pour se voir affirmer celui de l'égalité devant le travail.

Nous vivons dans une société où ces droits sont fragiles et je n'insisterai pas sur l'angoissante question de l'avortement qui réapparaît périodiquement aux U.S.A. et dans nos pays. Trop souvent nous découvrons que la

* Ministre des *Droits de la Femme*.

liberté est un Droit de l'Homme tandis que l'asservissement à une morale à des principes, à l'homme, le Droit de la femme. La liberté de fonder des clubs ne fut-elle pas déniée aux femmes à la Révolution Française, ainsi que celle de «*monter à la tribune*», si cependant celle d'être guillotinées leur fut largement octroyée.

Créer en 1981 un *Ministère des Droits de la Femme* était reconnaître l'existence d'un combat pour l'acquisition de ces droits et pour la préservation des quelques acquis précédents. C'est une décision importante. C'est la reconnaissance officielle de ces agressions spécifiques dont les femmes sont l'objet. Je sais bien que les hommes et les femmes sont également agressés, mais dans les agressions dont les femmes sont l'objet, il y a toujours quelque chose en plus. Les agressions sexuelles sont plus nombreuses, plus cruelles, plus quotidiennes et plus spécifiques pour les femmes, et ces agressions-là relèvent du sexisme.

Ce mot nouveau, qui est dans le *Larousse* depuis 1978, doit trouver sa place à côté du racisme puisque les racines en sont les mêmes; les conséquences sont aussi souvent les mêmes : il n'y a pas égalité de chances entre les Hommes et les Femmes et j'en prendrai pour exemple les inégalités de la vie économique, les inégalités de salaires qui ne sont que le reflet d'une inégalité culturelle procédant de l'éducation que les filles reçoivent. Là il convient de parler de l'école.

Si les femmes ont des salaires inférieurs, si elles représentent plus de 60 % des smicards, c'est parce qu'elles ont, dès le départ, moins de désir de faire carrière (et cela commence à l'école et dans la famille) que les garçons. Elles acceptent une sous-qualification qui provient d'un conditionnement culturel très profond. A notre époque où elles représentent 42 % des travailleurs, où 45 % d'entre elles travaillent dont 70 % parmi celles entre 25 et 55 ans, ce n'est plus un phénomène marginal de la vie économique, mais un phénomène qui n'est pas sans incidences politiques, puisqu'en fait, disons-le, cela arrange fort bien un certain équilibre de l'économie.

Le conditionnement culturel des femmes, qui est celui que nous connaissons, aboutit à une exploitation économique véritable et elles représentent ainsi une armée de réserve fort appréciable ...

J'ajoute que lorsque je parle de l'exploitation du travail des femmes, je ne parle pas des tâches ménagères qui ne sont pas un travail salarié et qui trouveront leur solution, d'une manière beaucoup plus simple, par la pratique de la solidarité et le partage des tâches à la maison. Donc, je mets cet aspect des choses de côté et lorsque je parle du travail, je parle du travail du salarié.

Mais pour que nous en soyons arrivés à cette situation, longtemps acceptée, il a bien fallu qu'il y ait une maniabilité de cette masse que représentent les femmes, avec la complicité des femmes elles-mêmes. N'oublions pas que ce sont les mères de famille qui transmettent la culture et les habitudes. Aujourd'hui, pour de plus en plus de femmes, l'acceptation passive de la culture est devenue inacceptable. Les femmes revendiquent l'égalité des chances, la reconnaissance de Droits égaux mais aussi des moyens pour les exercer ; car nous le savons : pas de Droits sans moyens.

Certes, la revendication a existé de tous temps, et je voudrais dire ici que, bien souvent, si les femmes paraissent à certains d'entre vous présenter une agressivité excessive, c'est tout simplement parce que règne en elles une profonde indignation.

Peut-on mettre des formes à dénoncer l'oppression et, lorsqu'il y a incompréhension et aveuglement devant une revendication, est-ce que cela ne peut pas excuser, de temps en temps, quelque agressivité ? Cela signifie qu'il y a maintenant une force ininterrompue de revendications.

Tant que le phénomène culturel était intériorisé, accepté massivement par la forte majorité de la population, tant que la masse des femmes acceptait cette condition, il n'y avait pas ces éclats et cette force dans la revendication parce qu'il y avait banalisation. Il était banal qu'un mari batte sa femme, cela faisait bien rire et bien sourire,

et donnait lieu à des histoires «amusantes». De telles
plaisanteries font encore partie d'une certaine culture.
Or cela est dénoncé aujourd'hui par les femmes elles-mêmes et il y en a de plus en plus, je peux vous le dire — car
cela pose un vrai problème — qui ne supportent plus les
agressions du soir, dans le foyer, qui s'insurgent contre ce
que j'appellerai le fascisme du quotidien. Il y en a de plus
en plus qui se présentent dans les commissariats de police.

Ces agressions contre l'individu, atteintes à la dignité,
ces violences généralisées faisaient partie encore des dossiers
tabou.

Que dire également de ces viols collectifs du samedi
soir, acceptés dans certaines sociétés, bénéficiant de la
complicité de certains tribunaux et qui font encore partie
d'une sorte de tradition ? N'est-ce pas une violence insupportable qui devrait être dénoncée avec autant de force
que tel ou tel emprisonnement de tel ou tel prisonnier
politique ? Une violence que nous avons sous nos yeux
quotidiennement, qui s'étale dans la rue, chez le voisin.
Nous le rencontrons quelquefois, dans notre propre famille.
Mais des femmes maintenant élèvent la voix et dénoncent.
Cela nous concerne tous et nous devons lutter contre
cette sorte de violence dans la réalité de la défense des
Droits de l'Homme. Voilà pourquoi je ferai deux ou trois
propositions concrètes tout à l'heure.

J'ajoute encore qu'il faudra traiter de la violence faite
aux enfants et je parle aussi de l'inceste, qui existe et
qui est un autre sujet tabou. Le foyer est intouchable, on
n'entre pas dans une maison après une certaine heure
du soir, même si l'on y torture, même si l'on y viole, même
si l'on s'y livre à des agressions contre les Droits de l'Homme, avec une majuscule.

Or, tout ceci vient du mépris dans lequel on tient l'autre,
un mépris banalisé; or l'autre est souvent l'autre sexe,
le sexe second comme on dit ... en employant un terme
qui n'est pas innocent, lui non plus.

Est-ce pour autant que nour réclamerons le Droit à la
différence ? Non : cette demande est suspecte à mes yeux.
Trop souvent, j'ai constaté qu'au nom du droit à la différence entre les sexes, on excusait les inégalités et que

c'était un fort beau prétexte pour camoufler les discriminations. Trop souvent droit à la différence signifie droit à l'inégalité et rien n'est plus difficile que de déterminer ce qui relève de la différence et ce qui relève de l'inégalité. La différence sexuelle est culturellement intériorisée par les individus, la famille nous l'inculque et l'école la reproduit. Elle s'établit dans un rapport de force et la négation du féminin s'exprime dans toute sa force historique par exemple lorsqu'on veut, en mettant une majuscule au mot Homme, englober aussi la femme, on choisit toujours le sexe possesseur de la maîtrise.

L'école est précisément, avec la famille, le lieu où se perpétue la mise en condition sociale et culturelle des deux sexes. Lieu de socialisation de l'enfant, elle lui inculque, si l'on n'y prend pas garde, la réalité de son rôle et que ce rôle est sexualisé, c'est-à-dire fondé sur une différence de sexe. Dès la toute petite enfance, la famille commence cet apprentissage avec la complicité de la société : les jouets, les jeux, la couleur de la layette pose, en principe, une différenciation sexuée. Quand l'enfant arrive à l'école, une grande partie du travail a été fait, les rôles sexués sont déjà figés dans l'inconscient de l'enfant. Mais l'école peut si elle le veut redresser la situation et c'est là que réside sa mission primordiale si nous voulons que la Déclaration universelle de 1948 cesse d'être une suite de vœux pieux.

Quand il s'agit de notions positives, de valeurs claires, universellement reconnues, comme ce fut le cas à une certaine époque pour le patriotisme, souvent lié à la xénophobie, et pour le racisme, la tâche des enseignants est alors clairement délimitée, on sait de quoi l'on parle. Éduquer consiste à proposer des valeurs, des modèles de comportement, à justifier ces valeurs par des comportements concrets. Mais, mettre en évidence le sexisme, ce n'est pas aussi simple. C'est détruire une partie de la sécurité fondée sur nos valeurs sexuées, qui constituent la base de notre société ; envisager un monde qui n'existe pas encore, rêver d'une société nouvelle. Tâche difficile.

La plus importante concerne la *formation des maîtres*. J'ai tenté très brièvement de montrer la difficulté de l'analyse sexiste ; elle ne peut se situer pour être efficace qu'à un niveau d'apparence.

Il suffisait d'affirmer que l'éducation doit comporter obligatoirement, comme valeur première, *le respect de l'autre*, il suffirait de le dire et que les maîtres en soient convaincus . Mais je crois que c'est Louis Legrand qui a fait remarquer, dans son rapport, que cet aspect d'une valeur fondamentale n'était prioritaire, chez les enseignants, que pour 29 % d'entre eux. Quant aux élèves, 17 % d'entre eux, seulement, la considéraient comme fondamentale.

Ces chiffres, je le dis, sont préoccupants et montrent l'importance de la tâche qui est la nôtre et la mienne en particulier. La valeur du respect de l'autre doit être propagée dans la formation des maîtres, mais il n'est pas suffisant de la dire, car si cette conscience de l'autre n'est pas sous-tendue par une analyse des stéréotypes sexuels qui sont autant de prisons, que Simone de Beauvoir appelle les *«belles images»*, le respect de l'autre n'existe pas.

Voilà pourquoi on ne donnera de formation efficace aux maîtres, en ce sens, qu'en les amenant à pratiquer l'analyse des stéréotypes et des images, grâce à une formation supplémentaire.

C'est pourquoi j'ai proposé de créer des Unités de Valeur dans les Universités, des Unités de Formation dans les Écoles Normales, qui préparent les enseignants à cet aspect particulier des Droits de l'Homme que sont les Droits de la Femme. C'est le seul moyen d'en finir à terme avec les mesures de rattrapage, comme j'en prépare tous les jours, qui ne peuvent qu'être temporaires.

J'ai obtenu également qu'un matériel pédagogique audio-visuel clair soit proposé dans les 90 Écoles Normales, pour sensibiliser les élèves-instituteurs aux phénomènes du sexisme.

Enfin, il importe de faire disparaître des livres scolaires les images sexualisées et stéréotypées qui s'y trouvent toujours.

Jusqu'à présent, des Commissions de relecture ont été constituées, qui passent au crible les livres scolaires.

Leur fonctionnement est municipal et régional et elles constituent un lieu de prise de conscience efficace.

Mais il faut aussi agir pour intégrer le sexisme dans la pédagogie, sans pour autant demander aux enseignants d'être les permanents conciliateurs d'une lutte impossible entre la réalité et une perfection qui n'existe pas encore. Leur tâche sera facilitée par la bonne volonté de l'Inspection générale à faire disparaître le sexisme des programmes scolaires.

Pour l'heure, notre tâche est de faire connaître au monde qu'il y a discrimination, inégalité et injustice. Et je redis ici aujourd'hui que tant que la langue française sera ce qu'elle est, une langue à genre fortement sexuée, et que l'on continuera à parler des Droits de l'Homme, nous n'aurons qu'incomplètement rempli notre tâche en matière de Droits de la Personne. Car il n'y a pas de reconnaissance d'existence pour une entité entière qui n'est pas *nommée* et qui se trouve, par là-même, *exclue* du cercle de la réflexion sur les droits et de la défense de ses droits. C'est avec un sentiment d'urgence que je vous demande d'y penser et que je vous remercie de votre attention.

Maria Angelica PETIT *

Pour m'exprimer sur la lutte des Femmes en Amérique latine, je prends les cas exemplaires des luttes récentes et actuelles des Mères d'Argentine et d'Uruguay, mon pays, d'où je suis partie au moment du coup d'État, en 1973.

En Uruguay, ce sont les Femmes qui, les premières, ont recommencé la lutte pour les Droits de l'Homme. Le 1er mai 1983, jour des travailleurs, les manifestants ont, dans la rue et après dix années de silence, réclamé l'amnistie totale et sans restrictions, ouvrant ainsi la voie aux partis politiques d'opposition tout en favorisant les mouvements sociaux. Avant les élections, qui ont eu lieu le 25 novembre dernier, plus de 100 000 femmes du *Front Elargi* ont scandé, à Montevideo: «*Paix et Démocratie*».

En Argentine, les Mères — les «*Folles*» — de la place de Mai sont le personnage historique collectif qui domine la scène de la lutte contre la dictature sanglante des militaires. L'écrivain Julio Cortazar, dans une page qui, sous forme de tracts, a été largement distribuée dans les rues de Paris, a fait le «*nouvel éloge de la folie*» de ces Femmes qui sont — avant même l'échec de la guerre des Malouines — à l'origine de la chute du régime militaire basé sur la doctrine de sécurité nationale. Se rassemblant par petits

* Universitaire. Déléguée du *Front Élargi de l'Uruguay*. Membre du Comité Directeur de *Droits socialistes de l'Homme*.

groupes, en quête de leurs Enfants emprisonnés ou disparus, elles ont pris conscience de la dimension civique, idéologique et historique, d'une lutte menée pour les Droits de la personne humaine, pour la démocratie et la restitution de la souveraineté au peuple argentin.

Les Mères continuent leur lutte sous le gouvernement démocratique du Président Alfonsin pour que justice soit faite, pour contribuer à la tâche difficile et indispensable mise en marche par le Président de la République et par la Commission Nationale sur la Disparition des Personnes que préside l'écrivain Ernesto Sabato. Justice envers laquelle l'opinion publique nationale et internationale est à la fois un espoir et une garantie.

Il est temps de rappeler que le chiffre de 30 000 disparus ayant été mentionné, le rapport Sabato, présenté à Paris au cours de la conférence de presse tenue à *Droits Socialistes de l'Homme*, le 25 octobre 1984, dénonce 8 961 cas de disparition de personnes, la liste n'étant pas close. De ces chiffres, il ressort que 30 % sont des Femmes et que 10 % d'entre elles étaient enceintes ; la tranche d'âge la plus touchée est celle des 21 à 25 ans avec 32,62 %, suivie par celle des 26 à 30 ans (25,90 %) ; pour les Enfants, 0,82 % jusqu'à 5 ans, 0,25 % de 6 à 10, 0,58 % de 11 à 15 pour arriver à 10,61 % dans la tranche des 16 à 20 ans.

L'analyse des cas de disparition recensés démontre que, sur le chiffre de 8 961 personnes disparues, 21 % étaient des étudiants, 30,2 % des ouvriers et 17,9 % des employés ; pour ce qui est des professions libérales : 10,7 %; quant aux enseignants, le pourcentage est de 5,7 %. Il existe 84 dossiers correspondant à des cas précis de journalistes disparus (soit 1,6 %).

Les années les plus dramatiques furent 1976 et 1977. Les Mères qui manifestaient tous les jeudis, à Buenos-Aires, face à la maison du gouvernement, avaient déjà compris que «chaque cas» était devenu «tous les cas» et que de cas particuliers, elles devaient passer au général.

Après une enquête *in loco*, menée au mois de septembre 1979, la Commission Interaméricaine des Droits de l'Homme dénonce que la disparitions de personnes est le problème le plus grave, au niveau de la violation des Droits de la personne humaine, et que les Enfants étaient aussi compris dans cette situation ; la Commission ayant constaté des disparition de mineurs, Enfants de personnes détenues ou disparues elles-mêmes.

C'est à cette époque que les Grand-Mères ont rejoint les Mères sur la place de Mai. En octobre 1977, ces Grand-Mères de petits-Enfants disparus avaient constitué une association et établi une liste d'Enfants disparus et de bébés nés pendant la captivité de leurs Mères. En janvier 1978, elles avaient présenté la première pétition d'ensemble adressée au Pape Paul VI. En Janvier 1982, leur dossier enregistre le cas de 87 Enfants disparus, mais elles assurent que, en réalité, *«le nombre atteint plusieurs centaines»*.

Les objectifs de l'association étaient de :

— retrouver les Enfants disparus ;
— restituer les Enfants à leurs familles légitimes.

Les Grand-Mères réclament et exigent *«que soit respecté le Droit des Enfants à conserver leur identité et à vivre avec leur famille, dans leur milieu et dans le respect de leur religion»* ; avant d'ajouter : *«Tout argument contraire ne vise qu'à cacher un délit commis à leur encontre, en abusant de leur impossibilité de se défendre»*.

La gravité des délits commis en Amérique latine, dans le cadre des dictatures militaires, a démontré l'urgence de mieux définir les Droits violés de façon réitérée, avec la complicité ou la participation des autorités, et que ces délits soient déclarés délits de lèse-humanité. De tels délits sont imprescriptibles et les coupables sont passibles de poursuites judiciaires dans n'importe quel pays. La Convention contre la torture et autres traitements et châtiments cruels ou dégradants vient d'être approuvée, le 10 décembre 1984, à l'Assemblée générale des Nations Unies. Mais, pour qu'elle soit appliquée, il est encore nécessaire que plusieurs États membres adhèrent ou ratifient la Convention.

Les Droits de l'Enfant à son identité, à sa famille, à son milieu culturel légitimes pour lesquels se battent les Femmes en Argentine et en Uruguay, reconnus en partie dans la Déclaration des Nations Unies de 1948, se trouvent aussi, dans une certaine mesure, compris dans les dix principes de la *Déclaration des Droits de l'Enfant* des Nations Unies de 1959. Celle-ci dans son principe 3 dit que «*l'Enfant a droit à un nom*». C'est très peu explicite — voire insuffisant — face aux cas de séquestrations, disparitions et vols d'identité systématiques, dénoncés par les Grand-Mères et que le rapport Sabato vient de confirmer. Il faut placer sur le même plan les cas dénoncés par les Femmes Uruguayennes qui ont perdu leurs petits-enfants en Argentine.

Quant au Droit de la Femme à son état de grossesse et au Droit prénatal de l'Enfant à son bien-être et à sa propre existence, qui ont été bafoués dans les prisons, ils doivent aussi être définis dans le cadre de situations imprévisibles et impensables, dont nous sommes témoins, afin de défendre la vie de l'Enfant.

Enfin, les tortures du fœtus dans le ventre de sa Mère et celles du nourrisson, qui ont été pratiquées dans les maisons et les casernes, nécessitent également une place et une définition spécifiques dans les Conventions que nous venons d'évoquer. De même, la torture systématique du corps de la Femme et le viol, dans un contexte de répression politique, nécessitent aussi une sanction particulière dans la législation.

On ne peut pas qualifier de «subversif» le Droit à lutter contre les violations des Droits de la personne humaine mais, au contraire, il s'agit d'exercer et de reconnaître le Droit d'agir selon la loi et pour la justice.

André **HENRY** *

La communication qui m'a été demandée sur le thème *«Laïcité, Religion, Droits de l'Homme»* représente un exercice périlleux, chacun en conviendra.

Non pas que la référence aux Droits de l'Homme, voire aux *Droits Socialistes de l'Homme,* fasse difficulté : elle est en permanence utile et dans ce monde moderne, à demi affamé et à demi informatisé, où le respect de l'intégrité de l'Homme n'est le fait que d'une minorité d'États, l'expression répétée, clamée, amplifiée de telles exigences reste à la fois une nécessité et un élément premier du combat global pour la liberté.

Mais, confronter dans cette perspective militante deux mots aussi chargés d'histoire, d'oppositions et d'engagements passionnés ou passionnels que laïcité et religion, relèverait presque de la provocation si ce colloque n'avait l'ambition de se dégager quelque peu des contingences partisanes et des polémiques superficielles.

Mon propos, forcément bref, ne fera donc qu'effleurer le sujet, suggérer quelques analyses, pour susciter réflexion et débat, pour inviter peut-être à d'autres approfondissements.

*Ancien Ministre. Président de *Citoyen 2 000.* Président de la *Caisse Nationale de l'Énergie.* Ancien Secrétaire Général de la *Fédération de l'Éducation Nationale.*

Si chacun semble s'accorder sur le sens profond du mot «religion» dans ses aspects cultuels et culturels, dès lors qu'il correspond chez un individu à une croyance, à une conviction intime éminemment respectables, il n'en est pas de même sur celui de «laïcité».

La laïcité est un concept rare qui ne s'est imposé que dans peu de nations au rang de principe d'État, parce qu'il s'est toujours heurté, et se heurte encore, au poids et à l'emprise des traditions, des églises et des confessions multiformes.

Le concept laïque n'est pas ambigu, ni «piégé» comme certains tendent à le laisser croire. Mais je conviendrai que ses propres défenseurs ou promoteurs l'enserrent trop souvent dans une dimension restrictive et institutionnelle.

Le fait qu'en France, depuis la Révolution de 1789 et plus particulièrement depuis une quarantaine d'années on n'ait évoqué cette question que sous la forme principale de laïcité de l'école, et secondairement de l'État, a contribué à donner à la laïcité une connotation de polémique périmée, de combat rétro, et même, ce qui est plus grave, d'idéal passéiste.

Je refuse ces appréciations, mais j'admets qu'elles ont quelques motivations.

En réalité, depuis plus d'un siècle, la laïcité a été ressentie, vécue, expliquée, utilisée comme un moyen institutionnel en réplique, en opposition, en rempart aux excès et aux abus de la hiérarchie catholique, qui se sont manifestés de façon provocante tout au long du XIXè siècle et qui se prolongent aujourd'hui quelquefois, mais sous des formes plus subtiles et plus modernes.

De ce fait, la laïcité est devenue d'abord un argument et un enjeu de bataille politique, comme on l'a vu tout récemment encore.

Pour ma part, je ne m'en offusque pas outre mesure, dès lors que la laïcité a toujours porté le flambeau de la liberté, c'est-à-dire des droits de la personne humaine, contre les sectarismes et l'esprit de division.

Mais je regrette que se soient trop estompés l'aspect universel de la laïcité et je pourrais dire sa capacité d'universalité.

Bien au-delà de son caractère institutionnel — que la France est un des rares pays à avoir inscrit dans sa Constitution et c'est à son honneur — la laïcité est d'abord et essentiellement une volonté, un état d'esprit, une conception de la vie et des rapports sociaux qui rejette toutes les formes d'esclavage, tout ce qui enserre la pensée humaine et empêche l'Homme de maîtriser son destin par lui-même.

La laïcité est ce trait de lumière qui remonte au fond des âges.

Quand la langue Grecque, la civilisation Grecque, distinguaient le *Laos* — le peuple — du *Cleros* — les clercs — elles marquaient en fait l'opposition des détenteurs de privilèges, y compris le privilège de savoir, les clercs, et les gens du peuple qui en étaient souvent les victimes ou qui en subissaient la volonté.

«*Laïos* — laïque — *Cleros* — clérical —» ce rapprochement est frappant ; il montre l'évolution d'un concept en même temps que ses racines et illustre la permanence et l'universalité du combat laïque, sans cesse fondé sur la conquête de ses Droits par l'Homme en même temps que la définition de ses devoirs, dès lors que toute liberté conquise ne saurait attenter à la liberté égale de l'autre.

Il est clair que la laïcité est une valeur clé de la République, en même temps que du civisme, et par conséquent de l'éducation au civisme.

Et de ce fait, l'idéal laïque se confond avec celui des Droits de l'Homme puisqu'il en est la source.

La laïcité apparaît donc clairement comme une valeur d'avenir et une réponse à la jeunesse ; elle est un ferment de rassemblement, de dialogue, d'ouverture d'esprit et le seul socle objectif des fraternités humaines libérées des carcans dogmatiques.

Que valent alors ces procès faits à la laïcité d'être anticléricale et anti-religieuse ?

La laïcité n'est elle-même ni un dogme, ni une doctrine ; elle a au contraire pour objectif, selon le mot de Lavisse, d'affranchir des dogmes et des confessions tous les services communs de la Nation et de l'État.

De plus, la laïcité porte en elle-même une dynamique du renouvellement. Elle résulte de la lutte historique de l'Homme pour sa libération et son émancipation ; elle est ce lent mouvement des idées qui au long des siècles n'a cessé de faire reculer l'obscurantisme, les tabous, les mystifications.

La laïcité, parce qu'elle est fondamentalement une lutte contre toutes les aliénations, se trouve à la base des actes essentiels de progrès social et fonde les valeurs de la République et de l'esprit républicain.

La laïcité est-elle anti-cléricale ? Il peut apparaître vain de jouer sur les mots en disant que c'est le cléricalisme qui est anti-laïque. Mais il est toujours utile de rappeler que l'anti-cléricalisme n'existe que par l'existence du cléricalisme, c'est-à-dire la déviation à des fins politiques des convictions intimes et de la foi des individus. Les faits de ces derniers mois, en France, sont trop présents dans nos mémoires pour que j'aie besoin d'insister.

Il est alors évident que la laïcité ne peut que s'opposer à cette forme insidieuse de détournement des esprits.

La laïcité serait-elle anti-religieuse ?

Rien dans la démarche laïque ne ressemble de près ou de loin à une attitude anti-religieuse ou sectaire. Elle respecte la foi dans laquelle telle ou telle personne se reconnaît, mais elle affirme que la liberté de tous exige que la religion demeure une affaire privée, une affaire qui regarde la conscience personnelle de chacun.

C'est là une idée-force, d'essence révolutionnaire, que l'on a retrouvé au cœur de toutes les luttes des travailleurs pour leur émancipation à commencer par la Commune de Paris.

Et ce fut un des grands gestes, l'un des grands mérites historiques de la IIIème République, que de placer la religion au rang des affaires privées et d'assurer du même coup à tous la liberté religieuse.

Mais de la même façon que la laïcité s'oppose au cléricalisme, elle combat tous les fanatismes religieux.

C'est peu de dire que le monde de 1984 fourmille d'exemples tristement éloquents.

De la guerre d'Irlande à celle du Liban, en passant par celle qui oppose les Perses et les Arabes, les fanatismes les plus odieux s'épanouissent et remplissent quotidiennement les écrans des télévision ou les premières pages des journaux, bafouant les Droits les plus élémentaires de l'Homme et même les Conventions internationales qui tentent — sursaut de dignité — d'humaniser un peu les guerres ou du moins leurs conséquences.

Ce sont ces fanatismes qui démontrent le mieux le mécanisme, le ressort des exploitations religieuses, je veux parler du dogme.

Le dogme, vérité révélée, devient la justification, la raison, l'instrument de toutes les exactions et de tous les forfaits.

Dogme confessionnel : le Moyen-Orient et l'Afrique sont les théâtres sanglants de ces méfaits. Un cas banal récent : l'exécution du chef du mouvement islamique anti-intégriste au Soudan pour cause d'apostasie et d'hérésie.

Dogme politique, religion d'État : les maîtres du Viêtnam à l'issue d'un simulacre de procès exécutent trois prisonniers politiques pour cause de refus d'uniformité. Ceux du Chili assassinent et déportent au nom du dogme inverse. Et la liste pourrait s'allonger.

Dogme racial : l'*apartheid* n'est-il pas ce chancre abominable d'une humanité moderniste qui se prétend civilisée ?

D'un continent à l'autre, vous trouveriez cent, mille exemples plus choquants les uns que les autres qui montrent que les fanatismes ne sont pas que religieux et qu'il n'y a guère de degré dans l'horreur quand sont méprisés, au nom d'un système ou d'un autre, les Droits de toute personne humaine.

Nous voici au cœur du sujet. C'est là qu'il faudrait développer, argumenter, préciser. Mais il me faut déjà conclure.

Je n'exprimerai qu'une seule idée, une seule conviction : elle fonde ce qui est à mes yeux la fécondité de la laïcité.

Cette conviction, c'est la confiance dans l'acte d'éduquer. On ne peut éduquer sans rendre plus intelligent. Et toute éducation, tout acte éducatif qui entend respecter les Droits de l'Homme, portent en eux les ferments du progrès social et humain qui s'ajoutent aux valeurs républicaines.

Mais si l'on admet qu'une société ou une nation est pluraliste dans sa pensée, dans sa tradition, dans son mode de vie, dans sa culture, dans sa langue même ne serait-ce que par l'accent et les dialectes, mais en même temps profondément unie et rassemblée autour d'une histoire commune, de racines communes, d'une volonté commune de vivre ensemble, de créer ensemble, de progresser ensemble, alors l'éducation de sa jeunesse ne peut reposer que sur ce qui rassemble et non sur ce qui divise.

Et la seule éducation pluraliste et libre qui réponde à cette exigence ne peut que s'attacher au principe de laïcité.

Laïcité, c'est-à-dire liberté et respect des consciences, ce qui exclut tout autant le dogme diviseur des confessions, que le dogme uniformisant du parti unique.

Comment la laïcité serait-elle neutre, comme le réclament les apôtres du cléricalisme moderne, dès lors qu'elle s'honore de promouvoir les Droits de l'Homme, les Droits de l'Enfant et les Droits du Citoyen :

— *Droits de l'Homme*, c'est-à-dire la lutte contre le racisme et l'antisémitisme, la promotion de la justice, la défense intransigeante de l'intégrité de la personne humaine dans tous les pays ;

— *Droit de l'Enfant*, petit Homme avant d'être petit d'Homme et dont la préparation à la vie doit pouvoir s'enrichir de la différence culturelle des autres, non pas se réduire à l'enfermement des clans ;

—*Droits des Citoyens*, c'est-à-dire la renaissance du civisme et la conscience des responsabilités dans la collectivité, le sens de l'effort et du risque, le refus de l'esprit d'assistance, la conscience de l'égal équilibre entre ses Droits individuels et ses devoirs collectifs.

J'espère, Monsieur le Président, Mesdames et Messieurs, que ces propos parfois abrupts et qui mériteraient sans doute d'être critiqués, nuancés, modulés, complétés, apportent cependant une contribution modeste mais utile à ce colloque.

Ils n'ont pas d'autre prétention, en tout cas, que de susciter la réflexion et de provoquer le débat.

Jean-Jack QUEYRANNE *

Je voudrais vous livrer quelques réflexions sur le thème «*libertés et communications de masse*», des réflexions tout à fait improvisées sur un débat très actuel puisque nous avons vu, depuis 1981, fleurir, dans notre pays, à la fois des radios locales — elles sont aujourd'hui près de 1 100 autorisées — et nous allons voir dans quelques mois apparaître des télévisions privées.

Nous sommes dans un monde de communication audiovisuelle qui évolue, qui bouge rapidement. Je voudrais sur ce point esquisser une contribution à la définition d'un droit, d'une liberté, celle de la communication audiovisuelle que nous avons souhaité consacrer, à travers la loi du 29 juillet 1982, par cette phrase : «*la communication audio-visuelle est libre*» ; phrase que nous avons placée en tête de cette loi, dans la mesure où elle reprend les termes de la grande loi sur la presse de 1881 : «*l'imprimerie et la librairie sont libres*». Le parallélisme est évident avec la grande loi républicaine qui consacrait la liberté d'édition, la liberté de paraître pour les journaux, en dehors de toute censure, en dehors de tout régime d'autorisation préalable.

* Député du Rhône. Secrétaire National à la Culture du Parti Socialiste. Président du Groupe de *Droits Socialistes de l'Homme* à l'Assemblée Nationale Française.

Mais sur ce thème de la liberté de communication, en fait, nous voyons actuellement s'affronter deux doctrines.

La droite a aujourd'hui tendance à dire que seule la liberté de diffusion suffit. La liberté de communication se limiterait, selon elle, à la liberté des diffuseurs. Il suffirait d'ouvrir de plus en plus les canaux, de plus en plus les réseaux, qui permettent que des ondes et des images circulent, pour que la liberté de communication soit assurée. Je voudrais, d'abord, relever un simple paradoxe : avant 1981 la même droite était solidement attachée au monopole d'État, c'est-à-dire qu'elle verrouillait les possibilités d'expression, alors que la gauche, depuis 1981, a largement ouvert l'univers de la communication. Mais la liberté des diffuseurs n'est qu'un aspect de la liberté de la communication, car elle doit se conjuguer avec deux autres libertés pour définir, de façon complète, ce que doit être une communication audio-visuelle libre et pluraliste.

Avec la liberté des diffuseurs, il faut d'abord assurer la liberté des créateurs, la liberté des producteurs en matière audio-visuelle. Nous savons bien que la liberté des diffuseurs conduit, en fait, à donner libre jeu au marché. En la matière, notamment dans le domaine de la télévision, nous savons comment cette liberté peut conduire, en définitive — parce qu'elle est fondée essentiellement sur des principes économiques — à rechercher les productions les moins chères, les moins coûteuses ; donc, par là, à s'adresser aux firmes productrices — essentiellement américaines ou japonaises — qui sont celles qui peuvent fournir des images au plus bas prix puisqu'elles sont déjà, notamment pour les États-Unis, amorties sur un très vaste marché intérieur et sur le marché anglophone.

La liberté de diffusion seule conduit, inévitablement, si elle n'est pas tempérée par une autre liberté, celle des créateurs et des producteurs de notre pays, à un asservissement, à une colonisation culturelle.

Liberté des créateurs, liberté des producteurs, cela veut dire mise en place de mécanismes qui garantissent, d'abord, qu'une partie des ressources des chaînes publiques des télévisions et des futures chaînes privées, aillent à la création dans notre pays. Cela me paraît un point essentiel. Sans cette obligation d'investir dans la production, notre création audio-visuelle aurait bien du mal à affronter la concurrence.

La liberté des créateurs implique, aussi, la mise en place de fonds de soutien du même type que celui dont bénéficie le cinéma français, depuis 1945. Le mécanisme est simple : sur chaque place de cinéma, une partie de la recette — aujourd'hui un peu moins de 15 % — permet de financer un fonds de soutien qui va aider à la création de nouveaux films. C'est le système de l'avance sur recettes qui permet de donner une chance à de nouveaux créateurs. Grâce à lui, le cinéma français a résisté à la pression étrangère, celle-là même qui a conduit, par exemple, à la quasi-disparition du cinéma italien. Ce mécanisme de fonds de soutien est donc une incitation à la création. Géré par la profession elle-même, il permet de découvrir de nouveaux talents et de donner ainsi la possibilité, pour de grands artistes — je pense en particulier, dans notre pays, à **Rivette**, à **Bresson**, à **Resnais** qui y ont eu recours, à plusieurs reprises — la possibilité de s'exprimer, la possibilité de créer.

Le troisième aspect de la liberté de communication est la liberté du public. Ce public, qui est le spectateur muet — on cherche à le cerner à travers des indices d'écoute — a Droit, lui aussi, à une communication pluraliste et diversifiée. Cela veut dire une lutte contre la constitution de tout monopole, non seulement le monopole d'État, mais aussi les monopoles municipaux et les monopoles de l'argent. De ce point de vue, je voudrais vous citer un exemple, très significatif, qui est celui de l'Italie. En 1976, la décision de la Cour Constitutionnelle a aboli le monopole d'État sur la télévision et a introduit la possibilité de constituer des télévisions locales. Nos voisins transalpins ont vu éclore, en quelques mois, 1200 chaînes !

En pratique, une situation totalement anarchique, parfois créatrice, parfois intéressante, mais en fait souvent justifiée par des mobiles à caractère commercial. Cette pseudo-liberté n'a pas duré longtemps. En quelques années s'est reconstitué un monopole privé qui a racheté les principales stations, créé des réseaux diffusant les mêmes types de programmes, par le système des cassettes, et qui contrôle, aujourd'hui, 80 % des télévisions locales. La liberté accordée aux diffuseurs est devenue en quelques années, par le jeu du marché, une liberté confisquée par un monopole qui, petit à p?tit, a regroupé la quasi-totalité des stations de télévision privées.

La liberté du public se fonde sur la garantie du pluralisme. Non au monopole de l'argent : c'est ce que nous avons voulu faire à travers la loi sur la presse, qui a limité les possibilités de contrôler les entreprises de presse. De la même façon, il faut éviter les concentrations dans l'audiovisuel.

Je voudrais prendre un autre exemple, celui des États-Unis. Il y existe une Commission Fédérale de la Communication, un peu semblable à la Haute-Autorité, la FCC, qui a édicté deux règles principales :

— aucun groupe de presse ne peut être en situation de monopole dans une ville ;

— un groupe ne peut posséder ou contrôler plus de 7 stations de radio modulation de fréquence, plus de 7 stations d'ondes moyennes, plus de 7 stations de télévision. Elle ne peut aller au-delà de cette règle des 7/7/7 présentement. Cette faculté doit être portée prochainement à 12.

Le Président de la République, dans son intervention télévisée du 15 janvier dernier, a souligné que nous pouvions nous inspirer de la législation américaine, pour éviter que ne se constituent de nouveaux monopoles. En tout cas, on peut voir que là où la liberté a été uniquement accordée aux diffuseurs, comme en Italie, elle conduit à un chaos fatal ou à la reconstitution de nouveaux monopoles.

La notion de liberté de communication dans le domaine audio-visuel reste à préciser. *Droits Socialistes de l'Homme* doit apporter une contribution intéressante sur ce point. Nous sommes passés d'une société de pénurie, où il n'y avait que peu de fréquences, peu de possibilités de transmission, à une multiplication des réseaux et des canaux. L'enjeu, à la fois pour la création française, pour la production audio-visuelle française et pour le public, c'est de faire que sur ces réseaux, sur ces canaux, ne se véhiculent pas les mêmes productions, des émissions uniformes, essentiellement fournies par l'étranger — principalement les États-Unis et le Japon — ni que le pouvoir de communiquer soit accaparé par le monopole recherchant le profit maximum.

Voilà quels sont les enjeux. Je crois que c'est une liberté décisive et fondamentale. Je voudrais vous rappeler un seul chiffre : les Français passent en moyenne, chaque jour, 2 h. 21' devant leur télévision.

Autant dire que la liberté de communication est un élément essentiel de ces nouveaux Droits de l'Homme, pour lesquels nous devons rechercher une définition positive dans la perspective d'une société de progrès et de démocratie.

Arnold RACINE *

Le phénomène de la drogue, développé dans notre pays et dans d'autres pays par des monopoles d'argent, empoisonne la jeunesse, chaque jour.

Cela commence à l'école.

Naturellement, les actions contre les revendeurs de drogue sont limitées. Contrairement à ce que peuvent dire les gens avec leur «Y a qu'à», il n'y a pas de «Y a qu'à» ! C'est la faute de toute une société qui admet, dans sa morale même, que l'Homme n'est pas le capital le plus précieux mais que c'est l'argent, qui accepte — en fermant les yeux, avec pudeur — que telle ou telle nation (Pérou, Turquie, Thaïlande ...) puisse vendre ou revendre la drogue sur le marché international ou qu'elle soit blanchie par le trafic d'armes. Et ce sans punition, sans intervention de l'ONU ni de l'UNESCO.

Il en résulte que, à un moment donné, des dizaines de milliers de jeunes, en France, sont drogués, sans aucun moyen de défense. Ils se replient sur eux-mêmes. Les parents, lorsqu'ils s'en aperçoivent, n'osent pas le dire, n'osent pas attaquer ce fléau, se cachent.

Les drogués forment une masse non-libre. Ils sont enchaînés, sans soutien réel de la collectivité nationale.

* Membre du Comité Directeur de *Droits Socialistes de l'Homme*.

Comment résoudre le problème d'un jeune drogué ? Avec la délinquance qui est — dans la grande majorité des cas — liée, il sort du cadre médical pour entrer dans les domaines juridique et policier. Problème crucial : trouver de l'argent. Pour ce : voler ou se prostituer. Sanctions : soit la prison, soit l'hôpital psychiatrique. Dans la prison, il y a la répression. Dans l'hôpital psychiatrique, on favorise l'enrichissement des laboratoires, car les mandarins disent : «Il faut que les drogués nous foutent la paix». On change alors l'héroïne pour des tranquillisants. Le problème n'est pas réglé pour autant.

Il existe des associations (*Le Patriarche* et d'autres ...) qui luttent pour la réinsertion et qui arrivent à 70, 80 % de résultats, mais qui sont considérées comme marginales par le corps médical ou par d'autres pontifes. Car le vrai problème de la réinsertion du jeune drogué, c'est de lui donner la responsabilité de lui-même dans la collectivité, pour lui-même et pour la collectivité. Sous l'effet de la drogue, il ne pense qu'à lui et à lui seul. Tandis que ces associations, par le travail, par la prise de conscience, en supprimant totalement médicaments et drogues, le font entrer dans un système de responsabilité collective. Il s'en sortira et deviendra un ancien drogué qui prendra en charge de jeunes drogués. Et la D.A.S.S. considère que, comme ce sont des organisations marginales, il faut les aider, mais pour se donner bonne conscience. C'est-à-dire que 30 à 40 francs par jour seulement vont être alloués pour certains drogués alors que, dans les hôpitaux psychiatriques, le coût est de 1 000 à 1 500 francs par jour et par interné, sans aucune perspective et dans l'oisiveté la plus totale.

Alors, je pose le problème, parce que c'est un problème d'asservissement, c'est un problème de combat pour la libération de ces jeunes qui seront, demain, des non-citoyens, puisqu'ils n'auront pu se responsabiliser dans la société.

Je demande que les hommes politiques — à part les créneaux d'échéances électorales — que les intellectuels — à part le fait de s'écouter parler lorsqu'ils sont en chaire — dénoncent, se rassemblent, pour demander que le budget accordé serve à sortir l'Humain de cet enfer, de cette prison, faire en sorte qu'il soit le capital le plus précieux et non pas l'argent, la force ou la science, comme il l'a été démontré hier.

Véronique NEIERTZ *

Juste un mot, parce que j'ai cru comprendre que le précédent orateur lançait un vibrant appel aux hommes politiques sur le sujet de la drogue. Je ne suis pas un homme politique, je suis une femme politique, et je voudrais juste répondre sur ce point.

Effectivement, peut-être y a-t-il des personnalités politiques qui croient utile de ne s'occuper de ce problème qu'en période électorale. Mais n'importe quel responsable politique de terrain sait très bien que ce type de problèmes nécessite une action continue, en profondeur, et généralement discrète. Je voudrais dire que, moi qui suis députée de Seine-Saint-Denis, département qui a le triste privilège de compter le plus grand nombre de jeunes drogués, je suis amenée à, bien sûr, participer aux efforts qui sont faits pour la réinsertion de ces jeunes dans notre société. Une société qui, surtout en Seine Saint-Denis et toujours pour ce qui a trait à la jeunesse, n'est pas très ouverte, car j'ai également le privilège, en région parisienne, de représenter le département qui a le plus fort taux de chômage de jeunes.

Il se trouve que, pour ces raisons, l'État et la D.A.S.S. ont voulu créer une structure originale, expérimentale

* Députée de Seine-Saint-Denis. Membre du Bureau Éxécutif du Parti Socialiste.

en quelque sorte, de réinsertion de ces jeunes dans la société. En évitant justement tout ce qui peut être vu par eux comme un piège institutionnel, une sorte de structure supplémentaire, qui attendrait que les jeunes drogués viennent à elle, ce qu'ils ne font pas.

J'ai dans ma commune une équipe de médecins qui ne se contentent pas d'attendre et de recevoir ces jeunes, mais qui vont là où ils sont, là où ils se procurent la drogue, dans les supermarchés, dans les hypermarchés, dans les cités H.L.M. – qui sont en grand nombre dans ce département, vous connaissez tous les 4 000 de La Courneuve mais il y en a, malheureusement, des centaines comme cela – ils vont au devant d'eux, ils essaient d'aider les familles. Ce type d'antenne, comme nous l'appelons, n'a peut-être pas le même mode de fonctionnement que les associations privées, mais je crois que c'est une formule intéressante qui porte ses fruits. Nous tirons d'affaire un grand nombre de familles car nous arrivons à connaître, avant les parents, les problèmes qui se posent et pouvons agir, en conséquence, avec ces parents par le moyen d'une pédagogie d'intervention, aussi bien vis-à-vis des familles que des jeunes eux-mêmes.

Quand on regarde les résultats, je les trouve encourageants, bien qu'ils soient infinitésimaux sur le plan statistique ; quand je vois le budget qu'y met l'État, je me dis qu'il ne reste pas impuissant, qu'il essaie de trouver une solution à ce fléau. Dans ce département qui est tellement touché, nous faisons œuvre commune, au niveau de l'État, du corps médical, d'animateurs sociaux, des élus, actions en commun qui, pour ne pas être spectaculaires, n'en portent pas moins des résultats encourageants.

Huguette BOUCHARDEAU *

Je vous remercie de m'inviter à parler sur les Droits de l'Homme face à l'environnement ou des Droits de l'Homme en matière d'environnement.

Je voudrais dire d'abord que la société industrielle avec, d'une part, l'urbanisation, l'utilisation intensive des sols, la pollution accélérée de l'air, de l'eau, un certain type de gaspillage de ressources fondamentales ... toutes ces caractéristiques qui font qu'une société produisant toujours plus de richesses fait de la nature, en même temps, un bien rare qu'il faudrait conserver et, si ce n'est pas absolument toujours sensible dans les sociétés hautement développées qui peuvent ménager une partie de leurs ressources, c'est quelquefois cruellement sensible dans des pays en développement, où l'on estime qu'il existe des gisements de ressources à exploiter et où on le fait souvent sans beaucoup de précautions. Je pense, en particulier, à ce qui est en train de se passer pour les forêts d'Amérique du Sud, pour l'utilisation des sols et des maigres ressources, en couvert végétal, de toute une partie du territoire africain, par exemple.

Il existe, à notre époque, un mouvement − pratiquement contradictoire − entre développement de ressources nouvelles et exploitation de richesses naturelles qui arrivent à un niveau de raréfaction important.

* Ministre de l'Environnement. Ancienne Secrétaire Nationale du P.S.U.

La nature a été, dans beaucoup de cas, domestiquée, exploitée, mais ce sont souvent les conditions même de son maintien qui sont menacées, qu'il faut défendre.

Je crois que, s'il fallait tracer quelques perspectives pour une nouvelle manière de lire les Droits de l'Homme, peut-être faudrait-il arriver à parler d'un Droit imprescriptible à l'air respirable, à l'eau buvable, à un sol et à des ressources gérées.

Dans le même temps, l'urbanisation entraîne la désertification de régions entières et l'entretien de la nature n'est plus assuré alors qu'il l'était, de manière traditionnelle et depuis des siècles, par des populations rurales. Dans des pays comme le nôtre, une partie de l'espace retourne à un certain état de sauvagerie ou de friche qui n'est pas ce qu'était, probablement, l'état naturel. Pensons à la forêt méditerranéenne ou à la désertification que provoque l'exploitation du bois de feu dans les pays africains. La gravité de ces phénomènes démontre la nécessité de Droits à la gestion d'un patrimoine fragile et à la préservation d'un patrimoine collectif.

Le développement de la ville crée, aussi, des contraintes sur l'univers quotidien des gens qui est marqué par le bruit, les temps de transport, l'isolement ... Pour réfléchir sur les Droits de l'Homme dans l'avenir, il faudrait peut-être parler d'un certain Droit à la qualité de la vie, à définir. Nous sommes habitués, pour en revenir à l'exposé précédent de M. Fauvet, à entendre parler du respect des Droits de l'Homme face aux menaces que font peser, par exemple, les fichiers informatisés. Mais nous ne voyons pas très bien comment établir des limites quand on parle de Droits à des ressources fondamentales, de Droits à un patrimoine naturel, de Droits à une certaine qualité de l'existence. La définition de ces limites est pourtant nécessaire, car il s'agit des conditions de la vie même.

Deuxième piste de réflexion : l'évolution de l'environnement, tel que nous le connaissons aujourd'hui.

La conception des habitats urbains fait surgir des nuisances particulières. On a vu, ces dernières années, assez de faits divers qui mettent en lumière le mal de vivre dans un certain nombre d'agglomérations urbaines, mal de vivre qui fait ressortir l'inégalité fondamentale des conditions d'existence. Je crois que, lorsqu'on parle de lutte contre les injustices, contre les inégalités, il ne faut pas se limiter au salaire lisible sur une fiche de paie, en fin de mois, tout comme il ne faut pas uniquement s'en tenir aux Droits auxquels nous sommes habitués et pour lesquels nous avons des critères bien définis, bien délimités ; je crois aussi qu'il faut être capable de poser les problèmes des conditions de vie et des cumuls de nuisances. C'est un urbanisme de pauvre qui s'installe à côté de conditions de vie au contraire valorisées, dans d'autres quartiers, dans d'autres régions, dans d'autres sites et qui ont une valeur – une valeur foncière, qui s'y attache immédiatement, mais aussi une valeur de qualité de vie – qui provoque ces phénomènes de ségrégation qui se lisent dans toutes les implantations urbaines. S'il faut voir, aujourd'hui, la manière de répartir les populations, on sait qu'il existe des quartiers, comme il en a toujours existé – des quartiers différents où les diverses populations s'installent – mais avec des mouvements très clairs qui sont, par exemple, la réappropriation de certains centres par des couches favorisées – à travers les opérations de villes piétonnes – et le déplacement vers les banlieues des populations plus défavorisées.

On assiste aussi à l'appropriation de zones naturelles, à travers certains mouvements du capital. Il faudrait lire, de cette manière, comment évolue l'appropriation du sol en montagne ou sur le littoral, avec la promotion liée au tourisme et l'acquisition, par les grandes sociétés de promotion immobilière, de zones entières du patrimoine naturel. Lorsqu'il y a redistribution, ensuite, il peut y avoir une gestion sociale de l'espace mais il peut y avoir, aussi, une répartition telle qu'elle provoque de nouvelles inégalités et tourne le dos à la notion de patrimoine collectif. Lorsque j'ai à discuter avec des collectivités locales qui ne veulent pas entendre parler de protection particulière en montagne ou sur le littoral, je leur dis souvent que ce n'est pas parce qu'on est né dans une commune ou qu'on est l'élu d'une commune qu'on a des droits imprescriptibles sur le sol de cette commune. Une partie du territoire doit être considérée comme patrimoine collectif. De la même manière qu'on ne verrait pas le Maire de Paris installer n'importe quel établissement à l'intérieur du Louvre, de la même manière on ne peut laisser des élus locaux — si locaux soient-ils — faire ce qu'ils veulent sur le littoral, en montagne, dans des zones fragiles. Il y a là un véritable problème de l'orientation à venir sur le Droit de l'espace.

La nature tend, de plus en plus, à être un lieu de rapports marchands, inaccessible à beaucoup, ne serait-ce que parce que notre mode de vie la met au premier plan des biens désirables et consommables.

La capacité de trouver des espaces non industrialisés, des espaces agréables, des espaces de repos et de loisirs — donc l'égalité ou l'inégalité devant ces biens-là — devient un des enjeux de la définition de la qualité de l'existence à venir et des Droits du Citoyen.

Le troisième point qu'il me paraît intéressant d'évoquer ici, c'est la tendance à transférer sur le Tiers monde les problèmes les plus lourds de l'environnement.

Nous venons d'avoir malheureusement, sous les yeux, la catastrophe de Bhopal et ses conséquences. *Union Carbide* a, très probablement, opéré une gestion à moindres frais — je ne me prononce pas définitivement tant que l'enquête n'est pas achevée — de l'installation industrielle qui, si elle avait été implantée dans un pays où les règlements d'environnement sont plus rigoureux, aurait coûté plus cher. Il faut savoir que, il y a dix ans encore, des pays l'Amérique latine faisaient toute leur publicité sur le marché international avec ce thème : «*venez chez nous, nous ne vous imposerons pas de règles coûteuses en matière d'environnement*» ! La ville de Cubatao au Brésil, par exemple : il existe un film sur cette ville qui s'intitule *L'Enfer de Cubatao*. Ce titre n'est pas excessif quand on voit ce qu'est une ville industrielle comme celle-ci, installée sur une zone marécageuse, en bordure de mer, avec une pente montagneuse qui descend presque à angle droit sur la mer ; donc une zone littorale très étroite où se produisent des phénomènes d'inversion des couches atmosphériques ... Tout ce qui est pollution de l'air retombe au lieu de pouvoir s'évader, puisque le vent venu de la mer n'a pas la possibilité de diffuser, comme dans d'autres régions ; de plus, les usines sont installées avec un minimum − véritablement un minimum − de règles concernant tout ce qui est pollution et, pire encore, on a laissé subsister, à l'intérieur même de la zone industrielle, en plein milieu d'usines les plus polluantes qui soient, des zones de bidonvilles qui regroupent plusieurs milliers d'habitants ! Quand bien même il n'y aurait pas la catastrophe qui a déjà eu lieu dans cette ville l'hiver dernier − avec la rupture d'une canalisation − il y a, à longueur de temps, pour les gens qui vivent au milieu de cela, le fait d'avaler un certain nombre de choses − quand je dis avaler, c'est respirer et boire à la fois. Or on sait que, dans une ville comme celle-ci, il naît une quantité d'enfants qui ont un cerveau atrophié ! Ces choses-là existent !

Il faut bien considérer que la politique d'implantation industrielle dans les pays du Tiers monde a été, au niveau de l'environnement, tout simplement ce qu'elle était pour d'autres raisons : salaire beaucoup plus bas, pas de règles de protection sociale et donc pas de règles de protection de l'environnement.

Quand on voit ces réalités-là, on peut se dire que parler de Droit à l'environnement, c'est poser les problèmes des Droits de l'Homme non pas seulement en termes de différences individuelles dans des pays comme le nôtre − il faut poser ces problèmes-là − mais encore et surtout en termes de Droits des Hommes d'un pays à l'autre, selon l'état des richesses d'un pays à l'autre. Nos législations de l'environnement sont récentes. Le Ministère de l'Environnement français date de 1971. Dans la plupart des pays du monde, les Ministères de l'Environnement ont, à peu près, de dix à quinze ans d'âge. Or, la plupart des pays en voie de développement n'ont pas cette législation et un certain nombre de capitaux s'y investissent en se disant qu'il y a là des profits plus faciles à faire, puisqu'une législation de l'environnement coûte cher, aujourd'hui, lorsqu'on veut faire de l'investissement industriel.

Les peuples du Tiers monde ont aussi droit à un environnement de qualité. Leurs pays ne doivent pas être les poubelles des pays riches ou subir — comme c'est le cas de la forêt amazonienne, à l'heure actuelle — le gaspillage de leurs ressources ; d'autant que le gaspillage de ressources est un problème national, dans un pays comme le Brésil ou dans les pays du Sahel, mais c'est aussi un problème d'équilibre «environnemental» planétaire. On sait que la destruction de la forêt amazonienne, telle qu'elle est en train de se produire, pose des problèmes d'équilibre climatique mondial. Problèmes de déforestation, d'érosion des sols, d'utilisation des produits que les pays développés n'acceptent plus. Les législations internationales ne sont pas encore assez strictes pour faire que ce qui est interdit — en particulier un certain nombre de pesticides — dans nos pays soit interdit aussi à l'exportation. On continue quelquefois à fabriquer, pour l'exportation dans les pays du Tiers monde, des produits que l'on a interdit chez nous.

Dans nos débats franco-français, le Droit à l'environnement, c'est le Droit à l'égalité de la qualité de la vie. Mais il faut insister sur le fait que, comme les Droits de l'Homme en général, le Droit au respect de l'environnement n'a pas de frontière.

Michel MURAT *

L'intitulé de mon intervention est le suivant :

«Vers un Droit de l'Homme à l'environnement ?».

Je commencerai par la conclusion qui est, à mon sens, actuellement, totalement pessimiste quant aux chances que nous avons d'aller vite vers un Droit de l'Homme à l'environnement (Et pourtant il faut faire vite !).

Je m'explique.

Le réseau de responsabilités croisées, en matière de dégradation de l'environnement, est tellement inextricable que je ne pense pas :

— qu'une déclaration de vœux pieux (comme il peut s'en faire ici) sur la nécessité et la beauté des lendemains écologiques chantants ou ...

— qu'un auto-apitoiement sur ma lente descente vers un «saturnisme», parce qu'il y a du plomb dans le «super» de la voiture de mon voisin, fera avancer quoi que ce soit.

Pourquoi ?

Prenons un certain nombre d'exemples qui n'amèneront, finalement, que plus de questions (encore du pessimisme !).

* Sculpteur. Membre du Comité Directeur de *Droits Socialistes de l'Homme*.

Premier exemple :

J'habite en province (je suis un provincial). La campagne, les routes de ma région (c'est un exemple très minime, mais nous irons de plus en plus fort), sont bordées de petits bosquets agréables, d'arbres, de plantes, d'oiseaux (je vous passe tous les mythes). C'est très joli ! C'est ça, la campagne !

Malheureusement, il y a un phénomène qui s'appelle «l'ordure». Nous avons des ordures multiples : emballages de toutes catégories. Nous avons des ordures pondéreuses : literies sophistiquées, appareils électroménagers ... qui se dégradent à toute allure. Résultat : mes petits bosquets adorables deviennent des dépotoirs ; C'est très laid ! Et puis, d'autre part, cela ne plait pas aux gens qui vivent à la campagne. Entre autres, une certaine catégorie socio-professionnelle en voie de disparition qui s'appelle «les paysans» ; avez-vous déjà semé au milieu des emballages vides ? C'est très désagréable et ce n'est pas très efficace !

Résultat : Plaintes des paysans, arrivée des bulldozers municipaux, on rase tout ... D'accord, il n'y a plus d'ordures, mais il n'y a plus de bosquets, plus de vie animale ... voilà le résultat !

Est-ce que je dois payer de ces dégradations de mon environnement, donc de mon cadre de vie, la production toujours accrue d'entreprises qui ne tournent pas parce que «tourner» est devenu leur finalité même ? Est-ce que je dois payer de ces dégradations notre laxisme ? Est-ce que je dois payer aussi l'insuffisance de certains services municipaux d'enlèvement d'ordures ?

Je ne sais pas si je dois payer pour tout cela, même si je suis en partie responsable ...

Un autre exemple :

Toujours la campagne. J'habite donc loin. Je suis venu, à ce colloque, en faisant plusieurs centaines de kilomètres. Les routes françaises sont admirables, bordées d'arbres splendides, cela fait un spectacle merveilleux quand vous voyagez.

Malheureusement, il y a deux phénomènes.

Nous avons, en ce moment, une pénurie, une chute énergétique. Premièrement.

Deuxièmement, une certaine crainte du chômage. Ces deux phénomènes conjugués font que, eh bien ! pour soigner ces arbres splendides, pour les entretenir, on devrait les élaguer régulièrement mais, en fait, pas les amputer ... totalement. Résultat, du point de vue esthétique, nous avons un spectacle de moignons tout le long des routes ...

— cela permet un juteux trafic de bois de la part des services municipaux ou des cantonniers ;

— cela a, comme conséquence, une poussée anarchique sur la totalité du tronc de branches adventives, assurant ainsi du travail de nettoyage pour toutes les années suivantes ;

— et, troisième conséquence, l'arbre au bout d'un certain temps crève ... résultat : j'ai encore mon ruban nu de route tout le long de mon voyage.

Est-ce que je dois payer de ces dégradations de mon environnement, des comportements, des aveuglements — frisant l'illégalité — de certains services municipaux ?

Je ne le crois pas.

Autre exemple illustrant une certaine théâtralisation de mon épanouissement social ou la satisfaction de mon individualisme farouche :

On suggère de rouler en «super» (extraordinaire !) ainsi je peux vrombir de tous mes chevaux en public ! Ou bien (petit exemple minime et quotidien), je bricole et j'achète, dans les magasins de fourniture d'outillages, mes six vis nickelées dans un emballage plastique avec des inscriptions didactiques ou ornementales ...

Tous ces conseils (rouler au «super», l'obligation d'acheter un emballage), toutes ces obligations qui me sont suggérées, murmurées, criées, chantées en publicité, impliquent, quant à la production d'emballages, quant à la production de «super», une forte infrastructure industrielle chimique, impliquent une concentration toujours plus grande des entreprises pour des bénéfices et des rentabilités gestionnaires.

Conclusion ou implications directes : ce que l'on appelle les déforestations à cause des pluies acides qui commencent à envahir l'Europe.

Ces pluies acides impliquent :

— le papier journal que j'achète tous les jours de plus en plus cher ;

— cette absence de bois ... la charpente de ma maison (celle que je fais construire) de plus en plus chère ;

— également un ravinement géologique continuel, donc stérilité des sols ;

— et, bien sûr, l'éternelle destruction du paysage (en tant qu'artiste-plasticien, je suis très sensible à l'aspect esthétique des choses !).

Dois-je payer de cette catastrophe écologique notre soumission irrationnelle à certaines suggestions publicitaires ? Dois-je payer de cette catastrophe écologique la survie d'entreprises de plus en plus gigantesques qui ne fonctionnent même plus pour mon service, mais dont la croissance représente la finalité même ?

Je me le demande !

Assez pour les arbres, parlons «êtres humains».

J'habite un mignon petit appartement, dans une très jolie résidence, avec un jardinet ... Mais, curieusement, un phénomène corrosif imprévu, paraît-il, a rongé le tuyau ...

Et on m'évacue, avec tous mes voisins ...

Cela s'appelle Seveso ou *Three Mille Island* aux USA. Dans ces deux cas, nous avons frôlé l'accident technologique majeur, nous l'avons frôlé. Ouf ! nous ne l'avons pas eu.

Mais je suis évacué dans des circonstances parfois démentielles, je suis évacué n'importe où, mon appartement ou ma petite maison seront, pendant ce temps-là, protégés contre les pillards, mon jardin va être retourné et sa terre déterrée, mon chat est mort et ma maison est fermée, en général définitivement, par de curieux êtres tout en blanc et avec des trompes.

Dois-je payer de mon errance et de mon déracinement la confiance aveugle mise par vous, par moi, par nous, dans le progrès technologique sans limites ? Dois-je payer de cette dégradation, de cette catastrophe, plus prosaïquement, les oublis ou négligences commis par souci d'économie budgétaire ?

Je ne le crois pas.

Autre exemple :

J'habite une maison de carton, mon échoppe est sur le trottoir, ou j'habite tout carrément sur le trottoir. Cela s'appelle *favelas* ou bidonvilles (je m'en satisfais parce que, dans mon monde, tout le monde est comme cela ...).

Mais un phénomène imprévu, paraît-il, a mangé un tuyau.

Et c'est une catastrophe gigantesque ! Ça s'appelle Bhopal ou ça s'appelle Mexico.

Là, nous avons l'accident technologique majeur ... mais chez des «humains» ?

La question peut être posée. Il est à considérer le fait que payer une indemnité compensatrice des tortures subies par une Femme, basanée et indienne de surcroît, coûte moins cher que les frais engagés par les travaux assurant la sécurité d'un citoyen du «Monde Libre», et donc de la France.

Bien !

Mais en France, certains considèrent déjà que certains d'entre nous sont des sous-citoyens, des sous-français.

L'Artiste-Sculpteur que je suis est-il vraiment une créature à l'image du Seigneur ? Et vous ?

Serez-vous un jour torturé également à cause d'une tubulure supranationale défaillante ?

Bon ! Des questions se posent après tous ces exemples ... Donc au fait, immédiatement.

Un pontife annihile les risques accrus découlant de la hardiesse technologique nécessaire pour construire un pont, là où passait un bac, trop lent au gré des édiles, en m'assurant de l'immensité de sa divination qui lui a permis de prévoir tous les risques, tous les dangers.

Il vente, je passe sur le pont.

Le pont s'écroule parce que le haubannage supportant le tablier était d'un acier tel, d'un diamètre tel, d'une portée telle, que les vibrations engendrées par un fort vent se sont amplifiées, par une succession idéale de nœuds et de ventres, de telle sorte que la structure du pont n'a pu résister.

Que dois-je faire (ou plutôt ma famille) ?

Jeter le pontife du haut de son ouvrage brisé et le punir, ainsi, d'avoir entretenu, dans son élitiste suffisance, le mythe de l'infaillibilité technologique (tout peut se calculer donc tout peut être prévu : gloire aux modèles mathématiques !) ?

Doit-on vous précipiter ?

La peine capitale n'a jamais arrêté la course du crime, que je sache !

Alors ?

— pourquoi de plus en plus d'œufs cassés pour faire la même omelette ? Faut-il de plus en plus de déchets pour atteindre le seuil de rentabilité industrielle ?

Et pourquoi serais-je, moi, un déchet, puisque je suis nécessaire, également, à la consommation de la production de la Montedison ou de l'énergie d'un surrégénérateur grenoblois ?

Mon existence est nécessaire à ce qui a besoin de ma destruction pour mieux assurer son existence.

Le profit se nourrit de ma vie et de ma mort.

Je suis l'alibi et le dindon d'une farce technologique qui fera, en plus, bientôt, de moi, le bouc émissaire d'une surconsommation anarchique.

Alors ?

Alors, comment me défendre ?

Ai-je des Droits puisque j'ai le devoir de consommer et de subir l'environnement, le monde que vous créez autour de moi ?

Ai-je des Droits pour garder le monde qui m'entoure tel que, j'espère, il pourra rester ?

De toutes façons, il me faut des Droits pour avoir la maîtrise de mon environnement sinon, conséquence inévitable, je détruirai tout et cela coûtera beaucoup plus cher à la société pour payer des îlotiers qui me surveilleront constamment.

Roger BENSADOUN *

La Défense Nationale c'est, pour chaque groupe humain, le droit d'exercer sa continuité à travers l'histoire. Elle «*n'a pas d'autre fin*» a déclaré en 1982 Pierre Mauroy «*que la vie de la population dans le respect des valeurs de notre civilisation*». Dépassant le concept de territorialité, la défense armée est un système de protection lié à la liberté des peuples à disposer d'eux-mêmes, à un type de société, à des institutions, à un mode d'existence, à des acquis socio-économiques, culturels et scientifiques. Elle est nationale parce que tous les citoyens se doivent d'y participer, avec des Droits et des devoirs, en particulier le devoir de défendre l'ensemble de nos libertés, par les armes s'il le fallait, «*C'est la contrepartie légitime du Droit à la citoyenneté complète*» (P. Bercis).

Mais, pour bien se défendre, il ne suffit pas d'avoir quelque chose à défendre : encore faut-il le savoir et savoir comment. C'est pourquoi, en matière de Défense, le Droit à l'information est fondamental pour le citoyen. «*La démocratie est à la mesure de la place publique*». Cette formule de Jean-Jacques Rousseau illustre bien le désir profond qu'a tout individu de participer à un grand débat public, dès lors qu'il prend conscience de la dimension politique de tout projet auquel le peuple est associé. Celui

* Auditeur à l'*Institut des Hautes Études de la Défense Nationale*. Membre du Bureau de *Droits Socialistes de l'Homme*.

de la dissuasion nucléaire et de la Défense en général en est un.

En rappelant l'un des principes de base de toute démocratie, selon lequel «*la nation ne confie des armes à l'armée que pour assurer sa défense et le respect de ses lois*», le professeur Georges Vedel définit ainsi parfaitement les missions de l'institution militaire. Mais alors que, dans notre société, tout citoyen peut jouir totalement des libertés publiques et des Droits politiques comme par exemple la liberté d'expression de la pensée, le Droit de réunion ou d'association, le soldat qui représente la force au service de l'État républicain dont il sert le Droit, se voit, suivant l'article 6 du Titre premier de la loi portant statut général des militaires, du 13 juillet 1972 modifiée le 30 octobre 1975, soit interdire, soit restreindre l'exercice de certains Droits et libertés reconnus aux citoyens.

Déjà, Jean Jaurès voulait faire coïncider la communauté militaire avec la communauté civile et refusait de maintenir dans un esprit tout à fait corporatif une catégorie de citoyens à statut particulier, en accordant au citoyen ... soldat par obligation de service national et au soldat ... citoyen par engagement, les mêmes Droits fondamentaux dans la *Déclaration des Droits de l'Homme* ... Ce que, plus récemment, Charles Hernu a traduit en écrivant dans *Soldat-citoyen*, qu'il fallait «*civiliser*» l'armée.

Il faut donc reconnaître à tous les personnels travaillant pour la Défense Nationale :

– *le Droit au respect de la dignité de l'Homme*, en assurant à tous – cadres, engagés, appelés – des conditions matérielles décentes et en s'opposant à toutes formes d'injustice, d'oppression et de misère morale ...

– *le Droit à l'information*, qui doit circuler dans les deux sens, de l'intérieur vers l'extérieur et vice versa. Il permet d'éviter tout acte arbitraire et donne une approche démocratique des vrais problèmes de Défense ...

– *Le Droit à la liberté d'expression*. L'article 7 de la loi de 1975, celle qui statue sur le Droit des militaires, stipule que les opinions sont libres mais qu'elles ne peuvent cependant être exprimées qu'en dehors du service et avec la réserve exigée par l'état militaire ... sans doute pour préserver la neutralité des armées ainsi que leur cohésion. Or, la liberté d'expression, écrite ou orale, sur des sujets qui ne sont pas incompatibles avec les obligations de service et sous réserve du secret de la Défense et de la restriction qui concerne tout agent de l'État, est un Droit démocratique ; il est même, pour le pouvoir politique, la reconnaissance du soldat-citoyen libre et responsable ...

— *le Droit à la liberté d'association.* Le temps n'est plus où les militaires n'avaient pas le Droit de vote. C'est pourquoi, dans la logique de ce Droit obtenu, il faut reconnaître à ceux-ci le Droit d'adhérer à tout parti politique ou association déclarée légalement ...

— *le Droit au recours à un défenseur.* Il existe, en matière de Droit français, un principe fondamental selon lequel tout ce qui n'est pas expressément interdit est autorisé. Or, aucun texte n'indique dans la loi portant statut général des militaires que ces derniers ne peuvent se faire assister ou avoir une libre communication avec un avocat ou un défenseur de leur choix ...

— *Le Droit à la vie privée.* En effet, les Droits de l'Homme et du Citoyen-soldat ou soldat-citoyen doivent être farouchement défendus, à l'heure de l'informatique et de la télématique, contre l'établissement de fichiers dans lesquels sont consignés les fréquentations, les mœurs et les moyens d'existence des personnes, civiles et militaires d'actives ou appelés effectuant leur service national. Il est vrai que, dès 1981, le Ministre de la Défense a ordonné la destruction de 1 800 000 fiches individuelles et supprimé la Sécurité Militaire, aussitôt remplacée par la Direction de la Protection et de la Sécurité de la Défense.

— quant au *Droit à l'objection de conscience*, il a été reconnu comme un Droit fondamental de l'Homme depuis 1982, sans restriction ni arrière-pensée.

Il est un fait que tout citoyen, lorsqu'il est soldat, doit pouvoir conserver tous ses Droits. En les défendant, il garantit en même temps ceux que la nation s'est donnée.

Mais c'est le peuple tout entier qui doit participer «*de son esprit comme de son cœur*» à les protéger et à les défendre ... Car, en définitive, la Défense Nationale c'est, comme l'a dit le Président Pierre Bercis «*la continuation des Droits de l'Homme par d'autres moyens*».

Albert L. ONAWELHO *

Le feu Premier Ministre du Congo indépendant, Patrice-Emery Lumumba, déclarait que *«La liberté est un idéal pour lequel les hommes ont su combattre et mourir de tous les temps»*.

Il proclamait ainsi, dans cette phrase lapidaire, toute sa conception des Droits de l'Homme, des libertés publiques et politiques. Mais le régime des libertés politiques, qui fut considéré comme une vertu cardinale dans l'Afrique de 1960 et farouchement défendu par les pionniers des indépendances africaines, morts ou vivants, parmi lesquels nous saluons, en cette salle, une illustre figure en la personne de Son Excellence Léopold Sédar Senghor du Sénégal, est peu — ou pas du tout — respecté ou sauvegardé en Afrique noire. Sauf quelques rares exceptions dont le Sénégal, avec son pluralisme politique et, les mêmes causes produisant les mêmes effets, sa diversité d'expression et d'opinion politique.

C'est ce type de combat pour la liberté politique que mène, avec courage et opiniâtreté, un groupe d'anciens Parlementaires Zaïrois, communément appelés *«les treize»* — qui en fait n'en sont actuellement que six — brutalisés,

* Magistrat Zaïrois. Secrétaire du *Mouvement National Congolais-Lumumba*.

persécutés et assignés à résidence dans le périmètre de leurs villages, dans des conditions socialement et humainement déplorables.

Les Parlementaires détenus, tous figures de proue de la politique zaïroise, étaient membres du Parti unique du Président Mobutu et élus dans le cadre de son système politique.

Placés devant l'impossibilité pratique de mettre le Chef de l'État en accusation de trahison prévue par un article de la Constitution zaïroise — ceci parce que le Maréchal assume la présidence de toutes les institutions publiques du pays — les «*treize*» en sont arrivés à formuler des accusations graves contre le Président dans une «lettre» ouverte qu'ils lui avaient adressée. C'était alors le crime de lèse-majesté qui leur vaudra des mesures restrictives de liberté en permanence.

La lettre des Parlementaires constatait le décalage profond existant entre les énormes promesses faites au Peuple par M. Mobutu, tout au long de l'exercice du pouvoir, et la réalité sociale catastrophique du Zaïre d'aujourd'hui. Elle constatait également les conséquences mortelles résultant d'une gestion à la fois irresponsable, autoritaire, personnelle et aberrante, engendrant aujourd'hui la mort possible de l'État et de l'Homme zaïrois. Dans le cadre de l'État, en effet, M. Mobutu est devenu «homme-organe», mieux «organe central», des décisions au-dessus de tous les autres organes, avec les pouvoirs qui sont certainement plus étendus — voire dangereux — du fait de la primauté du Parti-État. Comment parler de démocratie et de liberté dans un système monolithique où les Hommes qui participent à la décision sont nommés par lui et liés par un serment de fidélité à sa personne ? Et la lettre parlementaire dégagera une conclusion politique sans appel.

Le Président Mobutu a, à la fois violé le «*contrat social*» et trahi son Peuple. Mais les «*treize*» Parlementaires, légalistes, choisiront, parmi les moyens multiples, celui d'une opposition institutionnelle, susceptible de provoquer l'alternance. Le pouvoir zaïrois ne l'entendra pas de cette oreille. Pour lui, la meilleure solution sera de les molester, de les humilier, de les intimider et de les placer en détention administrative perpétuelle, qui est une méthode empruntée de l'*apartheid*.

A l'heure qu'il est, au Zaïre, toute une Nation se meurt. l'Homme y subit un des plus grands avilissements de notre temps, des conditions inhumaines de vie et une méconnaissance flagrante de l'exercice de ses libertés fondamentales. Les principes d'existence et de fonctionnement de l'État sont violés sous des fallacieux prétextes, en vue d'asseoir un pouvoir personnel. Les notions de sécurité et d'ordre public sont devenues un leitmotiv, pour justifier tous les désagréments causés au Peuple et au pays, même en matière de détournement de deniers publics. Toute une société est pillée, vidée de sa vitalité et de toutes ses richesses, au profit de l'individu et de l'oligarchie au pouvoir. Cette situation entraîne aussi la mort politique, économique et sociale du citoyen et de la société zaïroise, dans son ensemble.

Cependant, les violations répétées des libertés publiques et des Droits de la personne, par le régime Mobutu, ont déjà créé les causes évidentes de la désobéissance civile. Par ailleurs, des rapports d'*Amnesty International* et les lettres pastorales des Évêques zaïrois, qui dénoncent la grave méconnaissance de l'Homme : enlèvements, arrestations arbitraires, règlements de compte, tortures physiques, corroborent cet ensemble de faits.

J'ajouterai, dans le même ordre d'idées, qu'en novembre dernier plus de deux cents membres du *Mouvement National Congolais-Lumumba* ont été massacrés par les troupes de l'Armée régulière zaïroise, dans la localité de Walikale — Nord-Kivu. Le «crime» commis par ces pauvres gens était de s'être trouvés en possession de cartes de membre de mon Parti, le *Mouvement National Congolais-Lumumba.*La Presse belge s'est fait largement l'écho de ces massacres ; le Ministre belge des Relations Extérieures, M. Tindemans, a été interpellé par le Parlement.

Nous prenons ainsi la communauté internationale à témoin en regard du pourrissement de la situation politique au Congo-Zaïre et des violations répétées des Droits de la personne dans cette partie de l'Afrique, faits susceptibles d'en appeler, de la part du Peuple, à la résistance, à l'opposition qui est un acte juridique prévu et prescrit dans les Déclarations françaises des *Droits de l'Homme et du Citoyen* de 1789, art. 2 et du 21 juin 1793.

SYNTHESE

Que recherchions-nous ? A changer les habitudes sans choquer ; à faire envisager les Droits de l'Homme sous un autre angle que celui de leur sempiternelle «défense» ; à créer un débat idéologique que l'on prétend dépassé ; à poser la question du projet de société pour un monde post-industriel ...

*Avons-nous réussi ? Je le crois sans vanité en ce sens que, pour la première fois depuis que **D.S.H.** existe, j'ai vu chacun essayer de répondre aux vraies questions que nous posons sans biaiser, c'est-à-dire en ayant pris conscience que nos interrogations n'étaient pas artificielles car en général, jusqu'à ce jour, lorsque nous parlions d'étendre les Droits de l'Homme, il se trouvait toujours quelqu'un pour objecter «intelligemment» que ce n'était pas possible, pas pensable, puisque ceux-ci étaient déjà violés dans 80 % des États du monde. Ce qui revenait à dire, pour nous, qu'il était interdit de vouloir construire le socialisme, puisque construire le socialisme et étendre les Droits de l'Homme est, selon nous, synonyme.*

D'autant que l'objection nous était difficilement opposable, à nous qui avons fait 350 manifestations pour la défense des Droits de l'Homme en Argentine, en Afghanistan, en U.R.S.S., en Afrique du Sud, en Roumanie, en Tchécoslovaquie, au Chili, en Uruguay, au Maroc ...

en six années d'existence. Ce n'était que simple décence que de ne pas nous infliger cette question préalable aux problèmes réels, qui sont à l'origine de la création de **D.S.H.**, *et qui font que notre raison d'être n'est assimilable à celle d'aucune autre organisation en France pour l'heure.*

En second lieu, un seul mot d'ordre est à la mode, présentement, dans l'ensemble du monde : «le libéralisme c'est «la» société idéale». Qui ne se déclare libéral n'est pas à la page ... Même les staliniens endurcis se sont reconvertis — sans transition et sans pudeur — au libéral-sectarisme, en accusant les autres de ne pas comprendre qu'il est aussi nécessaire de les suivre maintenant, à droite, qu'il était, autrefois, nécessaire de les suivre à l'Est.

Décidément, il en est qui seront toujours insensibles aux goûts de moutons de Panurge qu'ils manifestent et qui voudront toujours réfléchir par eux-mêmes, sans avoir vocation minoritaire pour autant. Nous sommes de ceux-là et n'avons pas à le regretter.

Qu'avons-nous constaté malgré tout ? C'est qu'en dépit de cet attrait momentané pour tout ce qui reflète un passé idéalisé, du fait de la crise économique et des mutations technologiques (trop rapides pour beaucoup parce qu'elles les perturbent) mais aussi en raison du respect reconnu que nous marquons à l'idée politique libérale que nous ne remettons pas en cause (nous voulons seulement la compléter par la démocratie économique), un dialogue sérieux s'est engagé très librement sur le projet de société de demain, sans crispation ni blocage. Ainsi, la démonstration est-elle faite qu'au milieu des années 80, un idéal peut ne pas être frileux, situé dans le passé, mais ouvert et en avant. Même si ceci n'est pas un acquis irréversible, le ton, lui, est donné ; la preuve est faite qu'un débat idéologique est possible, contrairement aux idées reçues dans ce domaine, appuyées ou non sur des sondages. La fin des idéologies dont on parle tant n'est que la fin de l'idéologie marxiste-léniniste, avec son cortège d'erreurs, de mensonges et de violences injustes. L'idéal socialiste-démocrate, quant à lui, demeure. Il demande seulement à être précisé, formulé, popularisé, ce qui est la vocation numéro un de **D.S.H.** *: rendre notre projet de société intelligible.*

Ce sera d'ailleurs ma troisième observation, à la fin de ce colloque. A aucun moment je n'ai entendu dauber sur notre titre.

Même si dans l'expression **Droits Socialistes de l'Homme** *le professeur Duverger a fort justement dit qu'il ne fallait pas voir une appropriation de certains Droits, mais plutôt leur origine. Nous-mêmes l'affirmons : les socialistes, c'est vrai, comme les libéraux, ont la paternité de la revendication d'une série de Droits cohérents entre eux. Toutefois, qui dit paternité ne dit pas propriété. L'adjectif, en l'occurrence, signifie la source. L'usage en est universel, par définition. Nous ne pouvons qu'être d'accord avec Maurice Duverger.*

Par conséquent, on commence à comprendre, enfin, que les Droits de l'Homme ne sont pas composés d'un seul tenant, compact, et qu'ils ne sont pas définitivement arrêtés, immobiles dans un firmament radieux, comme par hasard situé dans le passé. Non, les Droits de l'Homme sont une expression générique qui, s'ils ont été composés d'un bloc initial, de Droits de base, élémentaires (qui constituent les contours de la société politique libérale), d'autres strates doivent s'y ajouter, traduisant par là le progrès de l'humanité, la libération progressive de l'Homme de ses fers.

Libération de l'oppression physique, d'abord ; libération de l'exploitation économique, ensuite ; libération grâce à la Science, enfin, en fixant à cette Science elle-même ses propres bornes, afin que de «libératrice» elle ne devienne pas «réductrice» de liberté pour le genre humain ...

En conclusion, je crois que, sur cette base, un dialogue positif est possible. Dialogue politique, dialogue sur les Droits de l'Homme (qui ne sont pas neutres politiquement), dialogue social, intellectuel. Bref, ce que nous avons commencé de faire, c'est débloquer un univers mental coincé, c'est dépasser les langues de bois, redonner goût et lettres de noblesse au politique, c'est briser sans compromission les clivages droite-gauche qui répugnent tellement à la jeunesse, sans nous fonder sur des bases artificielles.

Le but que nous recherchons y est pour beaucoup. La qualité des intervenants encore plus et je les remercie.

Ce qu'il faut, maintenant que notre entreprise est plus crédible, c'est la poursuivre. Notre conviction est renforcée. Elle est aussi étendue à d'autres. Ce colloque fera date, à la veille du bicentenaire de la Révolution et de la première Déclaration des Droits de l'Homme. Autant par la suite que nous allons y donner que par ce que nous y avons fait.

Pierre **BERCIS**

ANNEXES

Des Droits de l'Homme
et de la Problématique Argentine

Lu en l'absence de

Arturo FRONDIZI *

Nous devons concevoir les Droits inaliénables de la personne humaine d'un point de vue global. En effet, le droit à la vie, à la sécurité individuelle, à la libre expression, le droit de vivre dans un État de droit et à participer, démocratiquement, à la vie politique est, à mon avis, absolument et totalement inséparable du droit au travail, à la nourriture, à la santé, à l'éducation et du droit à habiter un logement digne. L'atomisation de ces droits, qui doivent être protégés pour tous les habitants d'une communauté déterminée, sans distinction de classe sociale, d'idéologie ou d'appartenance politique, ouvre le chemin à des aberrations répugnantes pour la conscience civilisée.

Au-delà du plan conceptuel, la réalité politique argentine — très semblable dans ses aspects qualitatifs à la situation dont souffrent la plupart des pays sous-developpés — constitue un dramatique terrain d'observation et d'application de ces critères à la conduite politique liée au destin de cette société.

L'Argentine, considérée — sans fondements valables — pendant plusieurs décennies, au cours de ce siècle, comme

---

* Ancien Président de la République d'Argentine.

une Nation développée, s'est enfoncée au fil des années dans une crise de sous-développement aiguë et profonde. Le niveau d'urbanisation et d'éducation qu'exhibait le pays trompait les observateurs étrangers et, pire encore, les propres dirigeants argentins, qui croyaient inutile d'introduire des réformes structurelles dans son organisation économique et sociale.

Depuis plusieurs lustres, l'Argentine tire de la vente de ses céréales et de sa viande 75 % de sa capacité d'importation.

C'est un producteur de produits de première nécessité, qui acquiert une quantité importante de biens intermédiaires et de produits finis hors de ses frontières, afin de maintenir en fonction son activité interne. Elle est donc, comme tous les pays sous-développés, soumise à un échange inégalitaire. Ce mécanisme draine vers l'extérieur l'excédent de son activité économique et en empêche la constitution de réserve à l'échelle nationale.

Ce phénomène se traduit par un niveau de vie très bas, du chômage (reconnu ou occulté par un emploi improductif dans le secteur public ou des activités parasitaires ou temporaires), une inflation et un endettement extérieur croissant, que l'on contracte pour pallier aux effets, sur la balance des paiements, du déficit de la valeur, engendré par le commerce extérieur.

La perpétuation du sous-développement, par l'intermédiaire de la consolidation d'une structure des relations Nord-Sud qui a les effets déjà signalés, ne produit pas seulement des conséquences sociales et économiques. Cela a également une incidence directe sur la vie politique et institutionnelle. Les tensions sociales, qu'engendre la pauvreté, s'expriment par des actions revendicatives disciplinées, lorsqu'elles sont menées à bien par des organisations syndicales et politiques, selon une stratégie cohérente de lutte sociale. Dans beaucoup de cas, elles se traduisent également par des réponses anarchiques par une apathie collective, par des poussées de violence ou par un accroissement général de la délinquance. Et c'est, précisément, ce phénomène de violence, implicitement dû à l'atteinte aux Droits fondamentaux de l'Homme causée par les bas salaires et le manque d'emploi, qui acquiert de plus en plus de relief, au fur et à mesure que l'insatisfaction se généralise.

Nous devons ajouter, à ce tableau, l'existence de provocations extérieures ou l'intromission de groupes extrêmistes, qui essayent de générer des réactions en chaîne, afin d'étendre leur influence et d'être à même de réussir l'assaut contre le pouvoir.

Les politiques réactionnaires, par lesquelles les secteurs dirigeants traditionnels essayent d'affronter le chaos, portent également implicitement — et souvent aussi de façon explicite — la nécessité de réprimer les revendications sociales, afin que les souhaits de changement ne parviennent pas à altérer les bases du schéma politique et à modifier les hégémonies existantes.

Lorsque la mise en cause de ces politiques atteint un niveau de réelle menace — c'est-à-dire lorsque l'organisation populaire en un front capable d'exprimer aux divers secteurs et classes sociales se fait tangible, quel que soit le formalisme de ce projet — le régime tente, invariablement, d'introduire des divisions profondes dans le camp populaire. Ainsi, cela s'est-il produit couramment en Argentine et avec succès, jusqu'à présent.

La répression sans discrimination est une pièce de cette politique anti-populaire, fondamentalement centrée sur les dirigeants ouvriers, les producteurs ou dirigeants d'entreprises, lorsqu'ils commencent à être en accord sur la base d'une proposition de changement de structure.

L'État national, qui est l'instrument fondamental sur lequel comptent les masses pour arriver à imposer une politique de développement, capable de satisfaire toutes les demandes légitimes des diverses classes et secteurs, doit se protéger et se consolider. Quand le monopole de la force lui est disputé, ce que tentent de faire les courants extrêmistes quand la situation est chaotique, il doit, sans préjudice du maintien de l'ordre, impulser les changements qui éliminent les tensions venant de la base de la société.

L'État national préservé, il est possible d'engager le pays sur la voie du développement socio-économique, de soute-

*nir et de protéger la participation croissante du peuple
à la vie de la communauté. La démocratie n'est pas autre
chose, sa substance est intimement liée à la vigueur totale
de l'ensemble des Droits fondamentaux de la personne
humaine, tels que je les ai définis au début de cet article.*

*Pour résumer, d'un mot : développement et démocratie
— c'est-à-dire respect intégral des Droits de l'Homme et
possibilités certaines de réalisation personnelle et communautaire — sont des réalités qui, prises isolément, n'ont
pas d'existence.*

Déroulement des travaux du Colloque
POUR UNE SOCIETÉ NOUVELLE :
DÉFENSE, ADAPTATION ET EXTENSION
DES DROITS DE L'HOMME
25-26-27 Janvier 1985 — Sorbonne, PARIS I
Sous la présidence de M. Léopold Sédar SENGHOR

OUVERTURE : **Jacques SOPPELSA**, Président de PARIS I.

- **Journée du Vendredi.**

I. LIBÉRALISME ET SOCIALISME

1. L'esprit du colloque : rassembler et impulser autour d'une conception dynamique des Droits de l'Homme par **Pierre BERCIS**, Président de *D.S.H.*
2. Rapport introductif : par le Président du colloque

    Léopold Sédar SENGHOR.
3. La démocratie politique, socle des Droits de l'Homme.
4. Le socialisme démocratique, seconde génération des Droits de l'Homme ?

II. LE PROGRES ET LES DROITS DE L'HOMME

5. Communication de masse et libertés : vers un monde orwelllien ?
6. Progrès scientifiques et libertés : menaces, espoir et garanties.
7. Trois menaces contre nos Droits et trois besoins de l'Homme : la Force, l'Argent, la Science.

• **Journée du Samedi.**

I. CONCEPTION DÉFENSIVE OU EXTENSIVE
DES DROITS DE L'HOMME

8. Société nouvelle : de la défense à la conquête des Droits de l'Homme.
9. Quel projet pour le bi-centenaire de la première Déclaration des Droits de l'Homme ?
10. La conception des Droits de l'Homme, à gauche et à droite dans la France de 1985 : pour ou contre l'extension, nouvelle frontière entre la vraie droite et la vraie gauche.

II. LES DROITS DE L'HOMME
DANS LES RAPPORTS INTERNATIONAUX

11. Des rapports Nord-Sud dans la stratégie d'extension des Droits de l'Homme.
12. La philosophie des Droits de l'Homme à l'Ouest et à l'Est.
13. Les nouveaux Droits de l'Homme, tiers-monde idéologique.

• **Journée du Dimanche.**

QUELQUES ASPECTS SPÉCIFIQUES
DES DROITS DE L'HOMME

14. Laïcité, religion et Droits de l'Homme.
15. Le Féminisme, combat pour les Droits de l'Homme.
16. Vers un Droit de l'Homme à l'environnement ?
17. Défense Nationale et Droits de l'Homme.

SYNTHESE, *par* **Pierre BERCIS.**

CONCLUSION.

AVEC LA PRÉSENCE DE :

MM. Léopold Sédar **SENGHOR**, *Président du Colloque ;* **M'BOW**, *Directeur Général de l'UNESCO* ; Pierre **BEREGOVOY**, *Ministre des Finances* ; Hubert **CURIEN**, *Ministre de la Recherche* ; de Mme Huguette **BOUCHARDEAU**, *Ministre de l'Environnement* ; de MM. Claude **CHEYSSON**, *Commissaire européen* ; Massoud **RADJAVI**, *Représentant des Modjahédines* ; Robert **FABRE**, *Médiateur* ; Jacques **FAUVET**, *Président de la C.N.I.L.* ; Marcel **BOITEUX**, *Président d'E.D.F.* ; René **DUMONT**, *Écologiste* ; Michel **ROLANT**, *Président de l'A.F.M.E.* ; Jacques **SOPPELSA**, *Président de PARIS I* ; Guy **GEORGES**, *Secrétaire de la C.N.I.L.* ; Philippe **SEGUIN** ; Olivier **STIRN** ; Guy **MALANDAIN** ; Maurice **JANETTI**, *Parlementaires* ; Maurice **DUVERGER** ; Edmond **JOUVE** ; Laurent **PERALLAT** ; Antoine **SPIRE**, *Universitaires* ; Pierre **BRANA** ; Jacques **HUNT-ZINGER**, *Secrétaires nationaux du Parti Socialiste* ; Albert **JAC-QUARD**, *Chercheur ;* Léo **MATARASSO**, *Avocat* ; Jeanne **BRUN-SCHWIG**, *Secrétaire nationale du P.S.U.* ; Ruben **BAREIRO SA-GUIER**, Shlomo **REICH** ; Breyten **BREYTENBACH**, *Écrivains* ; Jacques **CHONCHOL**, Léo **HAMON**, *anciens Ministres* ; Philippe de **SAINT-ROBERT**, *Commissaire à la Langue française* ; Virgil **TANASE**, *Écrivain* ; Les Ambassadeurs d'Argentine, de Grèce, d'Italie, de Chypre, du Mali, de Singapour ...

Mme Yvette **ROUDY**, *Ministre des Droits de la Femme* ; M. André **HENRY**, *Président de la Caisse Nationale de l'Énergie* ; Mme Véronique **NEIERTZ** ; M. Jean-Jack **QUEYRANNE**, *Députés.*

MM. Serge **DEPAQUIT**, *Secrétaire national du P.S.U.* ; Hadj **SMAIN**, *ancien Ministre de la Justice d'Algérie* ; Jacques **RIBS**, *Conseiller d'État* ; Alain **BILLON**, *Député* ; Christian **LANGE**, *S.P.D.* ; Mme Janine **ALEXANDRE-DEBRAY**, *Ancien Sénateur* ; M. Louis Edmond **PETTITI**, *ancien bâtonnier* ; Armando **URIBE**, *ancien Ambassadeur* ; Jean **ANDRIEU**, *Président de la F.C.P.E.*

DES MESSAGES DE SOUTIEN

ont été adressés à l'occasion du Colloque
organisé à la Sorbonne par *Droits Socialistes de l'Homme*

par

Mmes Édith **CRESSON** et Georgina **DUFOIX**, *Ministres du Gouvernement français* ; Geraldine **FERRARO** (U.S.A.).

MM. Willy **BRANDT**, *Ancien Chancelier d'Allemagne* ; Jacques **CHABAN-DELMAS**, *Ancien Premier Ministre de France* ; Abdou **DIOUF**, *Président du Sénégal* ; Laurent **FABIUS**, *Premier Ministre de France* ; Mohamed **MZALI**, *Premier Ministre de Tunisie* ; Pierre **MAUROY**, *ancien Premier Ministre de France* ; Olof **PALME**, *Premier Ministre de Suède* ; Hernan **SILES ZUAZO**, *Président de Bolivie* ; Mario **SOARES**, *Premier Ministre du Portugal.*

MM. Jean **AUROUX** ; Robert **BADINTER** ; Michel **CRÉPEAU** ; Jiri **HAJEK**, *ancien Ministre des Affaires Étrangères de Tchécoslovaquie* ; Jean **LAURAIN** ; André **LABARRERE** ; Jean Le **GARREC** ; Eduardo **RABOSSI**, *Secrétaire d'État argentin aux Droits de l'Homme* ; Michel **ROCARD** ; Haroun **TAZIEFF** ;

MM. Gary **HART**, *Sénateur des États-Unis d'Amérique* ; Vaclav **HAVEL**, *Écrivain* ; Edward **KENNEDY**, *Sénateur des États-Unis d'Amérique* ; Adolfo **PEREZ ESQUIVEL**, *Prix Nobel de la Paix* ; Ernesto **SABATO**, *Écrivain* ; Rudolf **SLANSKY** ; Bernard **STASI**, *Député* ; Rudi **SUPEK**.

TABLE DES MATIERES

Éditions Anthropos
Dépôt légal 2e trimestre 1985
ISBN 2-7157-1112-3

Code 32-28-16

Achevé d'imprimer
sur les presses de **sofiac**paris
8, rue de Furstenberg, 75006 Paris
Dépôt légal n° 6436 - Avril 1985
Imprimé en France